JN421004

한국음식

노정미

창지사

머/리/말

세상에는 수많은 나라가 있으며, 그 나라와 문화마다 각기 다른 음식의 조리법이 발달해 왔다. 반만년 역사와 전통을 자랑하는 우리나라 또한 다양한 전통음식 및 조리법이 발달되어 있다.

그러나 바쁜 일상과 매스컴 및 인터넷의 발달로 많은 음식에 대한 정보와 다양한 식재료의 공급으로 우리 고유의 맛과 우리만이 가진 식문화의 멋이 점점 사라져 가고 있다. 특히 우리가 좋아하는 '손맛'이 점점 사라져 가고 있는 실정이다. 전통이란 대를 이어 계승해 나가야 한다는 점이 중요한데 우리나라 고유의 한국음식을 만드는 방법들이 점점 잊혀져 가고 있는 것이다.

우리나라의 가족형태가 식구가 많은 대가족에서 핵가족 혹은 홀로 사는 가족형태로 바뀌게 된 것도 우리나라의 식문화에 많은 영향을 주고 있다. 또한, 경제적 논리에 따라 바쁜 시간에 쫓겨 가정에서 음식을 만들어 먹는 것보다 마트에서 사다 먹거나 음식점에서 시켜 먹는 등 식문화와 식사형태가 달라지고 있다.

가정에서 조리하는 조리법도 매우 다양해져 만들기 손쉽고 빠르게 만들어 먹기 편한 음식들이 발달하고, 손이 많이 가고 만드는 과정이 복잡한 음식의 조리법은 상대적으로 위치가 좁아지고 있다. 특히 다른 나라 음식의 조리법과 접목하여 퓨전이라는 이름의 다양한 음식이 생겨나면서 점점 우리나라의 전통음식 조리법들이 사라져 가고 있다. 전통적인 발효 음식은 가정에서 만들기보다는 판매되는 상품들을 사다 먹는 것이 당연시되는 것이 오늘날의 현실이다.

그러나 세계적으로 고열량의 음식과 조리법으로 인한 건강 문제가 대두되고 있으며, 우리나라도 이로 인한 건강 문제가 많이 발생하고 있다. 이러한 상황에서 저열량인 음식이 많은 우리나라의 전통적인 음식과, 열량을 줄이는 조리법이 계승되고 발전되어야 한다고 본다. 세계로 우리나라 음식과 조리법을 알리는 것도 점점 중요하게 될 것이다.

우리나라의 식문화와 조리법의 바른 계승을 위하여 『한국음식』을 통해 학생들이 전통적인 조리법과 기술을 익혀 우리나라 음식 문화의 전통을 이어가는 계기가 되기를 바라며, 이 책이 도움이 되었으면 한다.

2016년 10월

노정미

차/례

제2부 한국음식의 실제 응용

제2장 국과 찌개류 • 114

제1부

한국음식의 개요

제1장

한국음식의 특징

우리나라는 위치적으로 유라시아대륙의 동쪽에 위치한 반도국가로 서쪽의 황해를 건너 중국과 접하고, 북쪽은 육로로 중국과 러시아와 접하고 있으며, 남쪽은 바다를 건너 일본과 가까운 위치이다.

기후는 사계절이 뚜렷한 온대기후여서 우리의 의(衣)·식(食)·주(住)에 매우 큰 영향을 주었다.

우리나라의 전통음식들을 미루어 볼 때 인근 아시아의 여러 나라와 문화교류가 밀접하였음을 알 수 있다. 지리적으로 가까운 중국과 일본의 식생활과 공통점도 있으나, 각기 특색 있게 발전하여 현재에는 많은 차이가 있다.

우리나라는 지형적으로 남북으로 길게 뻗은 반도로 평야와 산이 있고 삼면이 바다라서 농산물, 수산물, 축산물 등의 재료가 다양하고 풍부하다. 이러한 자연환경에서 발달한 한국음식의 특징은 다음과 같다.

① 곡물로 만든 음식이 다양하다.

② 주식과 부식이 명확하게 구분된다.

③ 음식의 종류와 조리법이 다양하다.

④ 음식에 대하여 의식동원(醫食同原)의 정신이 있다.

⑤ 음식의 모양보다 맛을 위주로 한다.

⑥ 상차림과 식사예절에 유교의 영향이 크다.

⑦ 명절음식과 시식(時食)의 풍습이 있다.

⑧ 숟가락 사용이 두드러진다.

⑨ 조미료, 향신료의 이용이 다양하나 음식마다 비슷하게 사용된다.

⑩ 장류, 김치류, 젓갈류 등의 발효식품과 기타 식품저장 기술이 발달되었다.

⑪ 대부분 조리 전에 미리 썰어서 한입에 먹기 좋게 조리한다.

제2장

절식(節食)

우리나라는 사계절의 변화가 뚜렷한 자연조건과 예로부터 농사를 짓는 농경 문화권으로 태음력(太陰曆)을 기준으로 삼아 왔었다. 태음력은 1년을 24절기로 나누며 15일마다 매 절기가 돌아온다. 즉, 음력 정월에는 입춘(立春)과 우수(雨水), 음력 2월에는 경칩과 춘분(春分)이 들어 있다.

우리 선조들은 이 절기에 따른 계절의 변화에 맞추어 농업, 어업, 사냥, 채집, 가정생활 등에서 갖가지 일을 행하였다. 이것은 세시(歲時), 월령(月令), 시령(時令) 등으로 불리며, 절기와 생활이 결부되어 여러 명절(名節)이 정해지고 그날은 맛있는 음식으로 조상에게 제사를 올리고 가족과 이웃이 서로 나누어 먹었다. 이를 절식(節食)이라 하며, 계절에 따라 산출되는 식품으로 요리한 음식을 시식(時食) 즉, 시절음식이라 한다.

Ⅰ 절식

정월 초하루, 대보름, 입춘, 중화절(음력 2월 1일), 삼월, 삼짇날, 사월 초파일, 오월단오, 유월유두, 칠월칠석, 삼복, 백중, 추석, 구월구일, 시월상달, 동지, 납평 등 절후(節候)에 따라 정해진 명절날이 있었으며, 이날에는 특별한 음식을 차리고 때에 맞추어 갖가지 놀이를 즐기는 풍속이 있었으며 그중 일부의 풍속은 오늘까지 내려오고 있다.

1. 정월 초하루 음식(설날 음식)

정월 초하루는 설날, 원단(元旦), 세수(歲首)라고도 하며, 어른과 아이 모두 설빔으로 단장하고 아침에 조상님께 다례(茶禮)를 모신 다음 세찬상으로 아침식사를 한다. 이날은 문중, 친지, 동리 어른들을 찾아뵙고 세배를 드리고 이때 어른은 세배를 받으면서 덕담을 해주고 세찬을 내어 대접한다. 세찬(설날에 차리는 음식)으로는 편(흰떡, 주악, 인절미, 수수전병), 떡국, 만두, 약식, 다식, 약과, 전과,

족편, 전유어류와 편육, 빈대떡, 강정류와, 식혜, 누름적, 숙실과, 수정과, 나박김치, 장김치, 햇 깍두기, 찜 등과 세주(歲酒)를 차려 낸다.

(1) 흰떡국(탕병: 湯餠)

멥쌀가루를 쪄서 안반 위에 놓고 떡메로 무수히 쳐서 둥글고 길게 늘어놓은 떡을 흰떡이라 한다. 근래에는 기계로 빼내고 있으나 그 이전에는 섣달그믐이 되면 떡치는 소리가 새해를 맞이하는 풍취를 자아내었다. 떡을 얄팍하게 타원형으로 썰어 탕국에다 넣고 쇠고기나 꿩고기를 넣고 끓인 것이 떡국이다. 이것은 제사에도 쓰고 손님 대접에도 사용하는 설날의 대표적 음식이다. 설날아침에 흰떡국을 끓여 먹는 풍습은 언제부터 시작되었는지 정확하지 않으나 우리나라 속담에 나이 먹는 것을 떡국 그릇 수에 비유하는 말이 있으며 거의 전국적으로 보편화된 절식이었다. 그러나 어촌이나 북부지방에서는 세찬으로 밥이나 만둣국을 먹기도 한다.

(2) 만두

밀가루로 반죽을 하여 동그랗게 얇게 밀어 꿩고기나 돼지고기, 숙주, 두부 등으로 소를 만들어 넣고 싸서 찜통에 찌거나 만둣국을 끓여 먹는다.

(3) 과정류

강정, 약과, 정과 등과 같은 과정류도 세찬의 하나이었으며 지금도 영남지방에서는 많이 쓰이고 있다.

(4) 세주(歲酒)

설날 아침에 마시는 술을 세주라고 하며 반드시 냉주(冷酒)를 사용하는데 이는 봄을 맞이하는 뜻과 설날에 술을 마시면 일년 내내 무병하고 장수할 수 있다고 전해왔다. 세주로 약주, 청주, 탁주 등을 주로 썼으며 그 외에도 약미(藥味)를 가미한 여러 가지의 향양주(香釀酒) 등이 사용되었다.

2. 입춘절식(立春節食)

입춘은 음력 12월 말이나 정월 초에 온다. 이 날은 봄이 시작되는 좋은 날로 집집마다 대문, 난간, 기둥에 봄맞이의 글귀를 써 붙인다. 이날은 눈(雪) 밑에서 갓 돋아난 움파, 멧갓, 승검초, 순무, 생강 등으로 오신반(五辛盤)을 한다. 오신반은 겨자채와 같은 생채요리의 하나로서 시고 매운 맛이 나는 다섯 가지 햇나물을 겨자즙에 무쳐서 절식으로 한 것이다. 엄동을 지내는 동안 신선한 채소를 얻을 수 없었던 옛날의 이 오신반은 매우 신선하고 영양이 풍부한 절식이었으나 지금은 이미 사라져 간 절식풍속이다.

3. 상원절식(上元節食: 정월 대보름)

상원(上元)은 대보름이라고도 하며 음력 정월 15일 즉, 그 해의 첫 보름날이다. 음력 보름 전날인 14일 저녁(지방에 따라서 15일 새벽)에 오곡밥, 약식, 복쌈, 묵은 나물 아홉 가지를 먹었으며 15일 아침에는 부럼을 깨고 귀밝이술을 마신다.

(1) 약밥(약식: 藥食)

상원절식으로 가장 대표적인 것이 약식이다. 이것은 축의(祝儀), 제사에도 올리는 음식으로 찹쌀에 밤, 대추, 실백, 꿀 등의 귀한 재료를 넣어 만든 음식이다. 약식의 유래를 〈삼국사기〉에서 보면 신라 21대 소지왕(炤智王)이 즉위한 지 10년째 되는 해의 정월 15일에 천천정(天泉亭)에 거동했을 때 까마귀의 일깨움으로 모반의 위기를 모면하니 찹쌀밥을 지어 까마귀에게 제사함으로써 그 은혜에 보답하였다는 데서 나온 신라의 옛 풍속이며 오늘날의 약식의 유래도 전하여진다.

(2) 오곡밥(五穀飯)

오곡밥은 쌀, 차조, 찰수수, 팥, 콩 등의 다섯 가지 곡식을 섞어서 지은 밥이다. 이는 약식이 귀한 재료와 만드는 데 솜씨가 필요하므로 일반 서민층에서는 어려워 서민적인 오곡밥으로 변천된 듯하다.

오곡밥은 여러 집으로 나누어 먹어야 좋다고 하여 이웃 간에 서로 나누어 먹었으며 하루 세끼가 아니고 여러 끼(아홉 번)먹어야 좋다는 풍습이 있었다. 오곡밥은 약식보다 더 대중적인 상원절식이다.

(3) 귀밝이술(이명주: 耳明酒)

보름날 새벽에 찬술을 한 잔 마시면 귀가 밝아진다고 하여 귀밝이술이라 하였다.

(4) 복쌈

김이나 취나물(넓은 잎), 피마자 잎 또는 배춧잎 등에 오곡밥을 싸서 먹으면 복을 싸서 먹는다고 하여 복쌈이라 하였으며, 그 해에 풍년이 들기를 기원했다.

(5) 묵은 나물(건채식: 乾菜食)

호박고지, 박 고지, 말린 가지, 각종 마른 버섯, 고사리, 고비, 도라지, 시래기, 대두 황건(콩나물순을 말린 것) 등을 가을에 말려 두었다가 대보름날에 아홉 가지 이상을 볶아 나물로 만들어 먹었다. 이것을 먹으면 오는 여름에 더위를 타지 않을 수 있다고 하였다.

(6) 부럼

대보름 아침에 호두, 은행, 잣, 생밤, 땅콩 등의 견과를 껍질째 깨물어 버리면 일년 내내 무사태평하고 종기, 부스럼이 생기지 않는다고 생각했다. 이 부럼 깨무는 풍습을 작절(嚼癤) 또는 고치지방(固齒之方: 이를 단단히 한다)이라고도 한다. 현재까지 이 풍습은 남아 있다.

4. 중화절식(中和節食)

음력 2월 삭일(朔日, 초하루)을 중화절이라 하고 농가에서는 그 해의 풍년을 빈다는 뜻으로 정월 보름날 세워 두었던 볏가릿대에서 벼 이삭을 내려다가 송편을 만들어 먹는다.

송편은 콩으로 소를 만들어 넣고 시루 안에 솔잎을 깔아서 쪄낸 떡이다. 이것을 노비에게 나누어 주어 농사일을 격려한 것을 유래로 이날을 머슴날(노비일)이라고도 한다. 이날은 농사일을 시작하기 전에 일할 사람들에게 위로와 격려를 주는 권농과 인사관리의 의미가 깊은 날이다.

5. 중삼절식(重三節食)

이날은 설날, 단오(음력 5월 5일), 칠석(七夕: 음력 7월 7일), 중구(重九: 음력 9월 9일)와 더불어 다섯 중절(重節)의 하나로 강남 갔던 제비가 돌아온다는 날이며, 삼월삼짇날이라고도 한다.

사람들은 이날 봄 향기 감도는 맛있는 음식인 화전, 쑥경단 등을 장만하여 산과 들로 나가서 '화전놀이'를 하며 하루를 즐겼다.

(1) 두견화전

산에 핀 진달래꽃을 따다가 찹쌀가루에 섞어 반죽하여 동글납작하게 빚어 기름에 지져서 꿀 혹은 설탕을 뿌린다.

(2) 화면(花麵)

녹말가루를 오미자 물에 풀어 익혀서 얇게 굳힌 다음 가늘게 썰어서 꿀물에 띄우고 실백을 띄운다. 화채의 일종이다.

(3) 진달래 화채

진달래 꽃잎을 녹말가루에 묻혀서 살짝 데쳐 꿀을 탄 오미자 물에 화채를 탄다.

(4) 쑥경단(향애단: 香艾團)

향기로운 생쑥을 데쳐서 찹쌀에 섞어 경단을 만들고 꿀에 버무려 녹두 고물, 팥고물 등을 묻힌다.

6. 한식(寒食)

한식은 동지(冬至)로부터 105일째 되는 날이며, 유래는 중국 춘추 전국시대의 개자추(介子推)의 죽음을 애도하는 데서 시작되었다. 이날은 불을 쓰지 않고 찬 음식을 먹고 궁중에서는 종묘, 능원에 제향을 지냈으며 민간에서도 성묘를 한다. 한식절식으로 메밀국수를 해먹는데 이것을 한식면(寒食麵)이라 한다.

7. 등석절식(燈夕節食: 사월 초파일 절식)

음력 4월 8일은 석가모니의 탄생일이라 하여 이날 저녁에 연등(燃燈)하여 경축한다. 이날 손님을 청해 놓고 느티떡(楡葉餠: 유엽병), 볶은 검은 콩, 삶은 미나리 나물 등을 내 놓는데 이것을 부처님 생전의 소찬(素饌)이라 한다. 특히 볶은 콩은 길에서 만나는 사람에게 주었으며 이렇게 함으로써 불가(佛家)와 인연을 맺는다 하였다.

8. 단오절식(端午節食)

음력 5월 5일은 단오일(端午日, 또는 수릿날)이라고 하고 이날 부녀자들은 창포 뿌리에 분홍물을 들인 것을 머리에 꽂거나 창포 삶은 물로 머리를 감는다.

여자는 그네놀이를, 남자들은 씨름을 즐긴다. 왕은 단오선(端午扇)을 만들게 하여 신하들에게 하사하였다. 쑥은 짓이겨 떡 속에 넣어 녹색이 나도록 반죽하여 절편을 만들어수레바퀴 모양의 떡살로 찍어 떡을 만들어 먹었으니 이날을 수릿날이라고도 한다.

(1) 수리취떡(차륜병: 車輪餠)

수리취(쑥의 일종)를 데쳐 다져서 멥쌀가루 찐 것과 섞어 안반에서 곱게 찧어 절편을 만든 다음 차 바퀴모양의 떡살을 찍어 동글납작하게 만든다. 쑥은 단군신화 때부터 식품으로 등장하였으며 한방의 약제로서 더위를 앞둔 계절의 절식으로 먹는 것으로, 선조들의 매우 과학적이고 영양학적인 지혜를 짐작할 수가 있다.

(2) 제호탕(醍醐湯)

오매(烏梅), 축사(縮砂), 백단(白檀), 사향(麝香)을 빻아서 함께 연고 상태로 만든 것을 자기(磁器)에 넣어두었다가 백비탕에 타서 차게 식혀 마신다. 여름용 보신 음료의 하나이다.

9. 유두절식(流頭節食)

음력 6월 15일을 유두라 하고 떡수단이나 보리수단을 만들어 절식으로 먹으며 유두면을 만들어 대문에 달았다. 신라시대의 유습으로서 이날은 동쪽으로 흐르는 물에 머리를 감고 유두음식을 준비하여 계곡의 맑은 물에 발을 담그고 약수도 마시면서 즐긴다.

유두날 아침 각 가정에서는 수단, 건단, 유두면 등의 음식과 조, 콩, 벼 등의 곡식과 참외, 수박 등 새로 나온 과일을 제사상에 차려 놓고 고사를 지내는데 이것을 유두 천신이라 한다. 천신이란 철을 따라 새로 나온 물건을 먼저 조상이나 신에 올리는 일을 말한다.

(1) 떡수단

멥쌀가루로 흰떡가래를 만들어 염주 알 만큼 둥글게 빚어 오미자즙에 넣고 꿀을 타고 얼음을 넣고 실백을 띄운 시원한 음료이다. 이것처럼 물에 넣으면 수단(水團)이고 넣지 않으면 건단(乾團)이라 한다.

(2) 보리수단

햇보리를 수확하여 깨끗이 비벼 대낀 후 씻고 삶아서 그 보리 한 알 한 알에 고르게 녹말가루를 묻혀 살짝 데친 것을 오미자 즙에 꿀을 타서 띄우고 얼음을 넣고 실백을 띄운 음료이다.

(3) 유두면

햇 밀가루를 반죽하여 면을 만들어 먹는데 이것을 유두면이라 하고, 이날 이것을 먹으면 여름 내내 더위를 먹지 않는다고 한다. 본디는 밀가루 반죽으로 구슬처럼 만들어 오색으로 물들이고 3개씩 색실로 꿰어 차고 다니거나 문설주에 걸어 매어 액을 막자는 것을 유두면이라 하였으니 여기서 유래한 것 같다.

(4) 쌍화병(상화병: 霜花餠)

밀가루 반죽에 콩이나 깨를 소로 하여 쪄낸 떡인데 밀가루에 술 반죽을 하여 부풀게 한 반죽에 팥소, 채소, 고기볶음 등을 속으로 넣고 싸서 만든다.

(5) 증편

쌀가루를 술에 반죽하여 부풀게 한 것에 석이버섯, 대추, 밤을 채 썰고 실백을 함께 얹어 찐 것으로 쉽게 쉬지도 않아 여름철에 적당하다. 이 외에 밀쌈, 밀전병, 햇 참외 및 과일 등도 유두절음식의 하나다.

10. 복절식(伏節食)

복날은 하지로부터 세 번째 경일(慶日)이 초복, 네 번째 경일은 중복, 입추가 지나서 첫 번째 경일이 말복이다. 여름 한더위가 가장 심할 때가 이 삼복 한 달간이므로 몸을 보하는 음식 및 제액을 위한 음식을 장만하고 한창인 수박, 참외, 옥수수를 쪄 맑은 계곡에 나가서 물놀이를 하였다.

복(伏) 중에는 개를 삶아 파, 고추, 마늘 등을 넣고 푹 끓인 개장국을 먹었는데 이열치열(以熱治熱)로 몸을 다스린다는 것이며 지금은 보신탕이라고도 한다.

(1) 육개장국

일반에서는 개장국을 먹었고, 반가에서는 육개장국을 먹었다. 소 살코기를 고아서 파를 많이 넣고 고춧가루를 넣어 얼큰하게 끓인 국이다.

(2) 삼계탕

오계(烏鷄: 검은 영계, 오골계)에다 백삼, 황기를 넣고 푹 곤 것과 영계에다 찹쌀과 백삼을 넣어서 고거나, 마늘만을 넣어서 고아도 좋다. 근래에는 여름철 보양식으로 복날 많이 먹고 있다.

(3) 개장국

개를 잡아서 개고기와 닭을 함께 넣고 파를 많이 넣어 푹 고은 다음 생강, 고춧가루로 양념을 하여 맵고 자극성 있게 끓인 얼큰한 국이다.

11. 칠석(七夕)

음력 7월 7일 밤 견우와 직녀가 까마귀가 놓아 준 오작교를 건너 1년에 한 번 만난다고 하는 날이다. 이 날은 수단을 만들어 먹는다.

12. 추석(秋夕)

음력 8월 15일은 추석 또는 가배일(嘉俳日), 팔월 한가위라고도 한다. 이때는 추수절이라 사람들은 추석빔으로 단장하고 햇곡식으로 밥, 송편을 빚고, 밤, 대추, 감 등과 같은 햇과일을 따서 조상께 다례(茶禮)를 지내고 성묘하는 날이다. 이 날은 남녀 노소 모두 즐겁게 가무와 씨름을 즐긴다.

- 추석의 유래: 신라시대 제3대 왕인 유리왕이 경주 6부를 둘로 나누어 왕녀 두 사람에게 각기 한 부씩을 맡겨 7월 15일부터 8월15일까지 대궐 안에서 길쌈을 경쟁하게 하고, 진 편은 이긴 편에게 주연을 마련하여 축하하게 한 것으로 이때는 모두 가무, 유희를 하였다.

(1) 오려송편(올겨송편)

일찍 결실하는 벼를 오려벼라 한다. 이 벼를 수확한 햅쌀로 송편을 빚고 소로는 햇녹두, 청대콩, 깨 등을 넣었다.

2) 토란탕

토란이 많이 나는 계절이므로 토란과 함께 다시마, 쇠고기를 넣고 맑은장국을 끓인다. 또 토란으로 단자를 만들기도 한다.

(3) 화양적, 누름적

햇버섯, 도라지, 고기 등을 조미하여 각각 볶아서 꼬챙이에 꿰어 화양적을 하고 버섯, 도라지, 파, 고기 등을 얇게 저며 꿰어서 밀가루, 달걀에 묻혀 기름에 지져서 누름적으로 한다.

(4) 닭찜

추석 무렵은 봄에 부화된 햇닭에 살이 올라서 한참 맛이 있을 때이므로 닭찜을 추석절식으로 한다.

(5) 햅쌀 술

햇곡식으로 술을 빚어 차례를 지냈다. 이외에 배숙·햇밤으로 율란, 밤초·햇대추로 조란 등을 만들어 절식으로 즐긴다. 한가윗날의 밥은 청대콩과 햇밤을 섞어 짓는다.

13. 중구절식(重九節食)

음력 9월 9일을 중구(重九)라 하는데, 이 말은 9자가 겹쳤다는 뜻이고, 또 이 날은 중양(重陽)이라고도 하는데 이것은 양수(홀수는 양수다)가 겹쳤다는 뜻이다. 이날에는 한식, 추석에 하지 못한 성묘를 하는 풍습이 있었다.

중양절에는 향기 높은 국화꽃이나 줄기로 국화 화전을 만들어 먹으며 선비들은 산과 들로 나가 단풍을 감상하고 국화꽃을 띄운 술을 마시며 시를 읊는다. 또 이 무렵에 배, 유자, 석류, 잣 등을 꿀물에 탄 화채(花菜)도 즐긴다.

(1) 국화전

찹쌀가루에 국화잎이나 대추와 밤, 국화 꽃잎을 얹어 지져 낸다.

(2) 국화주

술에 노란 국화잎을 띄우거나, 술을 담글 때 국화 꽃잎을 섞어서 술을 빚는다.

14. 동지절식

동지는 대개 양력 12월 22일경이 해당하는데 일년 중 낮이 가장 짧은 날로서 동지가 지나면 낮이 조금씩 점점 길어졌다가 하지를 고비로 다시 짧아져서 동지에 이르면 낮이 가장 짧은 날이 된다. 이날은 붉은 팥죽을 쑨다. 팥죽에 찹쌀가루로 둥글게 빚은 새알심을 넣는데 나이대로 넣었다고 하며, 귀신을 쫓는다 해서 장독대, 대문에 팥죽을 뿌리기도 한다.

동지가 초승에 들면 애동지, 중순에 들면 중동지, 그믐 경에 들면 노동지라고 하며 그 의미를 다르게 부여했다. 애동지에는 팥죽을 쑤지 않고 떡을 해 먹는다. 이는 애동지에 죽을 쑤어 먹으면 그 해 아이들이 많이 상한다는 미신이 있었기 때문이다. 또한, 동지팥죽은 이웃끼리 서로 나누어 먹는다.

- 팥죽의 유래: 형초세시기(荊楚歲時記)에 의하면 '홍공씨가 재수 없는 아이를 하나 두었는데, 그 아들이 동짓날에 죽어 역질 귀신이 되었다. 그 아들이 생전에 팥을 두려워했으므로 동짓날 팥죽을 쑤어 물리치는 것'이라고 하였다.

제3장

상차림 및 식사예절

I 상차림의 종류와 특징

우리나라의 상차림은 음식을 한 상에 다 차리는 평면전개형(平面展開型)으로 이것은 조선조 중엽의 숭유주의에 의한 유교적 규범의 풍요로운 제찬(祭饌)의 진설(陳設)에서 유래된 것이다. 그래서 손님을 대접하는데도 상다리가 휘어질 정도로 많은 종류의 음식을 평면적으로 전개시켜 놓는 습속(習俗)이 지금까지 이어지고 있다. 이 상차림은 이것저것 아울러 먹을 수 있으니 균형 있는 영양소의 섭취에 매우 바람직하며, 또한, 조리방법에 있어서도 중국요리처럼 돼지기름, 쇠기름 같은 것을 사용하면 식어서 기름이 굳어 버리니 자연 식물성 기름을 많이 쓸 수밖에 없었다.

우리나라 요리에서는 삶거나, 굽거나, 찌거나, 나물을 무치거나 할 때 참기름과 들기름을 풍부히 쓰고 있다. 이 식물성 기름들은 영양학적으로 육식에 의한 성인병 예방에 큰 효과가 있음이 알려져, 우리나라 음식이 영양적이며 또한, 과학적임을 알 수 있게 해 준다.

근래에는 한 상에 너무 많은 음식을 차려서 다 먹지 않고 버리는 폐단이 있어 문제가 되나, 우리나라의 옛 습관은 음식상의 음식을 웃어른이 먼저 드시고 아랫사람들에게 남겨 주는 것이 미덕이었다.

이외에도 우리나라 상차림에, 숭유주의의 가부장제(家父長制)의 영향인 남녀칠세 부동석으로 남자는 대개 외상이고 여성들은 부엌이나 상아래 방바닥에다 밥을 놓고 식사하는 풍습이 생겼다.

상차림은 한 상에 차려 놓는 찬품의 이름과 수효를 말하는데, 그 규모는 그 음식대접이 어떤 뜻을 가졌는가에 따라 정해진다. 즉, 오랜 역사 속에 우리 민속과 더불어 이어진 음식상도 있고 의례에 따라 정해진 음식상도 있다. 우리나라의 상차림은 다음과 같이 분류할 수 있다.

1. 반상(飯床)

반상(밥상)은 밥을 주식으로 해서 먹기에 어울리는 음식인 부식, 즉 반찬으로 구성된 상차림이다. 반상은 삼국시대 후기 경에 쌀의 생산이 점차 늘어나고 밥 짓는 솥이 개발되면서 정립된 형태로 일상생활에서 상용된 상차림이다.

반상 차림은 식품의 배합이나 조리법의 원칙이 밥을 먹기에 적합하도록 배려된 것으로 3첩, 5첩, 7첩 등의 격식이 있는데 이것은 조선시대 후기 이후에 정착된 것으로 알려져 있다. 조선시대 가정에서는 어른께 밥상을 드릴 때 '진지상'이라 하였고 한자로 쓸 때는 반상(飯床)이라고 써왔으며, 밥상, 진지상, 수라상으로 구별하여 쓰는데 사람의 신분에 따라 명칭과 상에 오르는 반찬 첩 수가 달랐다. 즉, 아랫사람에게는 밥상, 어른에게는 진지상, 임금님께는 수라상이라 했다. 그러므로 오늘날 반상을 밥상이라고 불러서 밥과 반찬의 상차림이란 개념으로 쓰는 것이 좋겠다.

(1) 반상 차림의 형식

반상 차림은 밥, 국, 김치를 기본으로 하고 여기에다 더 차리는 반찬의 수에 따라서 3첩, 5첩, 7첩, 9첩, 12첩 반상 등이 있다. 반찬의 배합원칙은 〈표 1-1〉과 같다. 이 중 제일 많이 쓰이는 형식은 5첩이고 12첩은 궁중에서만 쓰였었다.

① 밥상에서 밥, 국(탕), 김치, 간장, 찌개류를 기본으로 하고 반찬(찬) 수를 늘리면 첩 수가 늘어난다.

② 상에 놓는 종지 수와 반찬의 내용은 서로 관련되어 있다. 즉 가장 간단한 3첩 반상일 때는 탕이나 찬에 간을 맞추는 데 필요한 간장 한 가지, 5첩이면 찬 내용에 전류가 더 하게 되므로 전을 먹을 때 필요한 초간장을 보태어 두 개로 하고, 7첩 이상이면 회를 더하게 되므로 회를 먹을 때 필요한 초고추장을 더하여 3개가 된다.

③ 찌개는 3첩에는 없고 5첩에는 고추장찌개나 새우젓찌개 같은 찌개 한 그릇을, 7첩 이상이면 찌개류 외에 갈비, 닭, 생선, 꿩, 달걀 등으로 찜을 하여 찌개와 찜 두 가지를 함께 차린다.

〈표 1-1〉 반상형태에 따른 반찬의 종류

	밥	탕	김치	종 지	조치류(찌개류)	숙채	생채	구 이	조림	전류	마른 반찬 또는 젓갈	회
3첩 반상	○	○	○	1 간장	×	○	○	○ (혹은 조림)				
5첩 반상	○	○	○	2 간장 초간장	찌개 1	○	○	○ (혹은 조림)		○	○	
7첩 반상	○	○	○	3 간장 초간장 초고추장	찌개 1 찜 1	○	○	○	○	○	○	○
9첩 반상	○	○	○	3 간장 초간장 초고추장	찌개 1 찜 1	○	○	2	○	○	○	○
12첩 반상	○	○	○	3 간장 초간장 초고추장	찌개 1 찜 1	○	○	2	○	2 전 편육	○	2

특히 마른 반찬, 젓갈, 장아찌 등과 같이 짭잘한 찬들을 적당히 배합하여 밥 반찬으로 손색이 없도록 한다.

(2) 반상의 반찬(음식)

첩수에 따라 상에 오를 음식을 정할 때는 같은 조리법, 같은 재료를 사용하지 않도록 하였다. 즉 곡류, 고기나 생선류, 날 채소요리(생채)와 가열한 채소요리(숙채), 그리고 김치, 뼈째 먹는 생선이나 말린 건어물류 및 젓갈 등이 고르게 사용되어 있으므로 영양상 균형을 이루었다. 이와 아울러 식품재료의 색깔과 맛의 배합도 고려하여 찬기의 뚜껑을 열었을 때 식욕을 돋울 수 있도록 배려한다.

(3) 상차림

우리나라 상차림은 외상 차림을 원칙으로 하였다. 외상 차림이란 독상, 즉 혼자 먹는 상차림을 말하는데 조선시대에는 밥상이나 국수 장국상 등을 차릴 때 집안

어른께만이 아니라 손님, 일꾼들에게도 모두 외상 차림을 하였다. 단, 집안에서 형제간의 겸상(둘이 함께 먹도록 차린 상)이나 셋 겸상(셋이 함께 먹도록 차린 상)을 할 수 있었다. 반상의 형식이 7첩 이상이면 상 하나로 부족하므로 곁상을 같이 사용한다. 곁상에는 반주(飯酒), 반과(飯菓) 등을 놓는다. 곁상은 대개 둥글고 작은 상을 사용한다.

2. 주안상(酒案床)

약주를 대접하기 위해서 차린 상으로 술안주가 되는 음식을 준비하고 따끈하게 데운 술 주전자와 잔대에 받친 술잔을 놓는다. 안주로는 신선로, 전유어, 편육, 겨자채(초나물), 김치 등 그 계절에 맞는 음식을 준비한다. 또 이들 음식에 필요한 초간장, 초고추장 등이 준비되어야 하며 신선로가 아니더라도 국물이 있는 뜨거운 음식, 즉 전골, 지짐이 같은 것을 한 가지는 준비하도록 한다.

이 주안상은 반상과 같이 일정한 격식이 있는 것은 아니고 때에 따라서 임의로 변경할 수 있다. 술도 근래에는 전래 약주나 소주뿐 아니라 여러 가지 증류주가 많이 쓰이므로 술안주의 내용도 여기에 맞추어 만들도록 한다.

3. 면상(麵床: 장국상 차림)

국수 장국상이라고도 하며 국수 종류(온면, 냉면, 떡국, 만둣국 등)를 주식으로 하는 상으로서 보통 점심 또는 간단한 식사를 할 때 많이 쓰인다. 면상은 더운 국수장국이나 차가운 냉면에다 김치와 기타 음식을 곁들이는데 일상식 외에 혼례나 회갑례와 같은 경사스러운 잔치를 열 때 손님 접대용으로도 차린다. 술 접대인 경우에는 주안상을 먼저 낸 후 면상을 낸다. 국수 장국상에는 다음 음식을 차린다.

- ✲김치: 나박김치, 장김치 등.
- ✲종지: 간장, 초간장 등.
- ✲생채나 숙채: 겨자채, 잡채 등.

✲전류: 여러 가지 전류와 편육류.

✲찜류: 여러 가지 찜에서 한 가지를 택한다.

✲편류: 가진 편, 단자, 경단류 중에서 한 가지 혹은 두 가지 이상 겸해도 된다.

✲숙과류: 유과, 전과, 다식, 강정, 약식 등을 한 두가지 겸해 차린다.

✲생 실과류: 여러 가지 생 실과류

✲음료: 화채류, 식혜, 수정과 등.

4. 죽상

죽상은 응이, 미음, 죽 등의 유동식을 중심으로 하고 자극적이지 않은 찬들로 상차림 한다. 죽상에서 죽은 큰 그릇에 담고 오른쪽에는 덜어 먹을 수 있도록 빈 공기를 놓으며 간장 외에 동치미나 나박김치, 자반(암치 보푸라기, 북어 보푸라기, 육포, 어포 등)을 놓는다. 이 상에는 매운 반찬은 어울리지 않는다. 미음을 담은 상에는 꿀, 설탕, 소금 등과 국물김치 등을 같이 놓는다. 죽상차림은 아침 잠자리에서 일어나 가볍게 먹을 수도 있고 식사와 식사 중간에 참으로 먹을 수도 있다.

5. 다과상(茶菓床)

유자차, 인삼차, 생강차 등의 뜨거운 차 또는 화채, 식혜, 수정과 등의 시원한 음료와 약과, 만두과, 산자, 빙사과, 다식, 전과 등의 유밀과, 꿀편, 백편 등의 떡 종류, 밤초, 대추초, 율란, 조란 등의 숙실과 등을 놓는다. 과실 즉 밤, 대추, 곶감, 그 외에 사과, 배 등 생과일도 같이 놓는다.

6. 교자상

여러 가지 축하연 또는 회식을 할 때 많은 사람이 함께 모여 식사를 할 경우 차리는 상이다. 고급재료를 사용해서 종류를 지나치게 많이 하는 것보다 몇 가지 중심이 되는 요리를 특별히 잘 만들고 이와 조화가 잘 되는 다른 요리를 곁들여 낸다. 교자상에 준비되는 음식물은 다음과 같다.

✲밥이나 면 또는 떡국, 만두 손님의 기호, 계절에 따라 정한다.

✲탕 주식이 밥인 경우 준비해야 한다. 보통 맑은장국으로 한다.

✲요리 신선로(혹은 전골), 찜, 전, 편육, 회, 숙채, 생채, 구이, 산적, 마른 찬, 유밀과 떡류, 숙실과, 생실과 음료 등 갖은 재료. 조리법의 음식들을 계절에 맞도록 다양하게 준비한다.

✲종류 요리 내용에 따라서 간장, 초간장, 초고추장, 젓국 등을 담는다.

상은 보통 네모진 큰 교자상을 쓰고 여러 사람이 같이 먹을 수 있도록 한다. 조선시대의 교자 상차림은 건교자, 식교자, 얼교자 등으로 나뉘어 있었다.

✲건교자 상차림 술 안주요리만 차린 상차림으로 정, 편육, 회, 숙채, 생채, 마른 반찬, 신선로(혹은 전골), 찜, 떡(편), 한과, 생과, 화채 등에 국수장국이나 냉면, 떡국 혹은 만둣국 등이 따른다.

✲식교자 상차림 건교자 상차림의 음식에다 여러 가지 밥반찬을 구비하여 차린 교자상으로 밥과 국이 더 놓인다.

✲얼교자 상차림 건교자와 식교자가 섞인 차림인데 보다 간단하게 차린 상을 말한다.

II 식사예절

예절이란 일정한 생활 문화권에서 오랜 생활 관습을 통해 하나의 공통된 생활 방법으로 행하여지다가 관습적으로 굳어진 사회 규약적인 생활 규범이다.

우리나라에서는 가가례(家家禮)라 하고 지방과 가정에 따라 예절이 다소 다르나 사회의 전반적인 예절은 유교의 영향을 받아 매우 엄격하였다. 특히 예(禮)의 시초는 음식에서 시작된다는 사실에 중점을 두어 먹는 일에 관한 예절은 다른 어떤 예절보다 엄격히 지켜왔다.

사람에게 먹고 마시는 일은 필수적으로 중요한 일이다. 태어나서 제일 먼저 배우는 것이 음식 예절이므로 그 사람의 음식 먹는 모습을 보면 다른 생활 태도를 미루어 짐작하게 된다. 현대의 음식의 형태는 예전과 많이 달라졌으나 음식에 대한 예절의 기본 마음가짐은 같다고 하겠다.

우리나라의 식사 예절의 기본은 식사 중에 이야기를 하지 않고 조용히 식사를 하는 것이었으나 시대가 변함에 따라 식사예절도 변하였다.

평상시에는 가족의 일상적인 식사인 밥을 주로 하여 반상을 차린다. 그러나 가족의 생일, 혼례, 회갑 등의 경사 때나 상례 등의 행사 때는 많은 손님을 한꺼번에 대접하게 되므로 대개는 교자상에 네 사람분 이상을 한 상에 차려서 대접하게 된다. 음식을 대접하는 사람과 먹는 사람이 지켜야 할 예의가 있고, 반상과 교자상에 따라 예법이 다르나 기본 마음 자세는 같다.

음식을 만드는 사람은 정성을 다하여 만들고, 손님이 편안하게 먹을 수 있게 끝까지 잘 보살핀다. 대접받는 사람은 고마운 마음으로 잘 먹고 감사 인사를 잊지 말아야 한다. 음식을 먹을 때는 옷차림이 단정하고 몸가짐이 의젓하고 자연스러워야 하고 큰 소리를 내거나 음식 먹는 소리를 내는 것은 예의에 어긋난다.

1. 상차리기

음식을 상에 차리는 법을 배선법이라 하며 우리나라 상차림의 기본은 혼자 먹도록 차리는 독상, 또는 외상 차림이다. 그러나 때에 따라 같이 먹는 겸상도 하고 두레반상 형식으로 차리는데 먹는 사람의 수에 따라 음식의 종류와 가짓수도 다르다.

(1) 외상 차리기

① 수저는 오른쪽에 놓되 숟가락이 왼쪽, 젓가락이 오른쪽으로 가도록 나란히 하여 상 끝에서 3㎝ 정도 들어오게 놓는다.

② 맨 앞줄에는 밥은 왼쪽, 국은 오른쪽, 찌개는 국 뒤쪽으로 놓는다.

③ 종지는 왼쪽에서부터 간장, 초장, 초고추장, 초젓국 등의 순으로 놓는다.

④ 김치보시기는 상 맨 뒷줄 왼쪽부터 깍두기, 배추김치, 동치미 순으로 놓는다

(국물김치는 제일 오른쪽에 놓아서 국물을 흘리지 않고 먹기 편하게 한다).

⑤ 반찬 그릇(쟁첩)은 중간 왼쪽으로 밑반찬류(자반, 장아찌, 젓갈 등)와 나물, 생채 등의 순으로 놓고, 오른쪽에는 더운 찬인 전, 구이와 편육, 회, 수란 등을 먹기 쉽게 놓는다.

⑥ 찜그릇은 합 또는 조반기에 담아서 찌개 뒤에 놓는다.

(2) 겸상 차리기

여러 사람이 먹는 상이므로 초대된 손님과 손윗분이 편하게 식사를 할 수 있도록 찬의 위치나 숫자, 앉는 위치를 미리 생각한다.

① 사람의 수에 맞게 수저 한 벌씩과 밥, 국그릇을 놓는다.

② 찌개와 찜그릇은 손님에 가까운 오른쪽에 놓고 종지들도 손님의 가까운 곳에 놓는다. 초고추장, 겨자장 등은 작은 종지에 담아 개인 앞에 놓아두는 것이 좋다.

③ 김치보시기는 찌개와 찜그릇 뒤쪽으로 놓는다.

④ 더운 찬과 고기찬은 어른이나 손님 가까이에 놓고 밑반찬은 어린 사람이나 주인쪽에 놓는다.

⑤ 음식을 덜어 먹을 수 있도록 개인용 접시를 놓는다.

2. 반상 차림의 예절

반상은 미리 부엌에서 음식을 차려서, 상채로 들어서 손님 앞까지 옮긴다. 예전의 반상 차림은 어른께는 반드시 외상을 올리는 것이 원칙이었으나 차츰 겸상도 하고 가족이 모두 한데 모여 두레반이나 큰 식탁에서 함께 식사하는 것으로 바뀌었다. 특히 현대 가정에서는 외상보다 가족이 모두 모여 먹는 상차림으로 바뀌었으며 바쁜 일상 중에서 가족이 모여 식사하는 시간은 가족 화목의 시간으로 아주 중요하다.

외상 차림으로 대접하는 예법은 다음과 같다.

① 손님에게 편하도록 밥, 국, 찌개, 쟁첩에 담은 찬품들과 수저 등을 알맞은 위치에 놓는다.

② 상을 들여가기 전에 먼저 식사하실 채비가 되었는가를 확인하고 웃어른이나 손님을 상좌(아랫목)에 앉으시도록 한다.

③ 음식을 차린 상을 들 때는 상 드는 사람 편에 김치가 놓이고 반대편에 잡수실 분의 밥과 국그릇이 가도록 한다. 양손으로 상 옆의 중앙을 단단히 잡고 팔꿈치의 높이 정도로 든다. 방에 들어가서 잡수실 분의 두 걸음 앞에서 무릎을 꿇으면서 내려놓는다. 그리고 상을 두 손으로 밀어 먹기 편한 위치에 놓는다.

④ 쟁첩과 종지의 뚜껑을 차례로 두 손으로 공손히 열고, 마지막에 국과 뚜껑을 열어 포개어 곁상이나 쟁반에 옮겨 담는다.

⑤ 진지 잡수시라는 말을 드리고 옆으로 물러앉아서 식사가 끝날 때까지 시중을 들거나 인사말을 하고 일어서서 뒷걸음질하여 살며시 돌아 나온다.

⑥ 전골이 있을 때는 화로나 가열 기구 위에 전골틀을 얹고 더워지면 준비한 재료를 조금씩 넣고 익혀서 작은 그릇에 덜어서 상에 놓아 드린다.

⑦ 진지를 거의 잡수시면 국 그릇을 내리고 대접에 숭늉을 담아 올린다.

⑧ 상을 물릴 때는 들어갈 때와 마찬가지로 두 손으로 들고 일어나서 두어 발뒷걸음으로 나와 돌아서 방을 나온다.

3. 교자상 차림의 예절

교자상이나 두레반은 잡수실 곳에 상을 놓고 음식 담은 그릇을 옮겨서 차리게 된다. 손님이 안 계신 방에 미리 차리는 경우와 손님이 오신 후에 차리게 되는 경우가 있다. 손님상을 차릴 때는 음식 외에 음료와 상차림에 필요한 그릇, 컵, 수저, 휘건(냅킨) 등을 하루 전날에 준비해 둔다.

① 여러 사람이 한 상에 앉도록 차리므로 주빈이 앉는 자리를 정하고, 사람 수에 맞게 수저, 휘건 그리고 음식을 덜어 먹을 빈 접시를 놓는다.

② 음식은 한꺼번에 모두 차리지 말고 차가운 음식은 차갑게, 더운 음식은 뜨겁게 하여 바로 내놓아야 맛있게 먹을 수 있다.

③ 국물이 있는 김치나 화채 등은 큰 그릇에 담지 말고 작은 그릇에 손님 수대로 담는다. 초장이나 초고추장 등을 덜을 때 쓰는 작은 숟가락을 준비한다.

④ 손님들이 상에 앉으면 먼저 술을 내어 웃어른부터 권한다. 술과 음식을 어느 정도 들고나면 밥, 국수, 만두 등의 주식을 낸다.

⑤ 여럿이 한 상에 앉으면 음식이 멀리 있어 덜기에 불편한 사람이 없는가 살펴서 고루 들 수 있도록 배려한다. 더운 음식이 식은 것은 다시 덥혀 내고, 들고 난 빈 그릇은 따로 치운다.

⑥ 처음부터 후식인 과일, 과자, 떡 등과 차나 화채는 한 상에 함께 차리지 않도록 한다. 주된 음식을 다 드시고 나서 상위의 그릇들을 치우고 나서 후식을 내거나, 다른 방으로 자리를 옮겨서 후식을 대접하도록 한다.

4. 식사 중의 예절

① 어른을 모시고 식사할 때는 어른이 먼저 수저를 든 다음에 아랫사람이 들도록 한다.

② 숟가락과 젓가락을 한 손에 들지 않으며, 젓가락을 사용할 때는 숟가락을 상위에 놓는다. 숟가락이나 젓가락을 그릇에 걸치거나 얹어 놓지 말고 밥그릇이나 국그릇을 손으로 들고 먹지 않는다.

③ 숟가락으로 국이나 김칫국물을 먼저 떠 마시고 나서 밥이나 다른 음식을 먹는다. 밥과 국물이 있는 김치, 찌개, 국은 숟가락으로 먹고, 다른 찬은 젓가락으로 먹는다.

④ 음식을 먹을 때는 음식 타박을 하거나 먹을 때 소리를 내지 말고 수저가 그릇에 부딪혀서 소리가 나지 않도록 한다.

⑤ 수저로 반찬이나 밥을 뒤적거리거나 헤치는 것은 좋지 않고, 먹지 않는 것을 골라내거나 양념을 털어 내고 먹지 않는다.

⑥ 먹는 중에 수저에 음식이 묻어서 남아 있지 않도록 하며, 밥그릇은 제일 나중

에 숭늉을 넣어 깨끗하게 비운다.

⑦ 여럿이 함께 먹는 음식은 각자 접시에 덜어 먹고, 초장이나 초고추장 같은 조미품도 접시에 덜어서 찍어 먹는 것이 좋다.

⑧ 음식을 먹는 도중에 뼈나 생선 가시 등 입에 넘기지 못하는 것은 옆 사람에게 보이지 않게 조용히 종이에 싸서 버린다. 상 위나 바닥에 그대로 버려서 더럽히지 않도록 한다.

⑨ 식사 중에 기침이나 재채기가 나면, 얼굴을 옆으로 하고 손이나 손수건으로 입을 가려서 다른 사람에게 실례가 되지 않도록 조심한다.

⑩ 너무 서둘러서 먹거나 지나치게 늦게 먹지 않고 다른 사람들과 보조를 맞춘다. 어른과 함께 먹을 때는 먼저 어른이 수저를 내려놓은 다음에 따라서 내려놓도록 한다.

⑪ 음식을 다 먹은 후에는 수저를 처음 위치에 가지런히 놓고, 사용한 냅킨은 대강 접어서 상 위에 놓는다.

⑫ 이쑤시개를 사용할 때는 한 손으로 가리고 사용하고, 사용 후에는 남에게 보이지 않게 처리한다.

제4장

양념과 고명

음식을 만들 때 식품이 지닌 고유한 맛을 살리면서 음식마다 특유한 맛을 내게 하기 위해 여러 가지 재료가 사용된다. 이러한 것들을 양념이라 하고 한자로 약념(藥念)으로 표기하는데, '먹어서 몸에 약처럼 이롭기를 바라는 마음으로 여러 가지를 고루 넣어 만든다.'는 뜻이 깃들어 있다. 양념은 조미료와 향신료로 나눌 수 있다.

〈표 1-2〉 기본 양념과 고명식품

기본 오미	식품
짠맛	소금, 간장, 된장, 고추장
단맛	설탕, 꿀, 조청, 엿
신맛	식초, 감귤류의 즙
매운맛	고추, 겨자, 천초, 후추, 생강
쓴맛	생강

오색고명	식품
붉은색	고추, 대추, 당근
녹색	미나리, 호박, 오이, 실파
노란색	달걀 노른자, 치자물
흰색	달걀 흰자
검정색	석이버섯, 목이버섯, 표고버섯

조미료는 기본적으로 짠맛, 단맛, 신맛, 매운맛, 쓴맛의 다섯 가지 기본 맛을 내는 것들로, 음식에 따라 이 조미료들을 적당히 혼합하여 알맞은 맛을 내는 것이다.

향신료는 자체에서 좋은 향기가 나거나 매운맛, 쓴맛, 고소한 맛 등을 내는 것들이다. 식품 자체가 지닌 좋지 않은 냄새를 없애거나 감소시키고, 또한, 특유의 향기로 음식의 맛을 더욱 좋게 한다. 한국음식의 조미료에는 소금, 간장, 고추장, 된장, 식초, 설탕 등이 있으며, 향신료에는 생강, 겨자, 후추, 고추, 참기름, 들기름, 깨소금, 파, 마늘, 천초 등이 있다.

고명이란 음식을 보고 아름답게 느끼어 먹고 싶은 마음을 갖도록 음식의 맛보다 모양과 색을 좋게 하기 위해 장식하는 것을 말한다. '웃기' 또는 '꾸미'라고도 한다. 한국음식의 색깔은 동양철학의 중심인 음양오행설(五行說)에 바탕을 두어 붉은색(紅), 녹색(綠), 노란색(黃), 흰색(白), 검정색(黑)의 오색(五色)이 기본이다.

색은 식품이 지닌 자연의 색깔을 이용하여 붉은색은 다홍고추, 실고추, 대추 등으로, 녹색은 미나리, 실파, 호박, 오이 등으로 나타낸다. 황색과 백색은 달걀의 황백지단으로, 검정색은 석이버섯과 표고버섯을 가장 많이 사용한다. 그리고 특이한 모양으로 잣, 은행, 호두 등의 견과류와 고기완자, 표고버섯 등을 고명으로 사용한다.

I 양념

1. 소금

소금은 음식의 맛을 내는 데 가장 기본적인 조미료로 짠 맛을 내며, 소금의 간은 음식에 따라 가장 맛있게 느끼는 농도가 각각 다르다. 맑은 죽이면 1% 정도가 알맞고 맛이 진한 토장국이나 건지가 많은 찌개는 간의 농도가 더 높아야 하며, 찜, 조림 등의 간은 더욱 강해야 맛있게 느낀다. 소금의 종류 및 용도는 다음과 같이 나눌 수 있다.

(1) 천일염(호렴)

입자가 굵어 모래알처럼 크고 색이 약간 검다. 장을 담그거나 채소나 생선 절임용으로 쓰인다.

(2) 재렴

호렴에서 불순물을 제거한 것으로 재제염보다는 거칠고 굵으며 간장이나 채소, 생선의 절임용으로 사용한다.

(3) 재제염

보통 꽃소금이라 하며, 흰 입자가 고운 소금으로 가정에서 가장 많이 사용된다. 음식에 직접 간을 맞출 때나 적은 양의 채소나 생선 등의 절임에 사용한다.

(4) 식탁염

천일염이 아니고 이온 교환법에 의해 만들어진 소금으로 정제도가 아주 높고 설탕처럼 고운 입자로 된 정제염이 사용된다. 식탁에 두고 식탁에서 음식 간 맞추기에 쓰인다. 소금에 글루탐산나트륨 등 화학 조미료 약 1%를 첨가한 것으로 맛소금이라 하고 식탁용으로 쓰인다.

(5) 기타 염

볶은 소금, 구운 소금 등 다양한 소금들이 많아 용도에 맞게 선택하여 사용한다. 소금의 짠맛은 신맛과 함께 있을 때는 신맛을 약하게 느끼게 하고, 단맛은 더욱 달게 느끼게 하는 맛의 상승작용이 있다.

2. 간장

간장은 콩으로 만든 우리 고유의 발효식품으로 음식의 맛을 내는 중요한 조미료이다. 주성분은 아미노산, 당분, 염분으로 숙성과정에서 아미노산과 기타 성분의 조화가 잘 이루어지면 맛이 좋은 간장이 된다. 요사이는 집에서 간장을 담그지 않고 공장에서 제조하여 시판되고 있는 간장을 사용하는데 맛은 재래의 간장 맛과 달라서 차츰 우리도 모르는 사이에 음식의 맛도 많이 변해 가는 실정이다.

음식에 따라 간장의 종류를 구별하여 써야 한다. 즉, 국, 나물, 찌개 등에는 색이 옅은 청장(국간장, 조선간장)을 사용하고, 조림, 포, 초 등의 조리와 육류의 양념은 진간장을 쓴다. 간장은 조리할 때 조림장으로서 만이 아니라, 상에서 쓰이는 초간장, 양념간장 등을 만드는 데에도 쓰인다. 초간장은 진간장에 식초를 넣고 만들어 전유어, 만두, 편수 등에 곁들어 내고, 양념간장으로는 진간장, 고춧가루, 마늘 등과 다진 파, 깨소금, 참기름 등을 넣어 만들어 용도에 맞게 사용해야 맛이 더 좋다.

✻양념간장: 진간장 5큰술, 파 다진 것 1큰술, 마늘 다진 것 1작은술, 생강 다진 것 약간, 참기름 2작은술, 깨소금 1큰술, 고춧가루 ½큰술.

✻초간장: 진간장 1큰술, 물 ½큰술, 식초 ½큰술, 설탕과 잣 가루 약간.

3. 된장

된장은 조미료 이외에도 단백질 급원식품 역할까지도 하였다. 콩으로 메주를 쑤어서 알맞게 띄워 소금물에 담근 후 40일쯤 두어 소금물에 콩의 여러 성분들이 우러난 간장을 떠내고 남은 건더기를 재래식 된장이라 한다. 이외에 메주를 소금물에 담가 간장을 뜨지 않고 만든 것도 있다. 근래에는 공업적으로 된장을 많이 만드는데 콩과 밀을 섞어 발효시켜서 만든다. 된장은 주로 토장국과 된장찌개의 맛을 내는 데에 쓰이고, 상추 쌈이나 호박 쌈에 곁들이는 쌈장과 장떡의 재료가 되고, 좋은 된장으로는 짜지 않고 색이 노랗고 부드럽게 잘 삭은 것이 좋다.

4. 고추장

고추장은 간장, 된장과 함께 발효식품으로 세계에서 유일한 매운맛을 내는 복합발효 조미료이다. 고추장은 메주, 고춧가루, 찹쌀, 엿기름, 소금 등이 원료이며 지방에 따라 찹쌀 대신 멥쌀, 밀가루, 보리 등을 사용하여 밀고추장, 보리고추장을 만들었으나, 볼품이나 감칠맛은 찹쌀고추장이 좋고, 보리고추장은 구수한 맛이 있다. 고추장은 된장과 마찬가지로 토장국이나 고추장찌개의 맛을 내고, 생채나 숙채, 조림, 구이 등의 조미료로 쓰인다. 고추장을 볶아서 찬으로도 하고, 그대로 쌈장으로 사용하기도 한다. 그리고 회나 강회 등을 찍어 먹는 초고추장을 만들고, 비빔밥이나 비빔국수의 양념고추장도 만든다.

5. 설탕, 꿀, 조청(물엿)

설탕은 단맛을 내는 조미료로 가장 많이 사용되며, 우리나라에는 고려시대에 들어왔으나, 귀하여 일반에서는 널리 쓰이지 못하였다. 예전부터 꿀과 집에서 만든 조청(물엿)이 감미료로 많이 사용되었다. 설탕은 당밀분을 많이 포함한 흑설탕과 황설탕보다 정제도가 높은 흰 설탕의 단맛이 강하며, 같은 흰 설탕이라도 결정이 큰 것이 순도가 높으므로 더 산뜻하게 느껴진다. 달게 느끼는 정도는 흑설탕, 황설탕, 흰 설탕, 모래설탕, 얼음설탕의 순으로 차츰 강하게 느낀다.

조청은 곡류를 엿기름으로 당화시켜 오래 고아서 걸쭉하게 만든 묽은 엿으로 누런색이고 독특한 엿의 향이 남아 있으며, 요즈음에는 한과류와 밑반찬용의 조림에 많이 쓰인다.

꿀은 꿀벌이 꽃의 꿀과 꽃가루를 모아서 만든 천연 감미료이다. 인류가 구석기시대부터 이용한 가장 오래된 감미료이고, 꿀벌의 종류와 밀원이 되는 꽃의 종류에 따라 꿀의 색과 향이 다르다. 단맛과 향이 좋으나 가격이 비싸 음식의 감미료로 사용하기보다는 과자, 떡, 정과 등에 쓰이고, 약재로 많이 쓰인다.

6. 식초

식초는 음식의 신맛을 내는 조미료이다. 신맛은 음식에 청량감을 주고 생리적으로 식욕을 증가시키며 소화액의 분비를 촉진시켜 소화 흡수를 돕는다. 식초의 종류는 크게 양조 식초와 합성 식초와 혼성 식초로 나눌 수 있다.

- 양조 식초: 곡물이나 과실을 원료로 하여 발효시켜 만든 것으로 원료에 따라 쌀 식초, 현미 식초, 포도주 식초, 사과 식초, 막걸리 식초, 감식초 등 다양한 식조가 있다. 양조 식초는 각종 유기산과 아미노산이 함유된 건강식품이다.
- 합성 식초: 석유로부터 에틸렌을 만들어 이를 이용하여 합성하여 빙초산을 만들어 물로 희석하여 식초산이 3~4%가 되도록 한 것이다. 양조 식초와 같은 감칠맛은 없다.
- 혼성 식초: 합성 식초와 양조 식초를 혼합한 것으로 시중에 이러한 제품이 많다.

우리나라 음식은 찬 음식에 식초를 많이 사용하는데 즉, 생채와 겨자채, 냉국 등에 넣어 신맛을 낸다. 식초는 녹색의 엽록소를 누렇게 변색시키므로 푸른색 나물이나 채소에는 먹기 직전에 넣어야 한다. 식초는 간장이나 고추장에 섞어 초간장, 초고추장 등을 만들어 상에서의 조미품으로 쓰인다.

7. 파

파는 자극성이 강한 냄새와 독특한 맛으로 향신료 중에 가장 많이 사용된다. 파의 종류에는 굵은 파(대파), 실파, 쪽파, 세파(가는 파) 등 여러 가지가 있고 많이 나는 시기가 각기 다르다. 여름철에는 가늘고 푸른 부분이 많은 파가 많고, 가을철에는 굵고 흰 부분이 많으며 세파는 여름철에 나온다. 파의 흰 부분은 다지거나 채 썰어 양념으로 쓰는 것이 적당하며, 파란 부분은 채 썰거나 크게 썰어 찌개나 국에 넣는다. 고명으로 대파의 흰 부분을 가늘게 채 쳐 사용하기도 한다. 파는 비타민C가 많은 식품이며 파의 매운맛을 내는 성분은 가열하면 향미 성분이 부드러워지고 단맛이 강해진다.

8. 마늘

마늘은 독특한 자극성의 맛과 향기를 가졌는데 이것은 파와 마찬가지로 유기화합물, 황화알칼리가 들어있기 때문이며 육류 요리에는 빠지지 않는다. 마늘의 냄새와 맛은 식욕을 증진시키고 신경계통을 자극하여 혈액순환을 촉진시키며 살균 작용도 한다. 특히 주성분인 알리신(allicin)은 비타민 B_1의 흡수를 촉진한다.

마늘은 밭에서 나는 밭 마늘이 논 마늘보다 육질이 단단하여 오래 보관할 수 있고 맛 또한 더 매우며 육쪽마늘을 상품으로 친다. 나물, 김치 또는 양념장 등에 곱게 다져서 쓰고 여린 줄기와 잎 및 마늘종은 채소로도 이용한다.

9. 생강

생강은 쓴맛과 매운맛을 내며 강한 향을 가지고 있어 양념 및 차, 한약재, 정과류 등에 널리 쓰인다. 양념으로 어패류의 비린내, 육류의 누린내, 특히 돼지고기 및 닭고기의 누린내 및 비린내를 없애는 데에 효과가 크다.

생강은 어패류나 육류를 조리할 때 이들 단백질이 생강의 탈취력을 저하시키므로 어패류나 육류를 한 번 가열하여 재료가 어느 정도 익은 후에 넣는 것이 더 효과적이다. 생강은 음식에 따라 강판에 갈아 즙만 넣기도 하고 곱게 다지거나, 채로 썰거나 얇게 저며 사용하기도 한다.

생강의 매운맛은 진저론(zingerone)으로 너무 많이 섭취하면 몸에 해로우나 적당량을 사용하면 식욕증진의 효과가 있고 또한, 몸을 따뜻하게 하는 작용이 있다. 좋은 생강은 알이 굵고 껍질에 주름이 없는 것이 싱싱하다.

10. 후추

후추는 매운맛을 내는 향신료로서 열대지방에서 나는 다년생 나무의 열매로 세계에서 가장 널리 쓰이는 향신료이다. 우리나라는 이미 고려 때 수입한 기록이 남아 있는 것으로 보아 조선 중기 이후에 들어온 고추보다 훨씬 먼저 사용된 것으로 보인다.

후추는 통후추를 가루로 만들어 사용하며 생선이나 고기의 누린내, 비린내를 제거하고 자극성이 있어 음식물의 맛과 향을 좋게 하며 식욕도 증진시킨다. 통후추는 육류를 삶거나 육수를 만들 때 넣고 차를 다릴 때나 배숙, 수정과 등 음료에도 쓰인다.

검은 후추는 미성숙된 후추열매를 천일 건조한 것으로 대개는 갈아서 가루로 만들어 사용한다. 이것은 향이 강하고 색이 검으므로 육류와 색이 진한 음식의 조미에 적당하다.

흰 후추는 완숙된 후추열매를 물에 담가서 껍질을 벗긴 것으로 매운맛도 약하고 향이 부드러우며 색이 연하므로 흰살생선이나 채소류와 색이 연한 음식의 조미에 적당하다.

11. 고추

우리나라 음식의 매운맛에 주로 고추가 쓰이지만, 고추의 전래는 임진왜란 이후 17세기 초에 일본을 통해 들어왔다는 설이 가장 유력한 것으로 추정되고 역사가 매우 짧다. 지금은 세계적으로 우리나라가 고추의 소비량이 으뜸으로 고추의 매운맛이 한국음식의 대표적인 특징처럼 되었다.

고추의 매운맛은 품종이나 생산지에 따라 차이가 있다. 즉, 예부터 경북 영양에서 재배되는 영양초가 가장 좋은 고추로 알려졌지만 지금은 전국적으로 재배단지가 많으며 품종도 재래종보다 개량종인 호고추를 많이 재배하고 있다. 호고추는 색도 짙고 껍질이 두터우나 자극성이 적고 음식에 넣었을 때 재래종에 비해 색이 선명하지 못하다.

고추를 수확하여 말리는 법에 따라 태양에 말린 것을 태양초라 하는데 이것은 붉은 빛이 선명하고 매운맛이 강하다. 반면 건조기계로 말린 것은 색이 진하여 음식의 색이 곱지 않고 맛도 덜하다. 고추를 구입하고 사용할 때는 음식종류에 따라 적당한 것을 고르도록 한다.

(1) 고춧가루

구입한 고추를 마른 행주로 깨끗하게 닦고 씨를 빼서 말린 다음 용도에 따라 빻는다. 간혹 씨를 빼지 않고 통째로 빻아 사용하기도 한다.

- 고운 가루: 고추장, 물김치 색 내기용으로 사용한다.
- 중간 가루: 김치, 깍두기용, 반찬 조리용으로 사용한다.
- 굵은 가루: 김치, 여름 풋김치용으로 사용한다.

(2) 실고추

실고추는 마른 고추의 씨를 빼고 꼭꼭 말아서 가늘게 채 썰어서 사용한다. 근래에는 기계로 썰어 팔고 있어 간편하게 사용할 수 있다. 나박김치, 양념, 웃고명 등으로 쓰인다.

(3) 통고추

마른 고추를 깨끗이 닦고 씨를 빼낸 뒤 적당한 크기로 썰어 제육구이, 볶음, 찌개, 닭찜 같은 찜류를 만들 때 넣어 매운맛과 색깔을 낸다.

(4) 물고추

마르지 않은 홍고추를 돌확 및 믹서로 갈아서 열무김치 같은 풋김치를 담글 때 사용하는데, 주로 홍고추가 수확되는 여름철에 많이 쓰인다.

12. 겨자

겨자는 갓의 씨를 가루로 빻아서 쓴다. 건조할 때는 매운맛이 없으나 따뜻한 물로 개어서 공기 중에 방치하면 매운맛이 난다. 재래종은 물에 개어서 따뜻한 곳에 얹어서 오래 두어야 매운맛이 나는데 개량종은 바로 개어서 고루 저어 주면 바로 쓸 수가 있으며, 근래에는 바로 쓸 수 있는 상품화된 겨자가 나와 편리하다.

겨자는 냉면, 냉채류, 겨자채 등을 만들 때 넣으며, 잘 개어서 식초, 설탕, 소금, 간장을 필요에 따라서는 닭 국물, 잣즙과 같은 국물에 섞어서 겨자장을 만들어 회, 편육, 구절판 등을 찍어서 먹는다. 겨자의 독특한 매운맛은 식욕을 돋우고 적당히 위를 자극하여 소화작용을 좋게 한다. 근래에는 갓 씨앗 뿐만 아니라 제주도 유채의 씨앗도 겨자가루의 원료로 쓰이고 있다.

13. 천초(제피)

천초나무의 열매와 잎은 독특한 향과 매운맛을 내며 제피라고도 한다. 요즘은 사찰이나 특별한 음식에만 쓰이고 일반적으로는 널리 쓰이지 않으나 고추가 전래되기 이전에는 김치나 그 외의 음식에 매운맛을 내는 조미료로 쓰인 기록이 많이 남아 있고, 현재에도 일부지방에서는 아직도 김치를 담글 때 고춧가루와 같이 사용하고 있다.

완숙한 열매는 말려서 가루로 하여 조미료로 사용하는데 장어탕, 추어탕이나 개장국 등 비린내와 기름기가 많은 음식에 쓰이고, 잎은 장떡을 부칠 때 사용되기도 한다. 산초와 천초(제피)는 전혀 다른 조미료이다. 천초는 건위와 구충작용이 있어 한약재료도 쓰인다.

14. 계피

계수나무의 껍질을 말린 것으로 두껍고 큰 것은 육계(肉桂)라 하며 가는 나뭇가지를 계지(桂枝)라 한다. 육계를 빻아서 가루를 만든 것을 계핏가루라 하며 떡류, 한과류, 숙실과, 약식, 약과 등에 많이 쓰인다. 통계피와 계지는 물을 붓고 달여서 수정과의 국물이나 계지차를 만든다.

15. 참기름

우리나라의 음식에 가장 널리 쓰이는 기름은 참깨를 볶아서 짠 참기름이다. 참기름의 고소한 향과 맛은 우리나라의 맛과 향을 내는 데 쓰이고 특히 나물, 약과, 약식 등을 만들 때 쓰인다.

참기름은 불포화지방산이 많고 발열점이 낮아 튀김기름으로는 쓰지 않으나 그 외 모든 음식에 넣는다.

16. 들기름

들기름은 들깨를 볶아서 짠 것으로 참기름과는 다른 고소하고 독특한 맛과 냄새가 난다. 들기름 향은 일반적으로 좋아하는 향이 아니어서 널리 이용되지는 않으나 김을 재거나 나물 무칠 때 사용한다. 들깨는 기름 이외에 그대로 갈아서 들깨가루를 만들어 나물을 무치거나 냉국, 된장국, 미역국 및 여러 가지 나물국 등에 넣기도 한다.

17. 콩기름

전유어나 지짐류, 볶음 등 일반적인 구이 조리용으로 가장 많이 이용하는 기름으로 무색 무취의 투명한 것이 좋다. 우리나라 조리법 중에 튀기는 요리로는 부각, 튀각 이외는 별로 없다. 예전에는 기름이 귀해서 찬류보다 유과, 유밀과 등을 튀길 때 많이 쓰였다.

18. 깨소금

잘 익은 참깨를 깨끗하게 씻어서 물기를 뺀 뒤, 팬이나 두꺼운 냄비에 나무주걱으로 저으면서 볶는다. 깨알이 익어서 통통하게 되고 손끝으로 비벼서 으깨질 정도로 볶아야 하고 지나치게 볶아 색이 검으면 음식에 넣을 때 미관상 좋지 않다. 볶은 깨는 반쯤 부서지게 빻아 습기가 스며들지 않도록 밀봉한 후 서늘한 곳에 보관하여 사용한다.

19. 새우젓

새우젓은 작은 새우를 소금에 절여 만든 젓갈로서 김치에 가장 많이 쓰인다. 그 외 호박, 두부, 돼지고기로 만드는 국, 찌개, 나물 등의 맞추는 조미료로 사용하며 소금간보다 훨씬 감칠맛이 난다. 특히 돼지고기 편육에는 새우젓국에 식초, 파, 고춧가루 등을 섞어 초젓국을 만들어 반드시 곁들여 낸다. 젓국만 쓸 때는 건지가 들어가지 않게 꼭 짜서 쓴다.

II 고명

1. 달걀지단(알고명)

달걀을 흰자와 노른자로 나누어서 소금을 약간 넣고 거품이 일지 않게 잘 젓는다. 팬에 기름을 약간 두르고 불을 약하게 한 후 달걀 푼 것을 부어서 얇게 펴지게 양면을 부친 달걀을 용도에 맞는 크기로 썬다. 이때 완전히 식은 후에 썰어야 부서지지 않는다.

지단은 고명 중에 흰색과 노란색으로 가장 널리 쓰인다. 채 친 지단은 나물이나 잡채에, 골패형과 마름모꼴은 국이나 찜, 전골 등에 쓴다.

줄알이란 뜨거운 장국이 끓을 때 푼 달걀을 줄을 긋듯이 줄줄이 넣어 부드럽게 엉기게 하는 것을 말하며 국수, 만둣국, 떡국 등에 쓰인다.

2. 미나리 초대

미나리의 줄기만을 약 10~12㎝ 정도의 길이로 잘라서 산적꽂이 혹은 이쑤시개에 가지런히 빈틈없이 꿰어서 한쪽에 밀가루로 얇게 묻힌 후 밀가루 묻힌 쪽에 달걀물을 입히고 달걀지단 부치듯이 양면을 지진다. 달걀의 흰자와 노른자를 나누어 풀어서 각각 입혀 노랗고 흰 미나리 초대를 만들어 사용하기도 한다. 미나리 초대의 이용은 마름모형이나 골패형으로 썰어 탕, 전골, 신선로 등에 넣는다.

3. 고기완자

완자는 봉우리라고도 하며 주로 쇠고기의 살을 곱게 다져서 양념하여 고루 섞은 후 둥글게 빚는다. 이때 물기를 짠 두부를 으깨어 섞기도 한다. 완자의 크기는 음식에 따라 직경 1~2㎝ 정도로 빚는다.

빚은 완자는 밀가루를 묻히고 풀어 놓은 달걀에 담가 옷을 입혀서, 팬에 기름을 두르고 굴리면서 전체를 고르게 한다. 면, 전골, 신선로의 고명으로 사용되고, 완자탕의 건지로도 쓴다. 이때 고기 양념은 간장 대신에 소금을 넣고 참기름, 후춧가루, 파, 마늘을 곱게 다져 넣으며 설탕은 넣지 않는 것이 좋다.

4. 고기고명

쇠고기를 곱게 다져서 간장, 설탕, 파, 마늘 다진 것, 깨소금, 참기름, 후춧가루 등으로 양념하여 볶아 식힌 후 다시 곱게 다져서 국수장국, 비빔국수, 떡국의 고명으로 쓰기도 한다. 채 고명은 쇠고기를 가늘게 채 썰어 양념하여 떡국, 국수의 고명으로 쓴다. 지방에 따라 떡국에 고기산적을 작게 만들어 얹기도 하고, 굴을 간장에 졸여 고명으로 쓴다.

5. 버섯류

주로 말린 버섯류를 사용했고, 종류는 말린 표고버섯, 목이버섯, 느타리버섯 등으로 물에 불려서 손질하여 고명으로 쓴다.

(1) 표고버섯

음식에 따라 적당한 크기의 것으로 골라서 마른 버섯은 미지근한 물에 부드럽게 불린 후 기둥은 떼어 내고 용도에 맞게 썬다. 전을 부칠 때는 작은 것으로 하고, 채로 썰어 사용하는 것은 어느 크기라도 상관없으나 크고 두꺼운 것은 얇게 저민 다음 채로 썰도록 한다.

표고를 담근 물은 버섯의 맛 성분이 많이 우러나서 맛이 좋으므로 국이나 찌개의 국물로 이용하면 좋다. 물에 담가 불릴 때 지나치게 더운물로 불리면 색깔도

검고 향기도 좋지 않다. 고명으로 쓸 때 양념은 고기 양념과 같이 간장, 설탕, 깨소금, 참기름, 파, 마늘 다진 것, 후춧가루로 양념하여 볶는다.

(2) 석이버섯

석이버섯은 부서지지 않은 것으로 골라서 미지근한 물에서 불려 숟가락이나 칼끝으로 버섯 안쪽의 이끼를 말끔하게 벗겨 낸 다음 용도에 맞게 적당히 썰어서 사용한다.

석이는 조금씩 사용되므로 번번이 손질하려면 번거로우니 시간의 여유가 있을 때 넉넉히 손질하여 말려 두었다가 사용할 때 물에 담가 바로 쓸 수 있도록 하면 편하다. 특히 석이를 다져서 고명으로 쓸 때 석이가루를 만들어 사용하면 편하다. 가루를 만들 때 손질하여 말린 것을 부스러뜨리면 고운 가루를 얻을 수 있으며 석이단자 및 달걀 흰자지단에 섞어 사용하기도 한다.

석이를 채 칠 때는 말아서 썰고 보쌈김치, 국수, 잡채 등 고급음식의 고명으로 사용하기도 한다.

6. 실고추

붉은색이 고운 말린 고추를 갈라서 씨를 발라내고 젖은 행주로 싸서 부드럽게 한 뒤 두 개 정도씩 꼭꼭 말아서 곱게 채 썬다. 나물, 국수, 오이선, 생선조림의 고명으로 쓰이고 김치에 많이 쓰인다.

7. 다홍고추, 풋고추

말리지 않은 다홍고추, 풋고추는 배를 갈라서 씨를 빼고 채를 썰거나 완자형, 골패형으로 썰어 웃기로 쓴다. 익힌 음식의 고명으로 쓸 때는 끓인 물에 살짝 데쳐서 사용하며, 잡채, 국수 등의 고명으로 쓰인다.

8. 실파와 미나리

가는 실파나 미나리 줄기를 데쳐서 3~4㎝ 길이로 썰어 찜, 전골, 국수의 웃기로 쓴다. 넉넉한 물에 소금을 약간 넣고 데쳐 내어 바로 찬물에 헹구어 완전히 식히면 푸른 색이 진하며 아주 곱게 된다.

9. 통깨

참깨를 일어 씻어 볶아서 빻지 않고 그대로 남겨서 나물, 잡채, 적, 구이 등의 고명과 김치 담글 때 사용한다.

10. 잣(實柏: 실백)

잣은 딱딱한 껍질을 가진 견과류로 지방분이 대단히 많다. 시중에서 파는 잣은 껍질을 다 벗겨서 시판하고 있다. 잣은 되도록 굵고 통통하며 기름이 겉으로 배이지 않고 보송보송한 것이 좋다. 잣은 뾰족한 쪽의 고깔을 뺀 후 깨끗이 씻어 용도에 따라 잣가루, 통잣, 비늘 잣으로 사용한다.

*통잣: 잣 그대로를 사용하며 전골, 탕, 신선로 등의 웃기로 차나 화채에 띄운다. 잣박산, 마른안주로도 사용.

*비늘잣: 잣을 길이로 반을 갈라서 사용하며, 만두소나 편의 고명으로 쓴다.

*잣가루: 도마 위에 한지나 키친타올 같은 종이를 겹쳐서 깔고 잘 드는 칼로 다진다. 이때 종이는 자주 바꿔가며 다져야 뽀얗고 포슬포슬한 흰 가루를 만들 수 있다. 회, 적, 구절판 등의 완성된 음식을 그릇에 담은 뒤에 뿌리고 초간장에도 넣는다. 강정, 단자 등의 고물로도 쓰인다.

11. 은행

딱딱한 껍질을 깨고 속껍질을 벗길 때 달군 팬에 기름을 두르고 굴리면서 볶아 마른 종이나 행주로 싸서 비벼 속껍질을 벗기는 방법과 끓는 물에 소금을 약간 넣은 후 은행을 넣어 삶아서 벗기는 방법이 있다. 신선로, 전골, 찜 등의 고명으로 쓰고, 한편 볶아서 소금으로 간을 하여 두세 알씩 꼬치에 꿰어서 마른안주로 쓴다.

12. 호두

딱딱한 겉껍질은 벗기고 알맹이가 부서지지 않게 꺼내어 더운물로 15~30분 정도 담갔다가 이쑤시개 같은 날카로운 것으로 속껍질을 벗긴다. 호두 살을 더운물에 너무 오래 담가 두면 오히려 잘 부서지고 껍질 벗기기가 어렵다. 지방과 무기질, 비타민이 풍부하고 생김새가 예뻐 고명으로 널리 쓰인다. 신선로, 전골, 찜 등의 고명으로 쓰이고 볶아서 소금으로 간을 하여 두세 알씩 꼬치에 꿰어서 마른안주로도 사용하며, 그 외에 한과에 사용된다.

13. 대추

대추는 고추와 더불어 붉은 색의 고명으로 쓰이는데 단맛이 있어 어느 음식에나 적합하지는 않다. 마른 대추는 깨끗이 씻어서 마른 행주로 닦고, 창칼로 씨만 남기고 살을 발라내어 채로 썰어서 고명으로 쓴다. 찜에는 통째 넣고, 보쌈김치, 백김치 등에는 채 썰어 넣고, 식혜와 차에도 채를 썰어 띄운다. 이와 같이 보통 음식보다 떡과 과자류에 주로 쓰인다.

14. 밤

밤은 겉과 속껍질까지 말끔히 벗긴 후 고명으로 사용한다. 찜에는 통째로 넣고, 채로 썰어 편이나 떡고물로 하고, 삶아서 체에 걸러 단자와 경단의 고물로 쓴다. 예쁘게 깎은 생률은 마른안주로 가장 많이 쓰이고 납작하고 얇게 썰어서 보쌈김치, 겨자채, 냉채 등에도 넣는다.

제2부

한국음식의 실제 응용

조리 전 주의 및 참고사항

1. 조리를 할 때는 좋은 재료의 선택 및 구입, 알맞은 양을 측정하는 것이 중요하다. 그러므로 각종 식품 및 조미료의 계량법을 올바르게 알아야 한다.

① 저울: 식품의 무게를 달 때 사용되고 눈금이 섬세한 것이 좋다. 요즘은 디지털 저울을 많이 사용하고 있다.

② 계량컵: 1컵은 물 200cc 이고, ½컵, ⅓컵 등으로 눈금이 할편되어 있는 것이 많다. 용도에 따라 투명한 재질로 된 컵도 있다.

③ 계량스푼: 1Table spoon(큰술) = 1Ts = 물 15cc
1tea spoon(작은술) = 1ts = 물 5cc

④ 온도계: 기름온도를 측정할 때 사용한다.

⑤ 비중계: 간장을 담을 때나 김장 배추를 절일 때 소금물과 같이 다량의 소금물의 염도를 측정할 때 사용한다.

2. 조리하는 장소에는 불과 칼처럼 위험한 것들이 많기 때문에 조리할 때는 항상 안전에 주의한다.
3. 조리하는 사람은 위생적인 복장과 청결이 우선이므로 항상 조리실 청소와 가운 세탁에 신경 쓴다.
4. 가스 사용 시 항상 안전에 염두를 두고, 화력을 적절히 조절하여 사용해서 열의 낭비를 막도록 한다.
5. 조리 시 사용되는 조리도구들을 조용하게 다루어 되도록 소음을 줄인다.
6. 조리 시 조원들의 단결은 실습의 효과를 높인다.
7. 조리 시 학생들의 손과 두발 상태는 위생적이고 간결하게 준비하여야 한다.
   예 긴 머리는 묶는다. 손톱은 짧게 깎는다.
8. 실습 후 조리실을 정리하는 조는 깨끗하게 청소함과 동시에 가스를 확실하게 잠근다.

제1장

주식의 조리

I 밥

밥은 쌀, 보리, 조와 같은 곡물에 물을 붓고 가열하여 곡물을 완전히 호화시킨것으로 우리나라의 대표적인 주식이다.

우리나라는 3000여 년 동안 벼농사를 주 농사로 지은 농업국으로서 곡물로 지은 밥을 주식으로 하고, 여기에 맞추어 채소, 고기, 생선, 해조류, 콩 등으로 만든 음식을 찬으로 하는 것이 상용식사의 기본형식이 되었다.

우리나라의 밥은 찐 밥에서 시작되었고 삼국시대 후기 경에 이르러 끓여 짓는 밥 짓기가 일반화되기 시작하였으며 또한, 삼국시대 후기의 쪄서 짓는 밥 요리는 술밥 또는 약식과 같은 특별음식으로 남았다.

우리나라와 일본은 쌀에 물을 붓고 끓여 밥을 짓는 취반법(炊飯法)으로 밥을 짓지만, 인도, 태국, 자바, 만주 등지에서는 솥에 넉넉히 물을 붓고 쌀을 넣어서 끓어오르면 밥물을 모두 쏟아버리고 다시 솥에 담아 불을 약하게 하여 찌는 제탕법(除湯法)으로 밥을 짓는다.

우리나라 음식에서 밥은 주식으로서 가장 많은 비중을 차지하고 있고 섭취하는 영양분은 탄수화물이 주가 되며 그것으로 하루 필요 열량의 70~80%를 충당하는 형편이었으나, 근래에 와서는 주식에 의한 열량 섭취 상태가 많이 낮아졌다. 그러나 아직도 우리나라는 주식 의존형의 식사를 하고 있다.

1. 밥의 종류

우리나라는 쌀이 주 농사이면서도 산이 많아 잡곡농사도 다양하게 지었다. 특히 잡곡 활용의 솜씨가 발달하였고, 또 지역별로 그 고장의 산출 잡곡 및 어육류, 채소류 등을 상용주식에 많이 활용하였다. 따라서 밥 짓기의 솜씨가 크게 발달되어 있다.

조선 이후의 여러 문헌에 나와 있는 밥의 종류를 재료의 배합에 따라 크게 나누어 보면 다음과 같이 다양하며, 이 중의 많은 종류는 현재에도 별식으로 자주 먹는다.

① 곡물로만 지은 밥: 강남콩밥, 조밥, 거피팥밥, 맥반(보리밥), 메밀밥, 부등팥밥, 비지밥, 상반, 수수밥, 오곡밥, 차조밥, 팥물밥 등.

② 곡물과 견과류를 섞어 지은 밥: 밤밥, 상수리밥, 약밥(약식) 등.

③ 곡물과 채소류를 섞어 지은 밥: 김치밥, 나물밥(돈채반), 무밥, 산나물밥, 죽순밥, 콩나물밥 등.

④ 곡물과 수조육, 어류를 섞어 만든 밥: 대구탕밥, 연어밥, 원반, 장국밥 등.

⑤ 곡물과 해산물을 섞은 밥: 굴밥, 조개밥 등.

⑥ 곡물과 수조육류, 채소류를 섞은 밥: 닭 비빔밥, 볶음밥, 야채밥 등.

⑦ 곡물과 서류를 섞은 밥: 감자밥, 고구마밥 등.

⑧ 곡물과 기타 재료를 섞어 지은 밥: 금반(노란 국화잎으로 만든 밥), 율무밥, 옥정반(연뿌리와 연밥을 섞어 지은 밥) 등.

2. 밥의 조리법

쌀은 밥을 짓기 적어도 30분 전에 씻어 물에 담가서 충분히 수분을 흡수시킨 다음 물의 분량을 조절한 뒤 밥을 짓는다.

(1) 쌀 씻기

쌀은 상온수에서 1~2시간 담가 두면 최대 흡수율(23% 전후)에 이르므로 적어도 밥 짓기 30분 전에 씻어 담가 두어야 밥맛이 좋게 된다. 쌀을 씻을 때는 미리 큰 그릇에 물을 받았다가 쌀을 넣고 크게 휘저어서 깨끗이 씻어야 하나 또, 너무 많이 씻으면 영양분의 손실이 많으므로 주의해야 한다. 그러나 근래에는 벼농사에 사용되는 농약의 오염이 우려되므로 쌀을 씻을 때 보다 더 세심한 주의가 필요하다.

(2) 밥물 잡기

쌀의 품질, 건조 상태, 햅쌀과 묵은 쌀에 따라 물의 분량은 차이가 있다. 보통 밥물의 양은 쌀의 용량부피의 1.2배 정도가 적당하고, 중량(무게)으로는 1.5배가 적당하다. 쌀의 건조도에 따라 햅쌀의 경우는 1.1배가 알맞고 묵은 쌀은 1.5배가 적당하다. 쌀로 밥을 지으면 밥의 분량이 쌀의 약 2.2~2.7배 전후로 증가된다.

(3) 밥 지을 때의 용구

밥을 짓는 냄비와 솥은 재질의 두께가 두껍고, 뚜껑이 꼭 맞으며, 무거운 것으로, 재질은 무쇠, 스텐, 돌로 만든 것이 좋다. 무쇠 자체는 열의 전도가 더디므로 끓은 뒤 열의 지속성이 높아 뜸 들이는 데 좋고, 또 곱돌의 두께와 무게는 압력솥 못지않다.

(4) 연료

밥맛은 짓는 연료에 따라서 달라진다. 요즘은 가정에서 전기밥솥과 가스를 많이 이용하고 있다. 예전의 재래식 부엌에 달린 큰 무쇠 솥에다 숯불이나 장작을 때서 짓는 밥맛은 더 없이 좋았으나 요즘은 좀처럼 맛보기가 힘들다. 요즘에 많이 사용되는 압력솥과 압력전기밥솥은 이 무쇠 솥의 원리를 이용하여 개발되었다.

(5) 밥 짓기(화력조절)

밥을 지을 때는 먼저 강한 불로 10~15분 정도를 끓이다가, 화력을 중불로 줄여서 10분 정도 더 끓인다. 그러면 밥물이 쌀알에 흡수되고 녹말분이 투명해져서 쌀알이 완전히 익으면서 윤기가 나게 된다. 그 다음은 화력을 아주 약하게 하여 10~15분 지속시키는데 바로 이때 밥 뜸이 충분히 들여지게 된다. 다음에는 불기 없이 10분 전후로 조금 놓아둔 후에 밥을 펴야 한다. 밥이 다 되면 나무주걱으로 전체를 고루 섞어 밥통에 담아 놓는다. 전기밥솥에 지은 밥도 마찬가지로 고루 섞어 놓는다. 그래야만 밥이 고실고실한 상태를 유지하고 맛이 좋다.

〈표 2-1〉 재질에 따른 열 전도율

이름	열 전도율(%)
은	100
구리	90
아연	27
옹기그릇	0.65
알루미늄	50
철(무쇠)	17
유리	0.15

쌀을 씻어서 바로 밥을 지으면 쌀의 수분 흡수량이 부족하여 쌀의 심이 딱딱하게 남는 경우가 있는데, 이때는 청주를 약간(쌀 2½컵에 1큰술) 뿌려서 7~8분 정도 약한 불에 올려서 다시 짓는다. 전기밥솥일 경우 다시 한 번 취사를 누른다.

1) 흰밥

재료 및 분량

쌀 3컵, 물(쌀의) 1.2~1.5배

〈만드는 법〉

1 쌀을 깨끗이 씻어 물에 담가서 충분히 불린다.

- 여름에는 30분, 겨울에는 1시간 정도가 적당하다.
- 물의 양은 쌀의 건조도에 따라 가감하는데 햅쌀은 1.2배, 묵은 쌀은 1.5배 정도가 알맞다.
- 압력솥 사용시에는 쌀의 0.7~0.8배의 물을 붓는다.

2 쌀을 솥에 붓고 센 불에 올려 끓인다.

3 한 번 끓어오르면 중불로 줄이고 쌀알이 퍼지면 약불로 줄인 후 뜸을 들인다.

2) 보리밥

보리밥은 쌀에 섞어서 밥을 짓지만 순전히 보리만으로도 밥을 짓는다. 보리는 시중에 통보리와 납작보리 및 가공된 압축보리가 판매되고 있다. 예전에는 가난한 사람들이 꽁보리밥을 먹었으나 요즈음에는 건강식, 별식으로 많이 먹고 있다. 특히 여름철에 보리밥에 열무김치와 고추장을 넣어 비벼 먹는 것은 별미이다.

재료 및 분량

쌀 2½컵, 보리쌀 1컵, 물 4컵

〈만드는 법〉

1 쌀은 밥 짓기 30분 전에 깨끗이 씻어 물에 담가 둔다.

2 보리는 잘 대껴서(강하게 비벼서) 씻어 물을 충분히 붓고 삶아 소쿠리에 건져 놓는다.

- 요즘 보리 중 할편 처리를 한 것은 쌀과 같이 넣어 30분 정도 불린 다음 밥을 해도 된다.

3 쌀과 삶은 보리를 섞어서 냄비나 솥에 안쳐서 밥물을 붓고 센 불에 올려 끓인다.

4 한 번 끓어오르면 중불로 약하게 줄이고, 쌀알이 퍼지면 불을 아주 약하게 줄여서 흰밥보다 충분히 뜸을 들인다.

3) 콩밥

풋콩(검정밤콩, 강낭콩, 완두콩)은 바로 쌀에 섞어서 밥을 짓고 마른콩(검정콩(흑태), 청태콩, 밤콩)은 미리 물에 충분히 불려서 밥을 지어야 속까지 익는다. 시간이 없을 때는 따로 삶아서 사용해도 좋다. 풋콩을 섞을 때는 물을 약간 적게 붓는다.

재료 및 분량

쌀 3컵, 마른 콩 ½컵, 물 4컵

〈만드는 법〉

1 콩은 물에 담가 충분히 불려서 소쿠리에 건져 물기를 뺀다.
2 쌀은 밥을 짓기 30분 전에 깨끗이 씻어 물에 불려서 소쿠리에 건져 물기를 뺀다.
3 쌀과 콩을 합하여 섞어 냄비나 솥에 안쳐 밥물을 부어 끓인다.
4 한번 끓어오르면 중불로 줄이고, 쌀알이 퍼지면 불을 약하게 뜸을 들인 후 위아래를 잘 섞어 밥그릇에 푼다.

4) 팥밥

팥밥은 만드는 법이 여러 가지이다. 팥을 먼저 삶아서 팥 삶은 물과 삶은 팥, 쌀을 함께 섞어서 밥을 짓는다. 또는 팥 삶은 물 만으로만 밥을 지어 붉은 팥물만을 밥물로 사용하여 밥을 지어 홍반(紅飯) 또는 중등반이라고도 한다. 팥의 껍질을 벗긴 거피팥으로 밥을 지을 때는 미리 팥을 함께 섞어 짓는다.

재료 및 분량

쌀 3컵, 붉은팥 ½컵, 물(팥 삶은 물과 합하여) 4컵

〈만드는 법〉

(1) 붉은 팥밥

1 쌀은 깨끗이 씻어 둔다.

2 팥은 깨끗이 씻어, 냄비에 동량의 물을 넣고 팥을 삶을 때 물이 끓고 5분 후에 삶는 팥물을 버리고, 팥의 약 6~7배 가량의 물을 부어 껍질이 터지지 않을 정도로 삶는다.

3 쌀과 삶은 팥, 팥물을 함께 부어 밥을 짓는데 밥 짓는 요령은 같다.

(2) 거피팥밥

1 쌀을 씻어 건지고 거피한 팥도 따로 씻어 일어 건져 둔다.

2 쌀과 거피한 팥을 함께 섞어 물을 붓고 밥을 짓는다.

5) 오곡밥

다섯 가지의 곡식(쌀, 보리, 조, 기장, 콩)으로 지은 밥을 말하며 음력 정월 대보름에 먹는 절식 중 한가지이다. 현대에 와서는 각 가정의 가풍이나 지방의 특색에 따라 오곡밥에 사용되는 곡물이 조금씩 다르다. 오곡밥에 사용되는 곡물 중에 차진 것이 많이 들어가므로 밥물을 보통 밥보다 적게 잡는다. 오곡밥은 일반 밥 짓기처럼 짓기도 하고 찜통이나 시루에 찌기도 한다.

재료 및 분량

쌀 1컵, 팥 ½컵, 찰수수 ½컵, 찹쌀 1컵, 밤콩 ½컵, 차조 ½컵, 소금 1작은술, 물(팥 삶은 물과 합하여) 4컵

〈만드는 법〉

1 팥은 삶고 차조는 씻어 놓고 찰수수는 뽀얗게 대껴서 일어 건지고 밤콩은 물에 담가 불려 놓는다.

2 쌀, 밤콩, 팥, 찰수수, 찹쌀 등을 섞어 팥물을 부어 밥물을 잡은 뒤 밥물에 소금을

잘 풀어 솥에 부어 불에 올려 끓인다.

3 밥이 끓어오르면 위에 차조를 얹고 불을 중불로 뜸 들인다.

4 쌀알이 익어 퍼지면 불을 아주 약하게 하여 뜸을 들인 후 위아래를 잘 섞어 밥그릇에 담는다.

- 오곡밥을 지을 때 가장 주의할 점은 모든 잡곡은 씻고 나서 곡물들을 조리로 잘 일어서 돌을 꼭 제거해야 한다.

6) 찰밥

찰밥은 찹쌀로 지으며 팥, 대추, 밤 등을 섞어 짓고 소금을 넣어 간을 한다. 찰밥은 두 가지 방법으로 할 수 있는데, 첫 번째 방법은 먼저 찹쌀을 시루에 찐 다음에 팥, 밤, 내추, 소금을 넣고 다시 찌는 방법이고, 두 번째는 처음부터 함께 섞어서 물을 붓고 끓이는 방법이다. 이때 메 곡식을 넣어 주어야 제대로 밥이 되므로 쌀을 섞어서 찰밥을 짓는다. 찰곡식으로 밥이나 떡을 할 때는 소금을 넣어 간을 잘 맞추어야 맛이 있다.

재료 및 분량

찹쌀 3컵, 붉은팥 ½컵, 물(팥 삶은 물과 합하여) 3⅓컵, 소금 1작은술, 쌀 ½컵

〈만드는 법〉

1 찹쌀은 쌀을 넣고 잘 섞어서, 밥을 짓기 약 2시간 전에 씻어 물에 불려서 소쿠리에 건져 물기를 뺀다.

2 팥은 씻어서 충분히 잠길 정도의 물을 붓고 끓으면 5분 뒤에 물을 전부 버린 후 다시 물을 붓고 팥알이 터지지 않을 정도로 삶아서 건지고 팥물은 따로 받아 둔다.

3 찹쌀과 삶은 팥을 섞어서 냄비나 솥에 안치고, 팥 삶은 물과 합쳐 밥물을 잡아 소금을 넣고 잘 저어서 녹인 다음, 솥에 붓는다.

4 한 번 끓어오르면 중불로 줄이고, 쌀알이 퍼지면 불을 약하게 하여 뜸을 들인 후 위아래를 잘 섞어 그릇에 푼다.

- 찰밥은 식혀서 먹어도 맛이 좋다.

7) 현미밥

현미는 벼를 도정할 때 왕겨인 외피만을 제거하여 겨와 쌀눈을 가지고 있는 쌀이다. 쌀눈에는 단백질, 지방, 비타민, 무기질이 많이 함유되어 있어 영양적으로 우수하나 소화율이 나쁜 것이 단점이다. 현미는 보통의 밥 짓는 방법으로는 딱딱하여 먹기가 어려우나 압력솥을 이용하여 밥을 지으면 현미밥을 부드럽게 지을 수 있다. 요즘은 현미밥을 자연 건강식으로 여겨 일상적인 밥으로 먹는 가정이 많아졌다. 그러나 위장기능이 약한 사람들에게는 좋지 않다.

재료 및 분량

현미 3컵, 물 2½컵

〈만드는 법〉

1 현미는 밥 짓기 약 3시간 전에 씻어서 물에 담가서 충분히 불린다.

2 압력밥솥에 현미와 물을 넣어 센 불로 끓여 증기가 나기 시작하면 약 3~5분간 더 끓인 다음 불을 약하게 줄여서 10분 정도 뜸을 들인다.

- 압력솥이 없을 때는 두껍고 뚜껑이 무거운 솥이나 냄비에 밥물을 현미의 1.2배 정도 넣어 흰밥을 짓듯이 지어 뜸은 20분 이상 오래 들인다.

8) 강낭콩밥

재료 및 분량

쌀 3컵, 강낭콩 ½컵, 물 (쌀의) 1.2배~1.5배

〈만드는 법〉

1 쌀을 씻어 불린 뒤 강낭콩을 섞어 함께 밥을 짓는다.

- 청대콩밥도 같은 방법으로 한다.
- 풋 강낭콩일 때는 물을 조금 적게 잡고, 마른 강낭콩일 때는 더운물에 2~3시간 정도 충분히 불려서 사용하거나 삶아서 사용한다.

9) 밤밥

재료 및 분량

쌀 3컵, 밤 20개, 물 4컵, 소금 1작은술

〈만드는 법〉

1 밤은 껍질을 벗겨서, 두세 조각으로 썰어서 소금물에 담가서 둔다.
2 쌀은 씻어 껍질 벗긴 밤과 합하여 섞어 밥솥에 안친 후 밥물에 소금을 타서 부어 끓인다.
3 한소끔 끓어오르면 중불로 줄이고, 쌀알이 퍼지면 불을 약하게 하여 뜸을 들인 후 잘 섞어서 푼다.

10) 차조밥

재료 및 분량

쌀 3컵, 차조 ½컵, 물 4컵

〈만드는 법〉

1 차조는 씻은 후 물에 약 30분 정도 불려 둔다.
2 쌀을 씻어 솥에 안치고 불에 올려 끓인다.
3 밥이 한 번 끓어오르면 씻은 차조를 위에 얹고 중불로 줄인다. 쌀알이 퍼지면 불을 약하게 하여 뜸을 들인 후 잘 섞어서 푼다.
   • 차조를 처음부터 넣고 밥을 지으면 차조가 바닥에 눌어 붙는다.

11) 감자밥

감자나 고구마를 섞어서 밥을 지을 때는 껍질을 벗겨서 2㎝정도의 크기로 작게 깍둑 썰어서 쌀이나 다른 곡물들과 합하여 밥을 짓는다. 또한, 옥수수가 흔한 고장에서는 옥수수를 섞어서 밥을 짓기도 한다.

재료 및 분량

쌀 2컵, 감자 3개,
물 3½컵, 소금 ½작은술

〈만드는 법〉

1 감자는 껍질을 벗겨 2㎝ 정도의 크기로 깍둑썰기로 하여 물에 담가서 둔다.
2 쌀은 밥을 짓기 약 30분 전에 깨끗이 씻어 둔다.
3 쌀과 감자를 합하여 밥솥에 안쳐 밥물에 소금을 타서 부어 불에 올려 끓인다.
4 한소끔 끓어오르면 중불로 줄이고, 쌀알이 퍼지면 불을 약하게 하여 뜸을 들인 후 잘 섞어 푼다.

12) 무밥

가을철에 잘 여문 무로 무밥을 지으면 맛이 좋다.

재료 및 분량

쌀 2½컵, 무(채 친 것) 2컵, 국간장 1작은술,
소금 ½작은술, 참기름 1작은술,
후춧가루 약간, 물 2½컵

〈만드는 법〉

1 무는 조금 굵게 채를 쳐 놓는다.

2 쌀을 깨끗이 씻어 썰어 놓은 무와 함께 섞고 밥물에 간장, 소금, 참기름, 후춧가루를 넣고 밥을 짓는다.

- 양념장을 따로 준비해 싱거우면 넣어 먹는다.
- 무에 물기가 있으므로 밥물의 분량은 흰밥 때보다 적어야 한다.

13) 콩나물밥

콩나물을 넣고 짓는 밥이므로 보통 흰밥보다 물을 적게 넣는다. 콩나물밥은 짓고 난 후 오래 두면 수분이 빠져 콩나물이 질겨져 맛이 없어지므로 먹는 시간에 맞추어 밥을 짓도록 한다. 콩나물밥에 넣는 육류는 기호에 맞게 돼지고기, 쇠고기 중에서 택하여 넣도록 한다.

재료 및 분량

쌀 3컵, 쇠고기 150g, 콩나물 600g, 물 3컵

고기 양념 간장 ½큰술, 파(다진 것) 2작은술, 마늘(다진 것) 1작은술, 참기름 1작은술, 후춧가루 약간

양념장 간장 4큰술, 파(다진 것) 1큰술, 마늘(다진 것) ½큰술, 참기름 2작은술, 깨소금 2작은술, 고춧가루 2작은술

〈만드는 법〉

1 쌀은 씻어 물에 담가 두었다가 건져서 물기를 뺀다.

2 콩나물은 꼬리를 깨끗이 다듬어 씻어 물기를 뺀다.

3 쇠고기는 채로 썰어 고기 양념을 해서 30분 정도 둔다.

4 양념된 고기는 센 불에 재빨리 볶아 겉만 익힌다.

5 쇠고기 볶은 것과 콩나물을 각각 반으로 나누어 밥솥에 먼저 콩나물을 깔고 그 위

에 쇠고기를 넣은 후 쌀은 모두 놓고 다시 그 위에 고기, 콩나물 순으로 놓은 후 밥솥에 물을 넣고 끓인다.

- 적은 양을 할 때면 맨 밑에 쌀을 깔고 다음에 콩나물, 쇠고기 양념한 순으로 얹고 밥을 해야 콩나물이 바닥에 눋지 않는다. 밥물은 평상시보다 조금 적게 해야 밥이 질지 않다.

6 밥이 다 되면 주걱으로 가볍게 섞어서 밥을 푼다.

7 각자 식성에 맞게 양념장을 넣어 비벼 먹는다.

- 콩나물 손질 시 폐기물이 많지 않게 한다.
- 밥을 짓는 도중에 뚜껑을 열면 콩나물 비린내가 나므로 주의한다.
- 밥물 및 불조절을 잘 하여 밥의 뜸이 충분히 들어야 한다.

14) 화살(홑잎) 나물밥

재료 및 분량

쌀 3컵, 홑잎 300g

양념장 진간장 4큰술, 마늘(다진 것) 1큰술, 파(다진 것) 2큰술, 깨소금 ½큰술, 참기름 ½큰술, 고춧가루 1큰술

〈만드는 법〉

1 쌀은 씻어 30분 정도 물에 담가 두었다가 밥을 짓는다.

2 홑잎은 잘 다듬어 깨끗이 씻어 건져서 물기를 뺀 다음 밥물이 잦아질 때 밥 위에 얹어서 뜸을 들인다.

3 충분히 뜸 들인 후 주걱으로 밥과 나물을 골고루 섞어 밥을 푼다.

4 양념장을 만들어 밥과 같이 상에 낸다.

15) 버섯찰밥

재료 및 분량

불린 찹쌀 2컵, 쌀 ½컵, 새송이버섯 3개,
은행 20알, 소금 ½큰술, 물

〈만드는 법〉

1 찹쌀은 3시간 이상 불려 두고 쌀은 30분 정도 불려 둔다.

2 새송이버섯은 1~2㎝ 길이로 납작하게 썰어 두고 은행알은 속껍질을 벗겨 둔다.

3 밥물에 소금을 녹여서 간간하게 간을 한 후 불린 찹쌀과 쌀을 붓고 은행과 버섯을 넣고 밥물을 잡아 불에 올려 밥을 짓는다.

4 밥이 다 되면 뜸들인 후 주걱으로 잘 섞은 다음 그릇에 밥을 담아 상에 낸다.

- 송이버섯을 사용하면 더욱 맛이 좋고 차게 식혀서 먹어도 맛이 좋아서 소풍이나 야외에 나갈 때 도시락밥으로 좋다.

16) 김치밥

가을에 담은 김장김치가 겨울철에 잘 익으면, 겨울철 별미로 쌀에 섞어 짓는 별미 밥이다. 김치밥에는 대개 돼지고기를 넣지만 식성에 따라 쇠고기를 넣어도 좋다.

재료 및 분량

쌀 3컵, 돼지고기 200g, 배추김치 300g, 물 3⅓컵

고기 양념 간장 ½큰술, 파(다진 것) 2작은술, 마늘(다진 것) 1작은술, 생강(다진 것) ¼작은술, 참기름 1작은술, 후춧가루 약간

양념장 간장 4큰술, 파(다진 것) 1큰술, 마늘(다진 것) ½큰술, 참기름 2작은술, 깨소금 2작은술, 고춧가루 2작은술

〈만드는 법〉

1 배추김치는 소가 많으면 털어 내고 잘게 썬다.
2 쌀은 씻어 담갔다가 건져 둔다.
3 돼지고기를 잘게 썰어 고기 양념으로 무쳐 둔다.
4 밥솥에 잘게 썬 배추김치를 깔고 그 위에 돼지고기를 얹고 쌀을 위에 펼치듯 깐다.
5 밥물을 가만히 붓고 화력을 강하게 하여 밥을 짓고 뜸을 충분히 들인다.
6 밥이 다 되면 전체를 고루 섞어 밥그릇에 담고 양념장을 따로 그릇에 담아 내어 먹는 사람 식성에 맞추어 비벼 먹도록 한다.

17) 야채밥

재료 및 분량

쌀 2컵, 당근 100g, 콩나물 200g, 껍질콩(또는 완두콩) 100g, 돼지고기 150g, 은행·밤 조금, 표고버섯 4장,

고기 양념 간장 ½큰술, 파(다진 것) 2작은술, 마늘(다진 것) 1작은술, 생강(다진 것) ¼작은술, 참기름 1작은술, 후춧가루 약간

양념장 진간장 4큰술, 파(다진 것) 2작은술, 마늘(다진 것) ½큰술, 참기름 2작은술, 깨소금 2작은술, 고춧가루 3작은술,

〈만드는 법〉

1 콩나물은 꼬리를 다듬어 깨끗이 씻고, 표고버섯과 당근은 약간 굵게 채 썬다.
2 돼지고기는 채 썰어 다시 굵게 다져서 고기 양념을 해 둔다.
3 밥솥에다 기름을 두르고 돼지고기, 표고버섯, 당근, 콩나물의 순서로 볶아서 소금, 후춧가루로 간을 한다.
4 볶은 야채에 쌀을 넣고 밥물을 부어 밥을 짓는다.
5 껍질콩은 따로 파랗게 준비했다가 밥이 끓은 뒤 위에 얹어 함께 뜸을 들인다.
  • 푸른 빛깔이 변하지 않도록 시간을 잘 맞추어 넣는다.

6 다 된 밥은 섞어서 푸고 양념장은 따로 내어 식성에 따라 넣어 먹는다. 야채밥은 따뜻하게 먹어야 맛이 좋다.

- 위에 준비된 야채 말고 다양한 다른 야채를 넣고 밥을 지어도 좋다.

18) 비빔밥(골동반)

비빔밥은 밥에 쇠고기볶음, 육회, 튀각 등과 갖은 나물을 밥 위에 얹어 참기름을 넣어 비벼서 먹는 우리나라 일품요리의 대표적인 음식이다.

나물거리는 꼭 정해져 있기보다 제철에 나는 맛있는 채소로 대개 세 가지 이상을 준비하는데 색깔을 고려하여 선정한다. 푸른색 나물로는 오이, 애호박, 시금치, 미나리, 쑥갓, 부추 등이 있고, 흰색의 나물로는 도라지, 숙주, 콩나물, 무나물 등이 있으며, 갈색의 나물로는 고사리, 고비, 표고버섯 등이 있다.

궁중에서는 비빔밥을 비빔 또는 골동반(骨董飯)이라 하며 처음부터 밥을 비비고 고명으로 완자, 알지단, 전유어 등을 얹었으며 섣달 그믐날에 만들었다가 다음날인 새해 첫날부터 흰떡국으로 일년의 처음 식사로 마련하였다.

지방의 향토 음식으로 전주비빔밥과 진주비빔밥이 유명한데, 전주비빔밥은 콩나물을 비빔밥에 넣고 또 콩나물 맑은국을 함께 상에 내고, 진주비빔밥은 비빔밥에 숙주나물을 넣고 선짓국을 상에 내는 것이 특징이다.

재료 및 분량

흰밥 4공기, 쇠고기 150g, 오이 1개, 당근 100g, 도라지 150g, 고사리 150g, 콩나물 150g, 흰살생선(전감) 100g, 달걀 3개, 다시마 15㎝, 소금·후춧가루·밀가루·참기름·고추장 각각 적당량

고기 양념 간장 1큰술, 설탕 1큰술, 파(다진 것) ½큰술, 마늘(다진 것) 1큰술, 참기름 2작은술, 후춧가루 약간

나물 양념 국간장 1큰술, 파(다진 것) 1큰술, 마늘(다진 것) ½큰술, 참기름·깨소금 1큰술

〈만드는 법〉

1 쇠고기는 채 썰고 고기 양념을 하여 볶아 둔다.

2 오이는 깨끗이 씻어 길이로 반을 갈라서 어슷하게 얇게 썰어 소금에 절였다가 물기를 빼고 살짝 볶아 둔다.

• 푸른색을 잃지 않게 주의한다.

3 당근도 채 썰어 소금간하여 기름에 볶아 둔다.

4 도라지는 가늘게 찢어서 소금으로 주물러 씻은 후 나물 양념의 ⅓을 넣고 양념하여 볶아 둔다. 고사리는 다듬어 적당한 크기로 잘라서 나물 양념의 ⅓을 넣고 양념하여 볶아 둔다.

5 콩나물은 씻어 냄비에 담고 물에 소금을 약간 넣어 삶는다. 삶은 콩나물을 나머지 나물 양념으로 무친다.

6 흰살생선은 전감으로 얇게 떠서 소금, 후춧가루를 뿌려 두었다가 밀가루를 무치고 달걀을 씌워 전을 부친 후 너비 1㎝로 썰고, 남은 달걀은 황백으로 나누어 지단을 부쳐 채를 썬다.

7 다시마는 기름에 튀겨서 잘게 부순다.

8 밥을 그릇에 담고 그 위에 재료들을 색스럽게 얹어 낸다.

9 고추장과 참기름은 따로 담아내어 각자 식성에 맞추어 비벼 먹는다. 이때 맑은장국을 곁들여 낸다.

• 밥을 약간 되게 짓는다.
• 약고추장을 곁들이기도 한다.
• 쇠고기로 육회를 만들어 사용해도 좋고, 청포묵을 양념하여 올려도 좋다.
• 비빔밥의 나물은 제철에 가장 흔한 것으로 세 가지 이상을 준비한다.
• 나물을 같은 크기로 통일시켜 주는 것이 보기도 좋고 먹기도 좋다.

19) 생굴밥

재료 및 분량

쌀 2컵, 소금 약간, 굴 300g, 후춧가루 약간, 다시마국물(또는 맑은 닭국물) 쌀의 1.5배

양념간장 간장 4큰술, 깨소금 1큰술, 참기름 1큰술, 고춧가루 ½큰술, 파·마늘 (다진 것) 각각 1큰술

〈만드는 법〉

1 굴은 1% 소금물로 씻어서 깍지를 떼어 내고 물기를 빼 놓는다.

2 소금, 후춧가루로 간을 한 맑은 닭 국물에 쌀을 안쳐 밥이 끓기 시작할 때 굴을 얹고 함께 뜸을 들인다.

3 뜸 들면 식기 전에 굴과 밥을 섞어 그릇에 담고 양념간장과 함께 낸다.

20) 곤드레 밥

재료 및 분량

쌀 2컵, 곤드레 400g, 물 2⅓컵, 들기름 2큰술, 소금 약간

양념장 간장 4큰술, 국간장 1작은술, 파(다진 것) 2큰술, 마늘(다진 것) ½큰술, 후춧가루 약간, 고춧가루 1큰술, 참기름 1큰술, 깨소금 1큰술

〈만드는 법〉

1 쌀을 깨끗이 씻어 30분간 물에 불린다.

2 곤드레는 끓는 물에 삶아 찬물에 헹군 다음 물기를 꼭 짜서 3~5㎝ 길이로 썬다.

3 삶은 곤드레에 들기름과 소금을 넣고 조물조물 양념을 해 둔다.

4 불린 쌀에 물을 부어 밥을 짓는다.

5 준비된 양념 재료들을 넣고 양념장을 만들어 둔다.

6 밥물이 끓고 물이 잦아지고, 밥 뜸 들이기 전에 양념한 곤드레를 얹어 뜸을 들이고 고루 섞어 그릇에 밥을 담는다.

7 먹을 때 기호에 따라 양념장을 넣거나 된장찌개나 강된장을 넣고 비벼 먹으면 된다.

21) 장국밥

장국밥은 쇠고기의 양지머리, 사태, 업진육 등의 질긴 부위를 오랫동안 푹 고아서 고깃국을 만들고 밥을 말아 먹는 탕반이다. 평양온반은 평양지방에서 해 먹는 장국밥 형식으로 닭고기 장국으로 만들고 위에 녹두지짐을 얹어서 먹는다.

재료 및 분량

양지머리 300g, 고사리 100g, 무 200g, 도라지 100g, 물 15컵, 콩나물 100g

양념1 소금 1작은술, 국 간장 1작은술, 파(다진 것) 2큰술, 마늘 1큰술, 후춧가루 약간

양념2 소금 1작은술, 국 간장 2작은술, 간장 1큰술, 파(다진 것) 3큰술, 참기름 1½큰술, 깨소금 1½큰술, 마늘(다진 것) 1½큰술, 후춧가루·고춧가루·국간장 각각 적당량

〈만드는 법〉

1 양지머리를 덩어리째 찬물에 씻고 물을 팔팔 끓여서 무와 통째로 넣고 끓인다.
2 무가 무르게 익으면 먼저 꺼내어 나박 썰기로 얇게 썰고, 고기는 더 무르게 고아서 얇게 저며 썰어 양념1로 무친다.
3 나물은 고사리, 도라지, 콩나물을 각각 다듬어서 손질한 다음 양념2의 ⅓로 무쳐서 볶아 둔다.
4 도라지는 소금으로 주물러서 양념2의 ⅓로 무쳐서 볶아 둔다. 콩나물은 삶아서 양념2의 나머지로 무친다.
5 국은 국 간장으로 간을 맞추고 2를 넣어 한소끔 끓인다.
6 뚝배기나 큰 대접에 더운밥을 담고 더운 장국을 부은 다음 준비된 나물들을 고루 얹는다.
7 먹을 때 기호에 따라 파, 고춧가루 등을 넣어 먹는다.

II 죽류

죽은 곡식에 물을 많이 붓고 오래 끓여서 곡식의 알을 연하게 퍼지게 하고 녹말을 충분히 호화시켜 소화되기 쉬운 상태로 무르게 익힌 유동식의 총칭이다. 죽은 우리나라에서 농사를 짓기 시작한 신석기 시대부터 끓인 것으로 추정되고 있다. 즉, 주거 유적지에 곡식의 껍질을 갈아 벗기고 부수는 데 쓸 수 있는 갈석(碣石) 또는 확석(碻石: 확독)이 있었고 음식을 끓일 수 있는 발형토기가 있었다. 한편으

로 청동기시대 유적지에서 숟가락이 출토됨으로써 이 무렵에도 죽을 끓여 먹었음을 확인될 수 있고 농경 초기에는 죽이 상용음식이었을 것으로 추정된다. 죽류는 계속 발달하여 병인식, 별식 및 보양식으로 오늘날까지 다양하게 발전하였다.

1. 죽의 종류

죽 종류는 끓이는 방법에 따라 다음과 같이 나눈다.

1 죽: 죽은 주재료로 쌀을 사용하는 경우가 가장 많다. 쌀알을 통으로 쑤는 죽을 옹근 죽이라 하고, 굵게 갈아서 쑤는 죽을 원미죽이라 한다. 쌀을 완전히 곱게 갈아서 매끄럽게 쑤는 죽은 무리죽, 혹은 비단죽이라 한다. 암죽이란 곡식의 마른 가루에 물을 넣어 묽게 한 죽으로 어린이의 이유식이나 환자나 노인의 유동식으로 많이 쓰인다.

2 미음: 미음은 곡물을 알맹이째 퍼질 때까지 무르도록 푹 끓여서 고운체에 밭친 것으로 쌀, 차조, 메조 등으로 쑨다.

3 응이: 응이는 죽보다 더욱 묽은 상태로 마실 수 있는 전분으로 끓인 것이다. 응이는 율무를 뜻하는 의이(薏苡)가 변한 말이고, 율무를 갈아서 생긴 앙금을 물에 풀어 묽게 쑨 것을 가리켰으나 지금은 녹두, 수수, 칡 등 다른 곡물의 전분으로 만든 것을 말한다.

죽은 또한 쓰이는 재료에 따라 다음과 같이 분류하며, 죽에는 곡물 이외에도 채소, 육류, 어패류, 견과류, 종실류 등을 넣는다.

① 곡물만으로 쑨 죽: 흰죽, 콩죽, 팥죽, 녹두죽, 흑임자죽, 보리죽, 조죽, 율무죽, 암죽, 들깨죽 등.

② 곡물과 채소로 쑨 죽: 아욱죽, 근대죽, 김치죽, 애호박죽, 무죽, 호박죽, 죽순죽, 콩나물죽, 버섯죽, 차조기죽, 죽엽죽 등.

③ 곡물과 육류로 쑨 죽: 닭죽, 장국죽, 양죽, 양육죽 등.

④ 곡물과 어패류로 쑨 죽: 어죽, 전복죽, 옥돔죽, 게죽, 낙지죽, 홍합죽, 섭죽, 생굴죽, 조기죽 등.

⑤ 곡물과 견과류로 쑨 죽: 잣죽, 행인죽, 밤죽, 낙화생죽(땅콩죽), 호두죽, 밤죽 등.

⑥ 곡물과 약이성 재료로 쑨 죽: 갈분죽, 강분죽, 복령죽, 문동죽, 산약(서여)죽, 송엽죽, 송피죽, 연자죽, 인삼죽, 대추죽 등.

⑦ 곡물과 기타 재료로 쑨 죽: 우유죽(타락죽), 방풍죽, 모과죽, 고구마죽, 미역죽 등.

2. 죽의 조리

쌀로 죽을 끓이면 쌀의 용량의 5배 이상 불어난다. 보통 정도 묽기의 죽은 물의 양을 쌀의 용량, 부피의 5~6배 정도로 하는 것이 적당하다. 죽의 일반적인 조리법은 다음과 같다.

① 죽을 끓일 쌀이나 주된 곡물은 미리 충분히 물에 담가서 수분을 흡수시킨 다음 끓이도록 한다.

② 죽을 넣을 물을 계량하여 처음부터 전부 넣어서 끓인다. 도중에 물을 보충하면 죽 전체가 부드럽게 어우러지지 않는다.

③ 죽을 쑤는 그릇은 두꺼운 재질의 것으로 돌이나 옹기로 된 것이 열을 부드럽게 전하므로 적합하다.

④ 육류·어패류 등을 섞어 죽을 끓일 때는 국물에 영양상 유효성분과 좋은 맛이 충분히 우러나게 한 다음 쌀을 넣고 끓이도록 한다.

1) 흰죽

흰죽에는 사용되는 쌀의 상태에 따라 옹근죽, 원미죽, 무리죽이 있다.

재료 및 분량

쌀 2컵, 참기름 1큰술, 물 10~12컵, 소금 1작은술

〈만드는 법〉

1 쌀을 깨끗이 씻어서 물에 2시간 이상 불린다.

2 불린 쌀을 건져서 두꺼운 냄비나 솥에 넣고 참기름을 붓고 볶는다.

3 2에 물을 붓고 한소끔 끓어오르면 약한 불에서 약 30분간 끓인다.

4 밥알이 투명해지고 잘 어우러지면 그릇에 담아낸다.

5 소금은 따로 내어 개인에 따라 간을 맞추도록 한다.

- 죽은 넘치지 않도록 약한 불에서 천천히 끓인다.

2) 팥죽

팥죽은 동지절식이며 동짓날의 팥죽에는 찹쌀가루로 익반죽한 경단을 넣고 끓이는데 이것을 새알심이라 하고, 새알심은 나이 수 만큼 넣어 먹는 풍습이 있다.

팥의 붉은색이 악귀를 쫓아내고 나쁜 악운을 막아 준다고 여겨 동짓날 팥죽을 쑤어 대문, 장독 등 구석구석에 뿌리기도 한다. 팥죽은 약한 불에서 서서히 끓여야 색이 곱고, 간은 대개 소금으로 맞추며, 기호에 따라 설탕을 넣기도 한다.

재료 및 분량

쌀 ½컵, 붉은팥 2컵, 물약 15컵, 소금 적당량,

새알심 찹쌀가루 1컵, 더운물 3큰술, 소금 ½작은술

〈만드는 법〉

1 팥을 깨끗하게 씻어 일어 건져서 팥이 잠길 정도로 물을 부어 끓인다.

2 팥이 끓어오르면 5분 후에 물만 따라 버리고 다시 6~7배의 물을 부어 팥이 무를 때까지 푹 삶는다.

- 팥물을 끓인 첫물을 버리지 않으면 쓴맛과 떫은 맛이 팥죽에서 나서 맛이 덜하다.

3 쌀은 씻어서 2시간 정도 물에 불려 둔다.

4 삶은 팥을 나무주걱으로 으깨어 채에 걸러서 껍질을 제거하고 가라앉힌다.

5 찹쌀가루는 소금을 탄 뜨거운 물로 반죽하여 지름이 1㎝정도의 새알심을 빚는다.

6 팥을 가라앉힌 웃물만을 따라서 붓고 불린 쌀을 넣어서 쌀알이 완전히 퍼질 때까지 가끔 저어 주면서 끓인다.

7 쌀이 거의 퍼졌을 때 가라앉은 팥앙금을 넣어 고루 섞고, 잘 어우러지게 끓이다가

새알심을 넣는다.

8 새알심이 익어서 위로 뜨면 소금으로 간을 한다.

- 새알심 대신 인절미를 넣기도 한다.

3) 콩죽

재료 및 분량

흰콩 2컵, 쌀 1컵, 물 12컵, 소금 2작은술

〈만드는 법〉

1 쌀은 씻어 충분히 불려 둔다.

2 흰콩은 잘 씻어 일어서 5~6시간 물에 담가 불린 뒤, 10분 정도 삶아 냉수에 헹구면서 껍질을 벗겨 낸다.

3 껍질 벗긴 콩을 믹서나 블랜더로 곱게 갈아 가라앉힌다. 이때 물은 조금씩 섞어서 가는 것이 편리하다.

- 물의 분량에 유의한다.

4 솥에 콩 간 것과 불린 쌀을 함께 담아 불에 올려 끓인다. 이때 밑이 눋지 않도록 가끔 저어 준다.

5 한 번 끓어오르면 불을 약하게 줄여서 쌀알이 완전히 퍼질 때까지 나무주걱으로 가끔 저으면서 끓인다.

6 쌀알이 완전히 퍼지면 불을 끄고 소금으로 간을 한다.

- 덜 삶은 콩은 비린내가 나고 소화되기가 어렵고, 반면에 지나치면 텁텁하고 메주냄새가 나며 맛이 없다.
- 물을 너무 많이 넣으면 농도가 흐려 맛이 덜 고소하다.
- 앙금이 많을 때는 웃물을 넣고 먼저 끓인 후 앙금을 넣어 준다.

4) 녹두죽

재료 및 분량

쌀 1컵, 녹두 2컵, 물 15컵, 소금 적당량

〈만드는 법〉

1 쌀을 잘 씻어서 불려 둔다.
2 녹두를 씻어서 일어 10배 정도의 물을 붓고 1시간 이상 끓여 고은 후 체에 걸러 가라앉힌다.
3 냄비에 2의 웃물만 따라 붓고 불린 쌀을 넣고 나무주걱으로 가끔 저으면서 끓인다.
4 끓으면 불을 약하게 줄여서 쌀알이 완전히 퍼질 때까지 서서히 끓인다.
5 쌀알이 완전히 퍼지면 녹두 앙금을 넣어서 잘 섞어서 끓인다.
6 불을 끈 후 소금으로 간을 한다.
   • 처음부터 녹두 앙금을 넣고 끓이면 냄비 바닥에 눌어붙기 쉽다.

5) 흑임자죽

검정깨를 곱게 갈아서 갈은 쌀과 같이 쑨 무리죽으로 옛날부터 위장이 약한 사람에게 좋다고 하여 많이 먹었다.

재료 및 분량

흑임자 1컵, 쌀 1½컵, 물 8컵, 소금 1½작은술, 설탕(혹은 꿀) 적당량

〈만드는 법〉

1 쌀을 충분히 불린 뒤 곱게 갈아서 가라앉힌다.
2 깨는 깨끗이 씻고 일어서 분마기로 살짝 문질러 껍질을 분리시켜 거피한 다음 팬에서 눋지 않도록 볶는다.
3 볶은 깨는 곱게 갈아 고운체로 걸러 가라앉힌다.
4 두꺼운 냄비에 갈은 쌀과 물을 부어 나무주걱으로 저어 주며 반투명해질 때 갈은 깨를 조금씩 넣어 멍울이 생기지 않도록 저어 주면서 끓인다.

5 끓어오르면 불을 약하게 줄이고, 죽이 잘 어우러질 때까지 끓인다.
6 더울 때에 그릇에 담고 소금이나 설탕은 다른 그릇에 담아내서 기호에 따라 넣어 먹도록 한다.

6) 잣죽

잣과 쌀을 곱게 갈아서 쑨 고운 무리죽이다. 잣에는 불포화지방산이 함유되어 있어 피부에 좋고, 성인의 혈압을 내려주는 효과와 영양이 좋다.

재료 및 분량

잣 ½컵, 쌀 1컵, 물 5~6컵, 소금(또는 설탕) 적당량

〈만드는 법〉

1 쌀을 잘 씻어 충분히 불린 뒤 곱게 갈아 체로 걸러 가라앉힌다.
2 잣은 고깔을 떼고 분량의 물을 정확히 재어 맷돌이나 블랜더로 갈아서 체로 걸러 가라앉힌다.
3 두꺼운 냄비에 먼저 쌀의 웃물과 잣 웃물을 부어 불에 올려 따뜻해지면 쌀앙금을 넣고 나무주걱으로 서서히 저으면서 끓인다.
4 끓어오르면 잣 간 것을 조금씩 넣고 멍울이 생기지 않도록 불을 줄이고, 죽이 어우러질 때까지 서서히 끓인다.
5 더울 때 그릇에 담고 소금과 설탕은 따로 내서 각자 기호에 따라 넣도록 한다.
- 끓이기 시작한 후 처음에는 된 듯하다가 더 끓이면 다시 묽어지므로 되다고 물을 더 넣지 않도록 한다.
- 처음에는 눋지 않도록 잘 저어 주어야 하나, 끓기 시작하면 자주 저어 주지 않아도 된다.

7) 호두죽

호두껍질을 벗겨서 곱게 간 것과 쌀을 곱게 갈아서 같이 쑨 무리죽이다. 호두에는 다량의 지방과 단백질, 비타민, 무기질이 들어 있어 노화 방지와 강장에 효과가 있다고 한다.

재료 및 분량

호두 ½컵, 쌀 1컵, 물 5~6컵, 소금(또는 설탕) 적당량

〈만드는 법〉

1 쌀은 씻어 충분히 불린 뒤 곱게 갈아 가라앉힌다.

2 호두를 따끈한 물에 10분가량 담갔다가 이쑤시개를 이용하여 속껍질을 벗긴 다음 곱게 갈아서 고운체에 걸러 밭친다.

3 두꺼운 냄비에 먼저 갈은 쌀과 물을 부어 불에 올려서 나무주걱으로 저어 쌀이 익기 시작하면 호두 간 것을 넣고 죽이 어우러질 때까지 서서히 끓인다.

4 더울 때 그릇에 담고, 소금과 설탕은 따로 내어 먹을 때 기호에 맞추어 넣도록 한다.

- 호두 속껍질을 불릴 때 더운물에 식초를 한두 방울 떨어뜨려 담가 두면 껍질이 쉽게 벗겨진다.

8) 밤죽(율자죽)

생밤이나 말린 밤(황률)과 쌀을 갈아서 쑨 죽으로 율자죽이라고도 한다. 밤가루와 쌀의 비율을 2:1로 한다. 환자의 영양식이나 어린이의 이유식으로 좋은 음식이다.

재료 및 분량

밤(중) 20개, 쌀 ½컵, 물 5~6컵, 소금 2작은술, 계핏가루 조금

〈만드는 법〉

1 쌀은 씻어서 충분히 불린 다음 갈아서 체에 밭쳐 둔다.

2 밤은 껍질을 깨끗이 벗기고 믹서나 맷돌로 곱게 간 후 체에 밭쳐 가라앉힌다.

3 두꺼운 냄비에 쌀 간 것과 밤 간 것을 넣고 불에 올려서 가끔 나무주걱으로 저으면서 끓인다.

4 한 번 끓어오르면 불을 약하게 줄여서 죽이 완전히 퍼질 때까지 끓여서 소금으로 간을 한다. 이때 계핏가루도 넣는다.

9) 대추죽(초미죽)

대추를 달여서 체에 밭쳐서 쌀 갈은 것과 같이 쑨 무리죽으로 초미죽이라고도 한다. 대추의 은은한 단맛과 고운 색이 어울리는 음식이다.

재료 및 분량

대추 1컵, 쌀 ½컵, 물 6컵, 계핏가루 약간, 소금 약간, 설탕(또는 꿀) 적당량

〈만드는 법〉

1 쌀을 씻어 충분히 불렸다가 갈아 체에 밭친다.
2 대추는 씻어서 물 2컵을 붓고 약한 불에서 끓여 걸쭉한 상태로 되면 체에 걸러서 씨와 껍질을 버린다.
3 쌀 간 것을 끓이다가 대추 거른 것을 넣고 끓인다.
   • 너무 오래 끓이면 쓴맛이 나니 주의한다.
4 다 되었을 때 소금과 계핏가루를 넣고 먹을 때 설탕이나 꿀로 감미를 보태어 먹는다.

10) 우유죽(타락죽)

쌀을 갈아서 흰죽을 쑤다가 우유를 섞은 것이다. 우유는 우리나라에 4세기경부터 있던 식품으로 일반인들은 먹지 못하는 귀한 음식이었으며 궁중에서 보양식으로 만들던 죽이다. 이유식이나 환자식에 적당한 죽이다.

재료 및 분량

우유 3컵, 쌀 1컵, 물 2~3컵, 소금(또는 설탕) 적당량

〈만드는 법〉

1 쌀을 씻어 물에 2시간 이상 담가 불린 다음 갈아서 체에 거른다.
2 두꺼운 냄비에 쌀 간 것을 넣고 불에 올려 나무주걱으로 저으면서 끓인다.
3 흰죽이 다 되어 갈 때 우유를 조금씩 넣어 멍울이 생기지 않도록 나무주걱으로 저으면서 잠시 더 끓인다.

11) 호박죽

재료 및 분량

늙은 호박살 1800g, 물 3컵, 팥(삶은 것) 1컵, 찹쌀가루 ½컵, 소금 1작은술, 설탕 약간

〈만드는 법〉

1 늙은 호박은 껍질을 벗기고 속을 파내고 큼직하게 썬다.

2 냄비에 물을 붓고 호박이 무를 때까지 푹 끓인다.

3 팥은 깨끗이 씻어 팥 삶는 방식으로 팥이 터지지 않을 정도로 삶는다.

4 호박이 다 무르면 으깬 다음 삶아 놓은 팥을 넣고 약한 불에서 다시 끓인다.

5 끓으면 찹쌀가루에 물을 뿌려 촉촉해지면 죽을 저으면서 넣고 다시 한소끔 끓인 다음 소금간을 맞춘다.

- 설탕은 개인 취향에 따라 넣는다.
- 여러 가지 콩종류, 고구마, 찹쌀로 빚은 새알심 등도 넣을 수 있다.
- 찹쌀가루 대신 녹말을 넣어 농도를 내는 수도 있는데 맛은 찹쌀가루가 더 좋다.
- 호박의 양이 많으면 끓일 때 물을 넣지 않고 호박만으로 끓이면 더욱 맛이 좋다.

12) 장국죽

재료 및 분량

쌀 1컵, 물 5~6컵, 쇠고기(살코기) 150g, 표고 3장, 참기름 1큰술, 국간장·소금 적당량

고기 양념 간장 ½큰술, 파(다진 것) ½큰술, 마늘(다진 것) 1작은 술, 참기름 ½큰술, 후춧가루 약간

〈만드는 법〉

1 쌀은 씻어 충분히 불려서 소쿠리에 건져 둔다.

2 쇠고기는 곱게 다지고, 표고버섯은 곱게 채로 썰어 쇠고기 다진 것과 같이 고기 양념을 해서 볶다가 고기가 익으면 불린 쌀을 넣고 같이 볶은 후 5~6배의 물을 붓고 끓인다.

3 센 불에서 한소끔 끓으면 두어 번 저어 주면서 불을 줄이고 쌀이 넘지 않고 퍼지도록 끓인다.

4 쌀이 퍼지기 시작하면 국간장으로 간을 맞춘 후 너무 자주 젓지 말고 국물이 넘치지 않게 약한 불로 끓인 뒤 부족한 간은 소금으로 맞춘다.

- 간은 마지막에 맞추어야 죽이 삭지 않는다.
- 간을 보면서 타액이 묻은 숟가락이나 국자로 자꾸 저어도 죽이 삭는다.

13) 홍합죽(담채죽)

재료 및 분량

쌀 1컵, 마른 홍합 20개, 쇠고기(살코기) 100g, 물 10컵, 국간장 적당량

고기 양념 간장 1큰술, 파(다진 것) 2작은술, 마늘(다진 것) 1작은술, 참기름 1작은술, 후춧가루 약간

〈만드는 법〉

1 쌀은 씻어 충분히 불려 둔다.

2 쇠고기는 곱게 다져서 고기 양념을 해두고, 홍합은 씻어서 작게 부수어 두꺼운 냄비에 담아 물을 부어서 국을 끓인다.

3 국의 맛이 잘 우러나면 불린 쌀을 넣어 나무주걱으로 가끔 저어 주면서 끓인다.

4 다 되면 국간장으로 간을 맞추어 그릇에 담는다.

- 쇠고기를 넣지 않고 마른 홍합만으로 끓이면 맛이 담백하다.
- 생홍합을 사용하여 끓여도 좋다.

14) 전복죽

재료 및 분량

전복(中) 3개, 쌀 1½컵, 참기름 2큰술, 물 8컵, 소금 2작은술

〈만드는 법〉

1 쌀을 씻어서 불려 둔다.
2 전복은 소금으로 깨끗이 문질러 씻은 다음, 껍질이 얇은 쪽에 칼끝을 넣어 살을 떼어 낸다. 내장이 터지지 않도록 조심하여 떼어 낸다.
3 전복살을 얇게 저며 썬다.
4 두꺼운 냄비에 참기름을 두르고 먼저 전복을 냄비에 넣어 볶다가 불린 쌀을 넣고 함께 잠시 더 볶는다. 물을 부어 약간 센 불에서 가열하다 한 번 끓어오르면 불을 줄여 서서히 끓인다.
5 쌀알이 푹 퍼지도록 끓여서 소금으로 간을 맞춘다.
   - 전복죽은 살로만 끓이기도 하고 살과 내장을 넣어 푸른빛이 나게 끓이기도 한다.

15) 닭죽

닭죽은 여름철 보양식으로 좋다. 인삼이나 찹쌀을 넣어 끓이기도 한다.

재료 및 분량

영계 1마리(약 1㎏), 쌀 1½컵, 마늘 6쪽, 소금 1큰술, 물 20컵, 후춧가루 적당량

〈만드는 법〉

1 쌀은 잘 씻어서 불려 둔다.
2 영계는 배를 갈라서 안쪽을 손질한 뒤 마늘을 넣고 닭이 무를 때까지 끓인다.
3 삶은 닭은 건져서 살을 발라 가늘게 뜯고, 닭 국물에 불린 쌀을 넣어 밥알이 푹 퍼질 때까지 나무주걱으로 가끔 저으면서 끓인다.
4 죽이 다 되면 소금으로 간을 맞추고 먹기 직전에 후춧가루를 넣는다.

16) 애호박죽

재료 및 분량

애호박 ½개, 영계 ½마리, 쌀 1컵, 홍고추 2개,

고기 양념 참기름 약간, 파(다진 것) 2작은술, 마늘(다진 것) 1작은술, 새우젓(다진 것) 2큰술

〈만드는 법〉

1 쌀은 씻어서 불려 둔다.

2 파, 마늘, 새우젓은 각각 다져 두고 홍고추는 씨를 빼내어 어슷하게 썰어 둔다. 애호박은 채로 썰어 둔다.

3 닭고기는 잘게 썰어서 고기 양념으로 무쳐 볶다가 물을 붓고 끓인다.

4 닭고기가 익으면 쌀을 넣고 끓이다가 쌀이 충분히 퍼지면 애호박을 넣고 저으면서 끓으면 홍고추 썬 것을 넣고 불을 끈다.

5 파, 마늘, 깨소금, 참기름, 고춧가루로 양념장을 만들어 함께 낸다.

17) 아욱죽

재료 및 분량

아욱 200g, 쌀 1½컵, 쇠고기 50g, 마른새우 10g, 고추장 1큰술, 된장 1큰술

고기 양념 국간장 1큰술, 참기름 1큰술, 파(다진 것) 1큰술, 후춧가루 약간, 마늘(다진 것) ½큰술, 물 10컵

〈만드는 법〉

1 쌀은 깨끗이 씻어서 불려 둔다.

2 쇠고기는 곱게 채로 썰어 고기 양념으로 고루 무쳐서 냄비에 잠시 볶다가 새우를 넣고 물을 부어서 장국을 넣고 끓인다.

3 아욱은 겹질을 벗기고 연한 부분을 싹싹 문질러 주물러서 풋기를 빼 둔다.

4 장국이 끓으면 된장과 고추장을 풀고 다시 끓인 뒤 불린 쌀을 넣고 끓여서 밥알이 퍼지면 아욱을 넣고 다시 한소끔 끓으면 불을 끄고 그릇에 담아낸다.

18) 콩나물죽

재료 및 분량

쌀 1컵, 콩나물 200g, 당근 50g, 감자 1개, 조갯살 150g, 국간장 2큰술, 참기름 1큰술, 대파 1뿌리, 풋고추 2개, 다홍고추 2개, 물 8~9컵

양념간장 진간장 3큰술, 참기름 2작은술, 깨소금 ½큰술, 고춧가루 1작은술, 파(다진 것) 1큰술, 마늘(다진 것) 1작은술

〈만드는 법〉

1 쌀은 씻어 2시간 정도 물에 불린다.

2 조갯살은 소금물에 깨끗이 씻어서 물기를 뺀다.

3 냄비에 참기름을 넣고 2와 1을 볶다가 물을 부어 끓인다.

4 감자와 당근은 5㎝ 길이로 채를 치고, 풋고추·홍고추도 씨를 빼고 채를 쳐 둔다.

5 콩나물은 꼬리를 따고 씻어 둔다. 대파는 채를 친다.

6 3이 끓으면 준비된 쌀을 넣고 뚜껑을 닫은 뒤 끓이다가 쌀이 퍼질 때 콩나물, 감자, 당근을 넣고 콩나물이 충분히 익을 때까지 익힌다.

- 콩나물이 익기 전에 뚜껑을 열면 비린내가 난다. 그러나 처음부터 뚜껑을 열고 익히면 비린내는 나지 않는다.

7 끓인 후 불을 약하게 하여 쌀이 충분히 퍼지도록 저어 주면서 죽을 쑤다가 마지막으로 고추, 대파 채 친 것을 넣는다.

8 한소끔 끓인 후 그릇에 담아 양념간장과 함께 상에 낸다.

19) 연근 야채죽

재료 및 분량

쌀 1½컵, 쇠고기(다진 것) 100g, 연근 150g, 표고버섯 2장, 당근(작은 것) ½개, 양파½개, 부추 약간, 간장·소금 약간, 물(쌀의) 6배

고기 양념 간장 1작은술, 파(다진 것) ½ 큰술, 설탕 ¼작은술, 마늘(다진 것) , ¼작은술, 참기름·깨소금·후춧가루 약간씩

〈만드는 법〉

1 쌀은 2시간 정도 불린 후에 체에 밭쳐 물기를 빼서 준비하고 쌀을 불렸던 물도 죽을 끓일 때 사용하므로 버리지 말고 남겨 둔다.
- 쌀은 불렸다가 죽을 끓여야 쌀알이 잘 퍼진다.

2 연근, 표고버섯, 당근과 양파는 굵직하게 다져서 준비한다.
- 이유식이나 병인식으로 사용할 때는 곱게 다져도 좋다.

3 부추는 1㎝ 길이로 송송 썰어 둔다.

4 다진 고기와 다진 표고버섯에는 고기 양념을 해 두었다가 냄비에 참기름을 붓고 먼저 볶다가 고기가 익으면 쌀을 넣고 볶는다.

5 준비된 물을 붓고 끓이다가 쌀이 퍼질 때 다진 야채들을 넣고 다시 끓이다가 뜸을 들인다.

6 부추를 넣고 국간장으로 빛깔을 낸다.
- 싱거우면 소금으로 간을 한다.
- 처음 죽물을 적당히 잡아야 끓이면서 다시 물을 보충하지 않아도 된다.

20) 조미음

메조 또는 차조를 쌀이나 찹쌀과 함께 쑨 미음으로, 때로는 대추, 인삼, 황률을 넣기도 한다.

재료 및 분량

쌀 1½컵, 메조 3큰술, 대추, 10개, 황률 10개, 소금·국간장 적당량

〈만드는 법〉

1 쌀은 씻어 물에 불려 둔다.
2 두꺼운 냄비에 메조, 쌀, 대추, 황률 등을 한데 넣어 약한 불에서 2시간 이상 나무 주걱으로 가끔 저으면서 푹 끓인다.
3 국물이 반 정도로 졸면 불에서 내려 체에 걸러서 다시 데운다.
4 더울 때 그릇에 담고 소금과 국간장을 따라 담아낸다.

21) 속미음

찹쌀에 대추, 인삼, 황률 등을 함께 넣고 쑨 미음이다.

재료 및 분량

대추 10개, 황률 10개, 인삼 1뿌리, 찹쌀 3큰술, 물 10컵, 소금 적당량

〈만드는 법〉

1 인삼은 잘게 썰어 물을 부어 약한 불에서 1시간 정도 달인다.
2 대추와 황률은 씻어 두고 찹쌀은 잘 씻어 불려 둔다.
3 인삼 달인 물에 대추, 황률, 찹쌀을 넣고 1시간 이상 약한 불로 푹 고아서 걸쭉하게 되면 체에 밭쳐서 다시 한 번 따뜻하게 덥힌다.
4 그릇에 담아낼 때 작은 그릇에 소금을 따로 낸다.

22) 율무 응이

응이란 곡물의 녹말을 물에 묽게 풀어서 고운 죽처럼 쑨 것이다.

재료 및 분량

율무 녹말가루 4큰술, 녹두 녹말가루 2큰술, 물 4컵, 소금 조금, 설탕(혹은 꿀) 적당량

〈만드는 법〉

1 율무녹말을 물에 풀고 녹두녹말을 섞어 잘 풀어서 반투명 상태로 끓인다.
2 더울 때 그릇에 담는다. 소금과 꿀이나 설탕은 작은 그릇에 담아낸다.

23) 오미자 응이

녹두 녹말가루를 물에 풀어 끓인 것에 오미자 물을 탄 것이다.

재료 및 분량

오미자즙 2컵, 녹두 녹말가루 3큰술, 소금 조금, 설탕(혹은 꿀) 적당량

〈만드는 법〉

1 오미자는 깨끗이 씻어 따뜻한 물에 하룻밤 담가 붉은색으로 우러났을 때 체에 삼베보를 깔고 밭친다.
2 녹두녹말가루 3큰술을 물 1컵에 잘 풀어서 약한 불에서 투명해질 때까지 끓인 다음 오미자 물을 타서 색깔이 변하지 않도록 유의하면서 따끈하게 한다.
3 다 된 응이에 실백을 몇알 띄워 낸다.

III 면, 만두, 떡국

우리나라 일상적인 주식은 밥을 주로 하나 간단한 점심이나 많은 손님을 대접하는 잔치상을 차릴 때는 국수, 만두, 떡국 등을 마련하기도 한다.

1. 국수

국수는 메밀가루, 밀가루, 녹말 등을 반죽하여 길게 만들어 끓는 물에 삶아서 여러 방법으로 조리해서 먹는다. 국수는 우리나라에서 일찍부터 상품화되었던 식품으로 언제부터인지는 확실하지 않지만 고려시대 이후 조선시대에 이어서 국수집(국수를 삶아서 파는 가게)이 있던 것으로 알려지고 있다. 그러나 우리나라의 풍토상의 관계로 밀농사가 소규모에 그쳤고 메밀은 일부 고장의 작물로서 국수요리는 특별음식 또는 별미음식이었으며, 1950년대 이후 밀의 수입에 의해 근래에는 일반식화되었다.

(1) 국수의 가공법에 따른 분류

① 절면(切麵): 밀가루, 메밀가루 등에 물을 붓고 반죽하여 얇게 밀어서 칼로 가늘게 썰은 국수를 말한다.

(종류) 칼국수, 건진 국수 등.

② 압착면(壓搾麵): 메밀가루와 전분을 되게 익반죽하여 국수틀의 작은 구멍이 있는 통 속에 반죽을 넣고 압력을 가해서 눌러 뺀 국수를 말한다.

(종류) 냉면, 막국수 등.

(2) 국수의 조리법에 따른 분류

① 온면(溫麵): 국수를 물에 삶아 건져서 따로 마련한 더운 장국에 마는 건진국수와 장국에 바로 넣어서 끓이는 제물국수가 있다.

(종류) 국수장국, 온면, 칼국수, 면신선로 등.

② 냉면(冷麵): 물에 삶아서 익힌 국수를 차게 식힌 장국에 마는 국수를 말한다.

종류 밀냉면, 평양냉면, 건진 국수 등.

③ 비빔면: 삶은 국수를 건져서 물기를 뺀 후 채소, 육류, 생선회 등을 넣고 양념장으로 무친 국수이다.

종류 비빔국수, 비빔냉면, 회냉면, 막국수 등.

(3) 국수의 재료에 따른 분류

① 밀국수: 밀가루로 만든 국수로 강력분이 적합하다. 경상도 지방에서는 콩가루를 섞어서 만들기도 한다.

② 메밀국수: 메밀가루와 밀가루나 녹말가루를 섞어서 만들며 대개는 익반죽을 한다.

③ 녹말국수: 옥수수, 감자, 고구마, 마, 칡 등의 녹말과 밀가루나 메밀가루를 섞어서 만든다.

(4) 국수의 일반적인 조리법

① 국수를 삶을 때 물의 양을 많이 하는 것이 좋다.

② 물이 끓을 때 국수를 넣고 국수가락이 뭉치지 않고 풀리도록 저어 준 다음 강한 불에서 삶는다.

- 만일 물의 양이 적거나 온도가 낮으면 국수가 풀어진다.

③ 국수가 익었으면 찬물에 담가 씻은 다음 소쿠리에 1인분씩 사리를 지어 건져 둔다.

1) 온면(국수장국)

재료 및 분량

가는 국수 300g, 쇠고기(양지머리) 200g, 달걀 1개, 호박 ¼개, 석이 2장, 파 1뿌리, 마늘 3쪽, 간장 3큰술, 참기름 2작은술, 후춧가루 약간, 소금 약간, 표고버섯

고기 양념 , 파·마늘(다진 것) 1작은술, 참기름·간장·후춧가루 약간

〈만드는 법〉

1 양지머리 100g에 파, 마늘과 국간장을 넣고 맑은장국을 끓인다.

2 나머지 양지머리 100g은 곱게 다져서 표고버섯 채 썬 것과 함께 파, 마늘 다진 것, 참기름, 간장, 후춧가루로 고기 양념을 하여 센 불에서 볶아 둔다.

3 호박은 채 썰어 소금에 살짝 절였다가 물기를 짠 후 기름으로 파랗게 볶아 낸다.

4 달걀은 황백 지단을 부쳐 곱게 채 썬다.

5 석이는 불려서 채 썰어 볶아 둔다.

6 국수는 끓는 물에 삶아서 냉수로 몇 번 씻어 차게 한 다음 1인분씩 사리를 지어 소쿠리에 담아 물기를 뺀다.

7 그릇에 1인분의 국수사리를 담고 팔팔 끓는 장국물을 부었다가 따라내는 토렴을 한 뒤 다시 뜨거운 장국을 붓는다.

8 준비된 고명들을 보기 좋게 얹어 상에 낸다.

- 온면 국수장국은 간이 약간 센 것이 적당하다. 장국은 쇠고기 장국뿐 아니라 닭고기, 다시마나 멸치의 맑은장국 등이 많이 쓰인다.
- 웃고명에는 고기산적, 완자 등을 같이 쓰기도 한다.
- 장국과 고명이 준비된 후에 국수를 삶아야 국수가 불지 않는다.

2) 잔치국수

재료 및 분량

가는 국수 200g, 장국용 멸치 30g, 달걀 1개, 호박 ½개, 부추 100g, 파 1뿌리, 간장 약간, 마늘 3쪽, 다시마 약간, 양파 1개, 후춧가루 약간, 당근 ½개, 표고버섯 3개,

양념 파·마늘(다진 것) 1작은술, 참기름 1작은술, 간장 2작은술, 후춧가루 약간

〈만드는 법〉

1 멸치는 내장을 제거하고 찬물에 다시마와 같이 넣고 끓여 육수를 낸다. 국간장과 소금으로 간을 해 둔다.

2 표고버섯 채 썬 것은 파, 마늘 다진 것, 참기름, 간장, 후춧가루로 양념을 하여 센 불에서 볶아 둔다.

3 호박은 채 썰어 소금에 절였다가 기름에 파랗게 볶아 낸다. 당근도 곱게 채를 썰어 소금간으로 볶아 두고, 양파는 채를 썰어 볶다가 진간장을 넣고 10분 정도 볶아 둔다.

4 달걀은 황백 지단을 부쳐 곱게 채 썬다.

5 부추는 다듬어 깨끗이 씻고 끓는 물에 데쳐서 찬물로 헹군 뒤 2~3등분으로 자른다.

6 자른 부추에 간장, 다진 파, 참기름, 다진 마늘을 넣고 무쳐 둔다.

7 국수는 끓는 물에 삶아서 냉수로 몇 번 씻어 차게 한 다음 1인분씩 사리를 지어 소쿠리에 담아 물기를 뺀다.

8 그릇에 1인분의 국수사리를 담고 팔팔 끓는 장국 물을 부었다가 따라내는 토렴을 한 뒤 다시 뜨거운 장국을 붓는다.

9 위에 준비된 고명을 보기 좋게 얹어 상에 낸다.

- 온면 국수장국은 간이 약간 센 것이 적당하다. 장국은 쇠고기 장국뿐 아니라 닭고기, 다시마나 멸치의 맑은장국 등이 많이 쓰인다.
- 웃고명에는 고기산적, 완자 등을 같이 쓰기도 한다.
- 장국과 고명이 준비된 후에 국수를 삶아야 국수가 불지 않는다.
- 취향에 따라 양념장을 만들어 간을 하기도 한다.
- 취향에 따라 육수를 뜨겁게 혹은 차게 하여 온과 냉으로 만들어 먹을 수 있다.

3) 닭 칼국수

재료 및 분량

밀가루 2컵, 닭(작은 것) ½마리, 소금 ½작은술, 달걀 1개, 애호박 ½개, 물 ½컵, 파 1뿌리, 마늘 3쪽,

양념간장 간장 4큰술, 파(다진 것) 1큰술, 마늘(다진 것) ½큰술, 깨소금·참기름 각각 ½큰술, 후춧가루 약간

〈만드는 법〉

1 밀가루에 소금 ½작은술과 달걀 1개를 풀어 넣고 물을 조금씩 넣어 반죽을 하여 약 30분 정도 행주로 덮어 두었다가 얇고 고르게 밀어서 밀가루를 조금씩 뿌리면서 말아 가늘게 썬다.

2 닭은 씻어서 물을 부어 파와 마늘을 함께 넣어 닭이 무를 때까지 삶는다.

3 삶은 닭은 건져서 살을 찢고, 국물은 기름을 걷어 내고 소금간을 맞춘다.

4 애호박은 채 썰고 파는 어슷하게 채 썬다.

5 닭국물을 끓여서 국수를 풀어 넣어 끓이다가 국수가 익어 떠오르기 시작하면 호박, 파, 찢은 닭고기를 넣고 잠시 더 끓인다.

6 대접에 국수를 담고 양념간장을 만들어 따로 담아낸다.

- 국수를 밀거나 썰 때 마른 밀가루를 많이 뿌리면 국물이 걸쭉해서 좋지 않으니 장국에 국수를 넣을 때는 될 수 있는 대로 마른 밀가루를 털어 내고 넣도록 한다.
- 밀가루 반죽에 달걀이 들어가면 국수가 쫄깃쫄깃해서 좋다.

4) 칼국수

재료 및 분량

밀가루 3컵, 멸치 20g, 소금 1작은술, 실고추 약간, 애호박 ½개, 물 약 1컵, 파 1뿌리, 마늘 3쪽, 감자 2개

양념간장 간장 4큰술, 파(다진 것) 1큰술, 마늘(다진 것) ½큰술, 깨소금·참기름 각각 ½큰술, 고춧가루 1큰술

〈만드는 법〉

1 밀가루에 소금 녹인 물을 조금씩 넣어 되직하게 반죽을 하여 약 30분 정도 행주로 덮어 두었다가 밀가루를 조금씩 뿌리면서 0.1㎝ 두께로 얇고 고르게 밀고 너비 0.5㎝로 썰어 서로 달라붙지 않도록 털어놓는다.

- 밀가루의 ¼배의 물을 이용하여 반죽하고 만두피보다는 조금 되직하게 반죽한다.

2 멸치는 머리와 내장을 제거한 뒤 냉수에 넣고 뚜껑을 열고 끓이다가 끓기 시작하면 후 5분 후에 불을 끈 후 멸치를 건져 내고 간장과 소금으로 간을 한다.

3 애호박은 5㎝ 길이로 돌려 깎기 하여 0.2㎝ 두께로 얇게 채 썰어 소금에 살짝 절였다가 물기를 짠다.

4 감자는 껍질을 제거하고 호박보다 조금 두껍게 채 썰어 물에 담가 둔다.

5 준비된 재료를 각각 볶아서 식혀 놓는다. 실고추는 2㎝ 길이로 썰어 놓는다.

6 간을 한 육수가 끓으면 채 썬 감자와 절인 호박을 넣고 준비된 국수를 넣은 후 붙지 않게 저으면서 끓인다.

- 국수를 밀거나 썰 때 밀가루를 너무 많이 뿌리면 국물이 너무 걸쭉해서 좋지않으니 장국에 국수를 넣을 때는 될 수 있는 대로 밀가루를 털어 내고 넣도록 한다.

5) 면신선로

면신선로는 보통 신선로와 달리 어물과 날채소를 준비하여 신선로에 담아 끓어오르면 따로 삶은 국수를 대접에 담아 끓인 신선로 국물과 건지를 얹어서 먹는 일종의 온면이다.

신선로는 틀에다 끓여서 익으면 국물과 건지를 떠서 국수에 부어 말아먹거나,

신선로 틀에 담갔다가 먹기도 한다.

재료 및 분량

쇠고기(사태) 200g, 쇠고기(우둔살) 100g, 소금·청장 적당량, 패주(中) 3개, 분홍새우 150g, 건해삼(불린 것) 100g, 죽순 100g, 실파 50g, 쑥갓 50g, 다홍고추 1개, 미나리 100g, 달걀 3개, 가는 밀국수 300g,

고기 양념 소금 ½큰술, 파(다진 것) 2큰술, 마늘(다진 것) 1큰술, 참기름 1큰술, 후춧가루 약간

〈만드는 법〉

1 쇠고기 사태는 덩어리째 씻어서 끓는 물에 넣어 끓인다. 고기가 푹 익으면 건져서 얇게 저며 고기 양념의 ⅔양으로 무치고, 국물은 기름을 걷고 국간장과 소금으로 간을 맞춘다.
2 우둔살은 얇게 썰어 남은 고기 양념으로 무쳐 둔다.
3 패주는 내장을 떼고 씻어서 결의 반대로 얇게 저며 썰어 둔다.
4 새우는 씻어서 꼬리 쪽 한 마디만 남기고 껍질을 벗긴다.
5 건해삼은 납작하게 저며 썬다.
6 죽순은 소금물에 삶아서 반을 갈라 빗살모양으로 얇게 썰고 실파와 쑥갓은 다듬어서 4㎝정도 길이로 썬다.
7 다홍고추는 씨를 빼고 신선로 틀의 길이와 너비 3㎝의 골패모양으로 썬다.
8 미나리는 미나리 초대를 부치고, 달걀은 황백으로 나누어 지단을 부쳐서 신선로 틀의 폭을 길이로 하고 너비 3㎝의 골패형으로 썬다. 미나리 초대도 같은 모양으로 썬다.
9 신선로 틀에 삶은 고기와 날고기를 아래에 깔고 준비한 재료를 가장자리에 고루 돌려 담은 후 뜨거운 육수를 붓고 끓인다.
10 밀국수는 따로 삶아서 토렴하여 대접에 담아서 상에 낸다.
11 신선로 틀에다 끓여서 익으면 국물과 건지를 떠서 국수에 부어 말아먹거나, 신선로 틀에 국수를 담갔다가 먹기도 한다.

- 신선로 틀의 국물은 주전자에 담았다가 계속 보충하면서 먹는다.

6) 냉면

냉면은 메밀가루를 익반죽하여 틀로 눌러 만든 국수로 차게 먹는 음식이다. 냉면의 쫄깃한 맛은 메밀가루와 녹말가루 배합비율에 따라 달라지며 면은 가정에서 만들기는 힘들므로 파는 것을 사다가 이용하는 것이 편하다.

냉면에는 잘 익은 동치미가 필요하므로 미리 물김치를 담가 익혀 쓰고 장국은 양지머리나 사태 등을 삶은 육수와 동치미 국물을 합하여 쓴다. 여름철에는 열무김치에 말아도 좋다. 냉면에는 보통 평양식, 함흥식 냉면이 잘 알려져 있고, 요사이에는 여름철에 즐겨먹지만 추운 겨울에 더욱 맛이 있다.

재료 및 분량

쇠고기(양지머리 또는 사태) 300g, 겨자 적당량, 파 1뿌리, 식초 적당량, 마늘 3쪽, 설탕 적당량, 동치미 무(소) 1개, 삶은 달걀 2개, 오이(보통) 1개, 메밀국수(냉면용) 5인분, 배 ½개

냉면국물 동치미국물 5컵, 육수 5컵, 소금 1큰술, 식초 2큰술, 설탕 2큰술

〈만드는 법〉

1 양지머리를 덩어리째 씻어서 물을 붓고 파, 마늘을 넣어 끓인다.
2 고기가 무르게 삶아졌으면 건져서 젖은 행주에 싸서 눌러 편육을 만들고, 육수는 식힌 다음 체에 바쳐서 차게 식힌다.
3 편육은 얇게 썰어 한 그릇에 4~5쪽이 들어갈 수 있도록 준비한다.
4 동치미 무는 반달형 또는 길쭉하고 얇게 썰어 소금에 절여 꼭 짜 둔다.
5 오이는 반으로 갈라 어슷하게 썰어 소금에 절였다가 꼭 짜서 기름에 살짝 볶는다.
6 배는 껍질을 벗겨서 납작하게 썰고, 달걀은 노른자가 중심에 가도록 굴리면서 삶아 반으로 잘라 둔다.
7 식은 육수와 동치미 국물을 섞고 식초, 소금, 설탕으로 간하거나 냉면국물을 만든다.
8 냉면국수를 헤쳐서 심이 약간 남을 정도로 끓는 물에 잠깐 삶아 낸 후 냉수에 여러 번 헹구어 1인분씩 사리를 만들어 채반에 담는다.
9 그릇에 냉면사리와 준비된 것들을 보기 좋게 담고 차게 마련된 장국을 옆으로 부어 꾸미가 흐트러지지 않게 한다.

- 먹을 때 겨자, 설탕, 식초 등을 준비하여 기호에 따라 넣는다.

- 회냉면은 홍어회를 넣은 육수가 없는 비빔냉면으로 시중에서 함흥냉면으로 알려져 있다.
- 냉면에 매운 무김치를 넣기도 하고 쇠고기 대신, 돼지고기 편육을 쓰기도 한다.
- 겨울철의 냉면은 육수 대신에 맑은 동치미, 김치 또는 나박김치의 국물을 쓰기도 한다.

7) 비빔면(비빔국수)

비빔면은 삶은 국수를 장국에 마는 것이 아니라 양념장으로 고루 비벼서 먹는 국수이다. 비벼서 오래두면 맛이 없으므로 비벼서 바로 먹도록 한다.

재료 및 분량

가는 국수 300g, 쇠고기(우둔살) 100g, 표고 3장, 오이 1개, 달걀 2개, 당근 ½개, 소금·식용유 적당량

고기 양념 간장 1큰술, 설탕 ½작은술, 파(다진 것) 2작은술, 마늘(다진 것) 1작은술, 깨소금·참기름 각각 1작은술, 후춧가루 약간

비빔 양념 고추장 4큰술, 간장·설탕 각각 2큰술, 깨소금·참기름 각각 2큰술, 파·마늘(다진 것) 각각 1큰술

〈만드는 법〉

1. 쇠고기는 채로 썰고, 표고는 불려서 가늘게 채 썰어서 채 친 쇠고기와 같이 고기 양념을 해서 볶아 둔다(크기: 0.3×0.3×5㎝).
2. 오이는 굵게 채 썰어 소금을 뿌려 숨이 죽으면 꼭 짜서 살짝 볶는다. 당근도 가는 채로 썰어 소금간을 하여 볶아 둔다(크기: 0.3×0.3×5㎝).
3. 달걀은 황백으로 나누어 지단을 부쳐 가늘게 채 썬다(크기: 0.2×0.2×5㎝).
4. 비빔 양념의 재료를 섞어 양념고추장을 만든다.
5. 국수는 잘 삶아서 건져 냉수에 여러 번 헹구어 채반에 건져 둔다.
6. 큰 그릇에 국수를 담고 준비한 것 중 고명으로 사용될 분량만 남기고 모두 한데 넣고 양념고추장을 넣어 고루 비빈다.
7. 비빈 국수를 대접에 담고 남은 재료로 고명을 얹어 상에 낸다.
   - 비빔 양념을 고추장 대신 진간장을 사용하여 하기도 한다(조리사 시험 출제 시 양념장을 고추장이 아닌 간장으로 자주 난다.
   - 국수는 불지 않게 삶아 진간장, 설탕, 참기름으로 먼저 밑간을 해 둔다.

8) 냉 콩국수

불린 흰콩을 삶아 곱게 갈아서 만든 콩국을 삶은 밀국수에 부어 말아먹는 것으로 여름철의 별미이다.

재료 및 분량

밀가루 3컵, 흰콩 1컵, 참깨 3큰술, 물 6컵, 소금 1큰술

〈만드는 법〉

1 흰콩을 씻어 건져서 5~6시간 물에 담갔다가 콩과 같은 양의 끓는 물에 콩을 넣고 10분 정도 삶아서 냉수에 헹구어 껍질을 벗긴 후 건진다.
 • 콩은 너무 삶으면 메주 맛이 나고 덜 삶으면 비린내가 나므로 잘 삶아야 맛이 좋다.
2 맷돌이나 믹서에 삶은 콩과 볶은 참깨를 넣고 분량의 물을 조금씩 넣으면서 곱게 갈아서 체에 걸러 소금으로 간하여 차게 식힌다.
3 밀가루로 국수반죽을 하여 얇게 밀어서 칼국수로 썬다.
4 3을 끓는 물에 삶아 익으면 건져 찬물에 헹군 후 채반에 담아 둔다.
5 대접에 국수사리를 담고 찬 콩국을 부어 오이채나 통깨를 약간씩 고명으로 얹어 상에 낸다.
 • 콩을 잘 삶아야 고소하다.
 • 말린 국수를 삶아서 사용하기도 한다.
 • 콩국의 간이 약하면 소금을 같이 내어 간을 맞추게 한다.
 • 깨나 땅콩 같은 견과류를 많이 넣으면 콩국수 고유의 맛이 없어진다.

2. 만두

만두는 밀가루나 메밀을 반죽하여 얇게 밀거나 얇게 속을 파서 육류, 채소 등으로 만든 소를 넣고 싸서 찌거나 삶아서 익힌 음식이다.

만두는 북쪽지방에서 먼저 보급되었고 계절별로는 겨울철 음식으로 많이 먹었으나 요즘에는 냉동식품으로 상품화되어 계절성도 없어졌다.

만두의 종류에는 껍질반죽의 재료, 소의 재료 또는 만든 모양, 만두를 삶는 장국

등에 따라서 여러 가지가 있다.

① 장국만두: 더운 장국에 만두를 넣어 익힌다. 만두피는 대개 밀가루로 만드나 메밀가루로 만든 것도 있다.

장국은 쇠고기, 꿩 등을 많이 쓰고 소의 재료로는 육류, 김치, 두부 등을 넣는다.

(종류) 만둣국, 굴만두, 개성편수, 병시, 메밀만두, 꿩만두 등.

② 찐만두: 편수는 네모진 만두피로 사각지게 빚고, 규아상은 둥근 만두피로 해삼모양으로 빚어서 찐다. 찬 장국에 말기도 한다. 만두소는 쇠고기, 애호박, 오이, 표고버섯 등을 넣는다.

(종류) 편수, 규아상 등.

③ 굴린만두: 만두피 없이 소를 둥글게 빚어 밀가루에 묻혀서 끓는 장국에 넣어 끓이는 장국만두이다.

④ 감자만두: 감자를 갈아 녹말을 섞어서 소를 넣어 빚어 찐다.

⑤ 어만두: 흰살생선을 얇게 포 떠서 소를 빚어 찐다.

⑥ 준치만두: 준치를 통째로 쪄서 살만 발라낸 후 고기를 섞고 녹말을 묻혀서 찐다.

1) 만둣국

만두를 만들어 더운 장국에 넣어 끓이는 겨울 음식으로 특히 북쪽지방에서 즐겨 먹는다. 만둣국의 소에 사용되는 고기는 쇠고기, 돼지고기, 닭고기, 꿩고기 등이 쓰이고 숙주, 두부, 배추김치 등이 소로 들어간다. 만두 빚은 모양은 지방에 따라 다르다. 즉 둥근 것을 반만 접어서 반달모양으로 한 것과 반달모양으로 빚은 다음 양 끝을 붙인 것, 반으로 접어 한 면에 주름을 잡아 오목하게 빚는 등 여러 모양이 있고, 크기도 한 입에 들어갈 수 있을 정도로 작은 것과 주먹크기 만큼 크게 빚는 것도 있다.

재료 및 분량

만두피 밀가루 2컵, 달걀(흰자) 2개, 물 ½컵, 소금 1작은술

소 쇠고기 100g, 돼지고기 100g, 두부 ½모, 숙주 100g, 부추(시금치 또는 미나리) 100g, 김치 150g(⅛통), 표고 3장, 실백 2큰술

양념 간장 2큰술, 참기름 1½큰술, 소금 1작은술, 깨소금 2큰술, 후춧가루 ½작은술, 생강즙 1작은술, 파(다진 것) 2큰술, 마늘 1큰술

국물 맑은장국 7~8컵, 달걀 1개, 국간장 약간, 후춧가루 약간, 소금 약간

〈만드는 법〉

1 밀가루는 소금을 넣어 체로 치고 달걀흰자를 잘 개어 물과 섞어서 밀가루에 넣고 반죽을 한다. 밀가루는 강력분이 좋고 반죽은 오래 할수록 쫄깃쫄깃해진다.

2 반죽은 마르지 않도록 촉촉한 행주보로 덮어 30분 정도 두었다가 치대어 밀대로 얇게 밀어서 보시기 같은 둥근 것으로 찍어 내어 만두피를 만들고 그 사이사이에 녹말가루를 조금씩 묻혀서 겹쳐 놓는다.

3 마른 표고는 불려서 가늘게 채 썰고 쇠고기와 돼지고기는 곱게 다진 다음 양념의 일부로 양념을 해서 둔다.

4 김치는 미지근한 물에 슬쩍 빨아 꼭 짜서 다진 후 깨끗한 행주에 싸서 다시 짠다.

- 김치를 사용하지 않을 때는 배추를 데쳐서 사용해도 좋다.

5 두부도 물기 없이 꼭 짜서 다져 놓고 숙주와 부추는 소금물에 데친 후 꼭 짜서 다져 둔다.

6 고기와 다진 김치, 두부, 나물 다진 것을 함께 섞어서 양념 나머지를 넣고 무쳐 둔다.

7 달걀은 황백으로 나누어 지단을 부쳐서 완자형이나 채를 썬다.

8 둥근 만두피에 소를 넣고 반달형으로 빚거나, 양 끝을 오므려 두 귀를 맞추어 누른다.

9 맑은장국을 미리 만들어 간을 맞추어 끓인 후 빚은 만두를 넣고 끓인다.

10 만두가 떠오르면 익은 것이니 대접에 담아 달걀지단을 얹고 후춧가루를 뿌린다.

11 먹을 때 초간장을 따로 내어 만두를 건져서 찍어 먹는다.

- 만두피는 얇아야 한다.
- 만두피 반죽에 달걀흰자 또는 식용유를 2큰술 정도 넣어서 반죽을 하면 반죽에 끈기가 생겨서 얇게 밀기가 좋다.
- 만두소에 사용되는 고기는 꿩고기나 닭고기도 사용한다.
- 만두를 삶을 때 속이 터져 나오지 않도록 만두 양귀에 작은 구멍을 낸다.
- 만두피를 밀 때 덧가루를 많이 사용하면 국물이 탁해진다.
- 밀어 놓은 만두피가 말라서 붙지 않을 때는 가장자리에 물칠을 하거나 달걀을 풀어 바르면 잘 붙는다.
- 만두는 손이 많이 가는 음식이므로 만들 때 많이 빚어서 냉동고에 서로 붙지 않게 얼려 두고 먹을 때마다 즉시 꺼내 사용하면 좋다.

2) 편수

편수는 개성지방의 향토음식이며 여름철에 차게 먹는 만두이다. 소의 재료로는 애호박, 오이, 쇠고기, 닭고기 등을 사용하며 찜통에 쪄서 먹거나 차가운 장국에 띄워 먹기도 한다.

재료 및 분량

밀가루 1½컵, 달걀흰자 1개분, 달걀노른자 1개분, 소금 1작은술, 물 ¼컵, 쇠고기 100g, 닭고기 100g, 두부 ⅓모, 오이 ⅓개, 표고버섯 3장, 애호박 ⅓개,

양념 소금 1작은술, 참기름 2작은술, 파(다진 것) 3작은술, 마늘(다진 것) 1큰술, 깨소금 ½작은술, 후춧가루 약간

〈만드는 법〉

1 밀가루는 소금과 흰자를 넣고 차지게 반죽하여 얇게 밀어 직경 8㎝가량의 네모로 썬 뒤 만두피를 만든다.

2 쇠고기, 닭고기, 표고버섯을 곱게 채 치고 양념해서 국물이 생기지 않게 볶는다.

3 오이와 호박은 가늘게 채 썰어 소금을 뿌렸다가 꼭 짜서 참기름으로 볶아 둔다. 두부도 물기를 꼭 짜 둔다.

4 준비된 재료를 큰 그릇에 넣고 양념 나머지와 달걀노른자를 넣고 섞어서 소를 만든다.

5 만두피에 실백을 2~3개씩 넣고 소를 넣어 네 귀를 맞추어서 싸고 네 귀에 구멍을 내어 김이 잘 배게 한다.

6 편수 빚은 것을 젖은 베 보자기를 깐 찜통에서 푹 찐 다음 참기름을 조금씩 발라 뜨거울 때 초간장과 함께 상에 낸다.

- 모양을 네모지게 만든다.
- 육수를 사용할 때는 기름기를 완전히 제거한다.

3) 어만두

민어, 숭어 등의 흰살생선살을 넓게 포를 떠서 소를 넣어 싸서 만두모양으로 만든 요리이다.

재료 및 분량

흰살생선 300g, 소금 약간, 흰 후춧가루 약간, 쇠고기 100g, 표고버섯 3장, 오이 1개, 숙주 150g, 녹말가루 ½컵

양념 간장 1큰술, 설탕 1작은술, 파(다진 것) 1큰술, 마늘(다진 것) 1큰술, 깨소금, 참기름 ½큰술, 후춧가루 약간, 소금 약간

겨자초간장 간장 2큰술, 설탕 약간, 겨자 약간, 물 ½큰술, 식초 2큰술

〈만드는 법〉

1 생선을 7~8㎝ 길이로 넓고 얇게 포를 떠서 소금과 흰 후춧가루를 뿌려 두었다가 칼등으로 얇고 고르게 편다.

2 쇠고기와 표고버섯은 곱게 다져서 양념 일부로 조미한다.

3 숙주는 다듬어서 소금물에 데쳐 물기를 꼭 짠 후 다져 두고 오이는 짧고 가늘게 채쳐서 소금에 절였다가 꼭 짜서 쇠고기, 표고버섯 양념한 것, 숙주 다진 것과 함께 양념으로 넣고 무친다.

4 준비한 생선에 녹말가루를 살살 뿌린 다음 소를 넣고 만두모양으로 싸서 그 표면에 녹말가루를 얇게 묻힌다.

5 맹물에 소금을 약간 넣어 끓으면 만두를 넣고 삶는다. 또는 찜기에 쪄서 낸다.

6 만두가 뜨면 익은 것이므로 건져서 접시에 상추 등을 깔고 담아서 겨자초간장과 함께 상에 낸다.

• 국물 있게 할 경우 육수에 간장으로 간을 한 다음 만두를 넣고 떠오를 때 후춧가루와 파를 넣고 그릇에 담아낸다.

4) 준치만두

준치는 맛이 좋으나 잔가시가 많아 먹기에 불편하다. 이것을 쪄서 가시를 빼내고 살만을 골라서 고기, 채소와 섞어 완자모양으로 빚은 만두이다. 준치만두는 준치가 가장 맛 좋을 때인 오월의 단오절식이다.

재료 및 분량

준치 1마리(400g) , 쇠고기 100g, 오이 100g, 표고버섯 2장, 녹말가루 3큰술, 잣 1큰술, 쑥갓·파 약간

양념 간장 1큰술, 설탕 1작은술, 파(다진 것) 2작은술, 마늘(다진 것) 2작은술,
깨소금·참기름 각각 1작은술, 후춧가루 약간

〈만드는 법〉

1 준치를 장만한 다음 깨끗이 씻어 접시에 받쳐 찜통에 찐다.

2 찐 준치의 뼈와 가시를 발라내고 살만 모아서 곱게 다진다.

3 준치를 찐 물에 살을 발라낸 뼈와 파, 마늘, 생강즙을 넣어 물을 조금 더 붓고 끓여서 체로 걸러낸 다음 소금간 한다.

4 쇠고기는 곱게 다지고 표고버섯도 곱게 다진 다음 양념의 일부를 넣고 버무려 둔다.

5 오이는 가늘고 짤막하게 채 썰어서 소금에 절였다가 꼭 짜서 나머지 양념을 넣고 버무린 다음 양념한 쇠고기, 표고버섯과 삶아서 다진 준치살을 함께 넣고 버무린다.

6 손에 참기름을 바르고 실백을 2~3개씩 넣고 완자모양으로 빚어 녹말가루에 굴려 묻힌 다음 찜통에 젖은 행주를 깔고 찐다.

7 쪄 낸 만두는 국물 없이 그대로 접시에 쑥갓을 깔고 담아 초장을 곁들여 내기도 하고, 준치뼈 끓인 장국을 부어서 쑥갓을 띄워 내기도 한다.

5) 굴린 만두

평안도의 겨울철 향토음식으로 굴만두라고도 한다. 만두피를 만들지 않고 소만으로 완자를 빚은 후 마른 밀가루에 굴려 밀가루막을 만들어 장국에 끓이는 것이다.

재료 및 분량

국물용 쇠고기 150g, 물 12컵, 간장 2큰술, 소금 약간

고기 양념 진간장 1큰술, 파(다진 것) ½큰술, 후춧가루 ¼작은술, 마늘(다진 것) ½큰술, 참기름 1작은술

만두소 쇠고기 100g, 표고버섯 3장, 생배추 100g, 숙주 100g, 두부 100g, 달걀 ½개

소 양념 소금 1작은술, 진간장 ½작은술, 깨소금 1큰술, 후춧가루 ¼작은술, 참기름 2작은술

고명 쇠고기(우둔살) 50g, 달걀 1개, 밀가루 1컵

고명양념 진간장 2작은술, 파(다진 것) 1작은술, 깨소금 1작은술, 마늘(다진 것) 1작은술, 후춧가루 ¼작은술, 참기름 ½작은술

〈만드는 법〉

1 쇠고기는 채로 썰어 고기 양념을 하여 볶다가 물을 붓고 맑은장국을 끓인다.

2 소에 들어갈 쇠고기와 표고버섯은 곱게 다진다. 생배추와 숙주는 소금물에 살짝 데친 후 물기를 꼭 짠 뒤 쫑쫑 썬다. 두부는 꼭 짠 뒤 잘 으깬다. 이것들을 달걀 ½개와 소 양념을 넣고 잘 섞는다.

3 고명의 쇠고기는 곱게 다져서 양념하여 볶아서 준비한다. 달걀은 풀어 지단을 부쳐 둔다.

4 준비된 소를 달걀모양으로, 또는 직경 2.5㎝ 정도의 완자 모양으로 빚어서 밀가루에 굴리고 찬물에 담갔다가 구멍 뚫린 국자로 건지고 다시 밀가루에 굴리기를 3~4번 반복한다.

5 4를 손으로 다시 꼭꼭 만진 뒤 끓는 장국에 한 개씩 차례로 넣어 끓인다.

6 익어서 떠오르면 다시 한소끔 끓여서 대접에 담고 고기고명과 알지단을 얹거나 또는 줄알을 친다.

- 약식만두이고 만두소는 쇠고기와 돼지고기를 섞어서 만들기도 한다.

- 배추 대신 김치를 쓰면 더 맛이 있다.
- 밀가루를 묻힐 때 손으로 꼭꼭 다져 가면서 묻히지 않으면 국에 넣었을 때 밀가루가 국물에 풀어져 국물이 맑지 않다.

3. 떡국

떡국은 흰 가래떡을 어슷하게 얇게 썰어서 맑은장국에 끓인 음식이다. 개성지방에서는 흰떡을 가늘게 만들어 따뜻한 손으로 비벼 짧게 굴려서 가운데가 잘록하게 들어가는 누에고치 모양으로 만들기도 하는데, 이것을 조랭이 떡국이라고 한다. 충청도 지방에서는 쌀가루를 반죽하여 납작하게 빚어서 끓이는 생떡국도 있다. 떡국은 추운 겨울에 먹는 음식으로 특히 정월 초하루에 먹는 정초 절식이다.

1) 떡국

재료 및 분량

흰떡(썰은 것) 500g, 쇠고기150g, 달걀 1개, 대파½뿌리

양념 파(다진 것) 1큰술, 마늘(다진 것) ½큰술, 간장1큰술, 참기름 1작은술, 후춧가루 약간

〈만드는 법〉

1 썬 흰떡은 찬물에 씻어 건져 둔다.

2 쇠고기의 50g은 다져서 웃고명으로 쓰고, 나머지 고기는 채 쳐서 양념을 넣고 맑은 장국을 끓인다.

3 장국이 팔팔 끓을 때 떡을 넣고 끓인다.

4 떡이 익어서 떠오르면 달걀을 풀어서 줄알을 치고 파를 채 썰어 넣고 불을 끈 뒤 그릇에 담아 다진 고기 고명을 얹고 후춧가루를 뿌려서 낸다.

- 떡을 넣고 너무 오래 끓이면 풀어져서 떡도 맛이 없고 국도 맑지 않으므로 너무 오래 끓이지 않는다.
- 달걀은 지단을 부쳐서 마름모꼴로 썰어서 띄우기도 한다.
- 지방에 따라 얹는 고명이 달라질 수 있다. 즉, 파산적을 올리기도 하고 쇠고기를 다져 볶은 것, 굴을 간장에 조린 것, 김을 구워서 부스러뜨려 올리는 곳도 있다.

4. 수제비

밀가루를 반죽하여 끓는 장국에 손으로 얇게 뜯어 넣어 끓이는 음식이다.

1) 수제비

재료 및 분량

밀가루 3컵, 건멸치 20g, 애호박 ½개, 감자 1개, 대파 1뿌리, 풋고추 2개, 간장 2큰술, 마늘(다진 것) 2작은술,

〈만드는 법〉

1 밀가루를 체에 내려 약간 묽게 반죽을 한 다음 젖은 행주로 싸 둔다.
2 물에 건멸치를 넣고 끓으면 5분을 끓인 뒤 멸치를 건져 내고 국간장으로 간을 약간 하여 멸치 장국을 만든다.
3 애호박과 감자는 굵게 채 썰어 두고 대파, 풋고추는 어슷하게 썰어 둔다.
4 멸치 장국이 끓으면 밀반죽한 것을 얇게 펴서 손으로 떼어 넣고 감자도 넣고 끓인다.
5 밀반죽 건더기가 뜨면 호박, 풋고추, 대파와 나머지 간장을 넣고 간을 맞춘 다음 한 번 더 끓인 후 그릇에 떠서 후춧가루를 뿌려 낸다.

- 멸치 장국에 고추장을 풀어 매콤하게 끓이기도 한다.
- 수제비 반죽에 녹말가루를 섞으면 더 매끈하고 쫄깃하다.
- 수제비는 얇게 떼어 넣을수록 맛이 있다.

2) 감자 옹심이

재료 및 분량

감자 600g(4개), 애호박 100g(¼개), 달걀 1개, 홍고추 1개, 풋고추 1개, 국간장 1큰술, 깨소금 2큰술, 소금 ½큰술, 후추 약간

장국국물 멸치 30g(15마리), 다시마 10㎝, 대파 ½뿌리, 양파 ½개, 무 100g, 물 8컵

〈만드는 법〉

1 감자는 깨끗이 씻어 껍질을 벗겨 강판에 갈아 면포에 담아 물기를 짠 다음 건더기는 두고 물을 가라앉혀 앙금(전분)을 만든다.

2 가라앉힌 앙금(전분)과 감자 건더기를 섞어 소금으로 간을 한 뒤 새알 크기로 빚는다.

3 물을 붓고 준비된 무와 양파, 대파를 큼직하게 잘라 넣고 끓이다가, 무가 익으면 멸치와 다시마를 넣고 끓인 다음 국간장을 넣고 한소끔 끓여 장국 국물을 만든다. 장국 건더기들은 건져 내고 맑은 국물을 준비한다.

4 애호박은 채 썰어 놓고(5×0.3×0.3㎝), 홍고추와 풋고추는 0.3㎝ 두께로 어슷하게 썬다.

5 달걀은 흰자, 노른자를 나누어 지단을 부쳐서 5㎝ 길이로 채를 썰어 둔다.

6 준비된 장국 국물에 옹심이를 넣고 끓이다가 준비된 채소들을 넣고 한소끔 끓인다.

7 끓으면 소금으로 간을 한 다음 그릇에 담고 깨소금과 황백지단을 얹어 상에 낸다.

- 봄에는 냉이를 넣기도 한다.
- 호박을 채 썰어 넣기도 한다.

제2장

국과 찌개류

Ⅰ 국

국은 우리나라의 국물 음식이고, 한자로 탕(湯)이라고도 한다. 국은 오랫동안 끓이는 곰에서 시작된 것으로서, 국의 종류는 크게 맑은장국, 토장국, 곰국, 냉국으로 나뉘고, 육류는 물론 어패류, 채소류, 해조류 등 거의 모든 재료로 만든다.

국의 맛을 내는 염미료는 맑은장국, 곰국, 냉국에는 주로 소금, 국간장(조선간장, 청장)으로 간을 하며, 토장국은 된장, 고추장이 쓰인다. 국에는 고기를 사용시 고기 양념(간장, 파.마늘 다진 것, 깨소금, 설탕, 후추, 참기름)을 하더라도 설탕과 깨소금을 넣지 않는다. 국의 일반적인 분류와 특징은 다음과 같다.

① 맑은장국류: 맑은 육수를 기본으로 맑게 끓이고 건더기는 적은 편이며, 쇠고기무국, 대합탕, 콩나물국 등이 있다. 이는 주재료가 지닌 맛을 충분히 우려내어 그 맛을 즐기는 음식이다.

② 토장국류: 육수 국물에 된장을 풀어서 간을 맞춘 국으로 뭉근하게 오래 끓일 때 감칠맛이 난다. 매운맛을 내려면 고추장 또는 고춧가루를 쓴다.

③ 곰탕류: 쇠고기의 양지머리, 사태 등에 양, 허파, 곤자소니, 곱창 등이나 뼈 등을 오래 고아서 재료의 맛을 충분히 우려낸 국이다. 곰탕류는 소금이나 간장으로 간을 미리 하는 경우도 있으나 먹을 때 소금을 따로 내어 먹는 사람이 맞추는 경우가 많다.

④ 냉국류: 주로 여름철에 먹는 차게 만든 국으로 오이, 미역, 다시마 등으로 약간의 신맛을 내서 더위에 잃은 입맛을 내게 한다. 또한, 차게 하기 위하여 얼음조각을 넣어서 국물을 만든다. 냉국은 식품이 가지고 있는 맛 성분과 질감, 영양성분을 최대한 살릴 수 있는 음식이다. 닭국물에 깨를 갈아서 만드는 임자수탕과 같은 보양식의 냉국도 있다.

1. 맑은장국

1) 쇠고기무국(무 맑은장국)

재료 및 분량

쇠고기 200g, 무 ½개(작은 것), 참기름 1큰술, 마늘(다진 것) 2작은술, 물 8컵, 다시마 10㎝, 국간장 적당량, 후춧가루 약간,

고기 양념 간장 1작은술, 참기름 1작은술, 후춧가루 약간, 마늘(다진 것) 1작은술, 파(다진 것) 1작은술, 후춧가루 약간

〈만드는 법〉

1 쇠고기는 채 썰어 고기 양념을 해서 무친다.
2 무는 씻어서 2.5㎝ 크기로 나박 썰기를 하고 파는 4㎝ 정도의 길이로 굵직하게 채를 쳐 놓는다.
3 냄비에 채 친 고기를 볶다가 고기가 익으면 무 썬 것과 다진 마늘을 넣고 한데 볶은 후 물을 붓고 센 불에서 끓인다.
4 다시마는 젖은 행주로 깨끗이 닦은 다음 국에 넣는다.
5 끓기 시작하면 주위에 뜨는 기름과 거품을 걷어 내고 불을 약하게 줄여서 좀 더 끓이다가 국간장으로 간을 한다.
6 다 되어 갈 때 다시마를 건져서 무와 같이 썰어 채 친 파와 한데 넣고 한소끔 끓여

서 대접에 담아낸다.

• 물을 끓이다가 양념된 고기를 볶지 않고 넣어서 끓이기도 한다.

2) 완자탕

재료 및 분량

쇠고기(장국용) 100g, 쇠고기(완자용) 150g
물 8컵, 국간장 적당량

장국용 고기 양념 소금 1작은술, 참기름 1작은술, 후춧가루 약간, 마늘(다진 것) 1작은술, 파(다진 것) 2작은술

완자 양념 소금 1작은술, 파(다진 것) 1작은술, 마늘(다진 것) ½작은술, 참기름 1작은술, 후춧가루 약간, 밀가루 2큰술, 달걀 2개, 소금·식용유 적당량

〈만드는 법〉

1 장국용 쇠고기는 채 썰어 장국용 고기 양념으로 양념하여 두고, 물을 먼저 끓이다가 양념된 고기를 넣고 맑은장국을 끓여 국간장으로 간을 한다.

2 완자용 쇠고기는 곱게 다져서 완자 양념으로 무친 후 잘 섞은 후 지름 1.5㎝의 완자로 빚는다.

3 완자에 밀가루를 고르게 묻힌 다음 달걀에 적셔 팬에서 굴리면서 지진다.

3 익은 완자는 깨끗한 백지 위에서 여분의 기름을 흡수시킨다.

5 달걀 1개로 황백 지단을 부쳐 2㎝의 마름모꼴로 썬다.

6 장국을 팔팔 끓여서 완자를 넣고 다시 한 번 끓여 대접에 담고 황백 지단을 얹어 상에 낸다.

• 완자를 넣고 은근한 불에서 끓여야 완자껍질과 모양이 흐트러지지 않는다.

• 팬에 완자를 지질 때 기름을 조금만 넣고 굴려가며 지져야 달걀옷이 벗겨지지 않고 곱게 입는다. 이때 속은 안 익어도 되므로 겉을 예쁘게 지진다.

3) 애탕국

재료 및 분량

쇠고기(장국용) 100g, 쑥 150g, 물 8컵, 국간장 적당량, 밀가루 적당량, 달걀 2개, 쇠고기(완자용) 100g

장국용 고기 양념 간장 ½작은술, 후춧가루 약간, 참기름 ½작은술, 마늘(다진 것) ½작은술

완자용 양념 소금 ½작은술, 참기름 ½작은술, 파(다진 것) 1작은술, 마늘(다진 것) ½작은술

〈만드는 법〉

1 장국용 쇠고기는 채 썰어 장국용 고기 양념을 하고 물을 부어 맑은장국을 끓여서 국간장으로 간을 한다.

2 쑥은 연한 것으로 골라 끓는 물에 살짝 데쳐서 찬물로 헹군 후 물기를 꼭 짜서 곱게 다져 둔다.

3 달걀 1개는 흰자와 노른자를 분리하여 지단을 부쳐 마름모꼴로 잘라 둔다.

4 완자용 쇠고기는 곱게 다져서, 다진 쑥과 합하여 완자용 양념으로 잘 무쳐서 지름 1.5㎝의 완자로 빚는다.

5 빚은 완자를 밀가루에 묻힌 다음 잘 풀은 달걀에 적셨다가 장국이 끓으면 완자를 넣어 익어서 떠오르면 불을 끄고 대접에 담아 지단을 얹어 낸다.

- 너무 익히면 쑥이 누렇게 변하므로 센 불에 얼른 끓여서 낸다.
- 애탕국에는 파, 마늘과 같은 강한 향기를 내는 양념을 적게 넣어야 쑥의 향기를 즐길 수 있다.

4) 어알탕

재료 및 분량

쇠고기(장국용) 50g, 국간장 적당량, 녹말가루 3큰술, 흰살생선 200g, 달걀 1개, 실파 2뿌리, 소금·식용유 약간,

장국용 고기 양념 간장 1작은술, 참기름 1작은술, 후춧가루 약간, 마늘(다진 것) 1작은술

생선용 양념 소금 1작은술, 참기름 1작은술, 파(다진 것) 2작은술, 마늘(다진 것) 1작은술, 생강즙 1작은술, 흰 후춧가루 약간

〈만드는 법〉

1 장국용 쇠고기는 채 썰어 고기 양념을 하고 물을 붓고 맑은장국을 끓여서 국간장으로 간을 한다.

2 흰살생선은 살만 떠내 곱게 다진 후 생선용 양념을 하고 잘 섞어 어우러지면 녹말가루 1큰술을 넣고 고루 섞어서 잣을 넣어 지름이 1.5㎝인 완자로 빚는다.

3 빚은 완자에 녹말가루를 고루 묻힌 후 냉수에 살짝 담갔다가 다시 녹말가루를 고루 묻힌다.

4 3을 끓는 물에 넣어 삶아 익혀서 찬물에 헹구거나 찜통에 쪄 둔다.

5 달걀은 황백으로 나누어 소금을 약간 넣고 지단을 부쳐 완자형(마름모꼴)으로 썰어 두고 실파는 4㎝ 길이로 썬다.

6 장국이 끓으면 어알과 실파를 넣고 한 번 더 끓인 후 대접에 담고 지단을 얹어 낸다.

5) 콩나물국

재료 및 분량

콩나물 300g, 쇠고기 150g, 마늘(다진 것) 1큰술, 물 8컵, 국간장·소금 약간, 실파 3뿌리, 다홍고추 1개

고기 양념 간장 1작은술, 참기름 1작은술, 마늘(다진 것) 1작은술, 후춧가루 약간

〈만드는 법〉

1 콩나물은 꼬리를 다듬어 깨끗이 씻고, 실파는 4㎝ 길이로 잘라 두며 다홍고추는 씨를 빼고 어슷하게 썰어 둔다.

2 쇠고기는 채로 썰어서 고기 양념으로 무친 후 냄비에 참기름을 두르고 볶다가 물을 붓고 끓인다.

3 국이 끓으면 여기에 다듬은 콩나물을 넣고 뚜껑을 꼭 닫은 후 콩나물이 충분히 익을 때까지 끓인다.

4 콩나물이 익으면, 나머지 마늘을 넣고 소금이나 국간장으로 간을 한 뒤, 준비해 둔 실파와 홍고추를 넣고 한소끔 끓인 뒤 불을 끄고 그릇에 담아 상에 낸다.

- 콩나물국을 끓일 때 다른 것은 넣지 않고 콩나물만으로 국을 끓이면 맛이 개운하고 담백하다.
- 그 외에 멸치육수와 조갯살을 넣고 끓여도 맛이 좋다.
- 콩나물은 익기 전에 뚜껑을 열면 비린내가 나므로 푹 익은 뒤에 뚜껑을 열도록 한다.
- 쇠고기 대신 멸치, 모시조개 등을 넣고 끓여도 맛이 좋다.
- 콩나물 비린내는 콩나물에 들어 있는 효소인 리폭시지나아제(lipoxygenase)의 작용 때문이다.

6) 북어 콩나물국

재료 및 분량

북어포 1마리, 콩나물 200g, 대파 1대, 청양고추·홍고추 각각 1개, 다시마 15㎝, 마늘 3쪽, 국간장·소금·후추 약간, 달걀 1개

북어 밑 양념 국간장 1작은술, 마늘(다진 것) 약간, 참기름·후추 약간

〈만드는 법〉

1 북어포는 물에 담가 부드러워지면 건져서 물기를 짜서 머리를 잘라 낸 후 북어 껍질, 남은 뼈와 가시를 발라내고 3㎝ 두께로 토막을 내거나 쪽쪽 찢어 북어 밑 양념을 해 놓는다.

2 콩나물은 콩 껍질을 제거하여 깨끗이 씻어두고, 대파, 청양고추와 홍고추는 씨를 빼고 어슷하게 잘라 둔다.

3 냄비에 찬물을 붓고 북어 머리와 다듬고 남은 북어를 넣고 한소끔 끓인 뒤에 다시마를 젖은 행주로 깨끗이 닦아 넣고 끓으면 불을 끈다.

4 다시마는 꺼내서 찢어 놓은 북어 크기로 잘라 둔다.

• 육수를 낼 때 파 뿌리와 마른 붉은 고추를 넣고 끓이면 국물이 더 맛나게 된다.

5 북어 머리로 낸 국물에 북어 준비한 것, 콩나물, 다진 마늘을 넣고 국간장과 소금으로 간을 하여 끓인다.

6 풀어 둔 달걀과 썰어 놓은 대파, 청.홍고추를 넣고 잠깐 더 끓인 다음 불을 끄고 그릇에 담아낸다.

• 콩나물국을 끓일 때 다른 것은 넣지 않고 콩나물만으로 국을 끓이면 맛이 개운하고 담백하며, 그 외에 멸치와 조갯살을 넣고 끓여도 맛이 좋다.

• 콩나물은 익기 전에 뚜껑을 열면 비린내가 나므로 푹 익은 뒤에 뚜껑을 열도록 한다. 아니면 처음부터 뚜껑을 열고 끓이는 것도 방법이다.

• 북어 대신 쇠고기, 멸치, 모시조개 등을 넣고 끓여도 맛이 좋다.

7) 미역국(곽탕)

재료 및 분량

마른 미역 50g, 쇠고기 100g, 참기름 2큰술, 마늘(다진 것) 1큰술, 물 8컵, 국간장 적당량, 후춧가루 약간

고기 양념 진간장 ½작은술, 참기름 ½작은술, 마늘(다진 것) 1작은술, 후춧가루 약간

〈만드는 법〉

1 쇠고기는 채 썰어 고기 양념을 해 둔다.

2 마른 미역은 물에 담가 충분히 불려 거품이 없을 때까지 헹군 후 건져서 물기를 꼭

짠 후 4㎝ 정도의 길이로 썰어 둔다.

3 냄비에 참기름을 두르고 양념한 쇠고기를 볶고 미역과 다진 마늘을 넣어 볶다가 물을 부어 센 불에서 끓인다.

4 3이 끓어오르면 불을 약하게 줄여서 국 간장으로 간을 한 뒤 잠시 더 끓이다가 불을 끈다.

- 양지머리나 사골 등을 고아서 만든 국물에 미역국을 끓이는 방법과 육류를 전혀 넣지 않고 미역만으로 끓이거나, 홍합을 한데 넣어 끓이기도 한다. 바닷가에서는 옥돔, 우럭 등의 생선을 넣고 미역국을 끓여도 맛이 좋다.
- 건미역은 물에 불리면 그 무게가 8~10배로 늘어난다.
- 미역에 참기름을 넣고 볶다가 끓이면 국물이 뿌옇게 되는데 참기름을 넣지 않고 간장만 넣고 볶다가 끓이면 맑게 된다.

8) 고사리국

늦은 봄에 나오는 햇고사리를 말리기 전에 생으로 끓이면 향기가 좋다.

재료 및 분량

생고사리 200g, 쇠고기 100g, 물 8컵, 국간장 1큰술, 소금 약간, 달걀 1개

고기 양념 진간장 1작은술, 파(다진 것) 1작은술, 후추 약간, 마늘(다진 것) 1작은술, 참기름 1작은술

〈만드는 법〉

1 생고사리는 질긴 부분을 잘라내고 깨끗이 씻어서 긴 것은 5㎝ 길이로 썬다.

2 쇠고기는 곱게 다져서 고기 양념으로 무치다가 1과 같이 섞어 무친다.

3 2를 잠깐 볶다가 물을 부어 푹 끓이고 간을 맞춘다.

4 끓으면 달걀을 풀어서 줄알을 친 다음 그릇에 담아낸다.

- 쇠고기 대신에 조개를 넣고 끓이면 시원하다.
- 국물에 녹말을 풀어 걸쭉하게 끓이기도 한다.

9) 토란국

추석 전후로 먹는 절식음식 중 하나이다.

재료 및 분량

토란 500g, 소금·국간장 적당량, 쇠고기(살코기) 200g, 다시마10㎝, 물 8컵, 대파 3뿌리, 마늘 3쪽, 달걀 1개, 후춧가루 약간

고기 양념 간장 2작은술, 파(다진 것) 2작은술, 마늘(다진 것) 1작은술, 참기름 1작은술

〈만드는 법〉

1 토란은 껍질을 벗겨서 살짝 삶아 놓는다. 큰 것은 적당한 크기로 잘라 둔다.
- 토란은 삶아서 국을 끓여야 국의 빛깔이 맑고 좋다.

2 쇠고기는 잘게 채 썰어 고기 양념으로 조미한 후 다시마와 함께 맑은장국을 끓인다.

3 국이 끓으면 삶아 놓은 토란을 넣고 다시마는 건져서 사방 2.5㎝로 썰어서 함께 넣어 끓인다.

4 국이 다 되었을 때 파를 4~5㎝ 길이로 채 쳐서 넣고 한소끔 끓인 후 대접에 담는다.

5 지단을 부친 후 썰어서 위에 얹고 후춧가루를 뿌려서 낸다.
- 토란은 살짝 삶은 후 조리해야 토란이 변색되지 않고 미끈거림이 없어진다.
- 쇠고기 대신 멸치와 무, 들깨가루를 넣고 토란국을 끓이기도 한다.
- 국물에 들깨를 갈아 부어 끓이기도 한다.

10) 느타리버섯국

재료 및 분량

느타리버섯 300g, 쇠고기 150g, 대파 1뿌리, 소금 약간, 물 7컵, 국간장 적당량, 후춧가루 약간

양념 간장 1작은술, 참기름 1작은술, 후춧가루 약간, 파·마늘(다진 것) 1작은술

〈만드는 법〉

1 느타리버섯을 따뜻한 소금물에 살살 부서지지 않게 깨끗이 헹군 다음 적당히 찢

어 둔다.

2 쇠고기는 채 썰어 양념해서 맑은장국을 끓인다.

3 국물이 끓을 때 버섯과 대파 채 썬 것을 넣고 끓으면 간을 맞추고 불을 끈다.

4 국을 그릇에 담고 후춧가루를 조금 뿌려서 낸다.

- 지단을 얹으면 보기가 좋다.
- 생버섯은 깨끗이 손질하여 그대로 쓰고 말린 것은 물에 불려서 쓴다.
- 버섯은 물에 담가 두면 향이 없어지므로 빨리 씻는다.

11) 대합탕

재료 및 분량

대합(中) 12개, 소금 1작은술, 다홍고추1개, 실파 3뿌리, 물 8컵, 마늘(다진 것) 2작은술

〈만드는 법〉

1 대합은 깨끗이 씻은 뒤 1% 소금물에 서너 시간 담가 해감을 뱉게 한 다음 소쿠리에 건져 둔다.

- 어두운 곳에 두어야 빨리 해감이 된다.

2 다홍고추는 씨를 빼고 어슷하게 썰고, 실파는 4㎝ 정도의 길이로 썰어 둔다.

3 냄비에 물을 붓고 대합을 넣고 끓인 뒤 소금간을 한다.

4 조개가 익어서 껍질이 벌어지면 준비한 다홍고추와 실파, 다진 마늘을 넣어서 끓인 후 국그릇에 담아낸다.

- 오랫동안 끓이면 조갯살이 작아지고 질겨져서 맛이 없어지므로 알맞게 끓인다.
- 여러 가지 조개류로 끓일 수 있다.
- 팽이버섯 같은 버섯류를 넣어도 좋다.

12) 조기국

재료 및 분량

조기(中) 2마리, 쇠고기 50g, 물 8컵, 국간장 적당량, 달걀 1개, 쑥갓 50g, 소금·식용유 약간, 마늘(다진 것) 1작은술, 생강즙 1작은술, 실파 4뿌리

고기 양념 간장 1작은술, 참기름 1작은술, 마늘(다진 것) 1작은술, 후춧가루 약간

〈만드는 법〉

1 쇠고기는 채 썰어 고기 양념으로 양념한 뒤 물을 부어 맑은장국을 끓여 국간장으로 간을 한다.
2 조기는 비늘을 긁고 머리를 자른 뒤 내장을 빼고 잘 씻어 5㎝ 정도로 토막을 내어 소금간을 약간 뿌려 둔다.
3 달걀은 황백으로 나누어 지단을 부쳐서 2㎝의 완자형(마름모꼴)으로 썬다.
4 쑥갓은 다듬어 깨끗이 씻어 두고 실파는 4㎝ 길이로 썰어 둔다.
5 장국이 끓으면 조기토막과 다진 마늘, 생강즙을 넣고 한 번 끓여서 쑥갓과 실파를 넣은 뒤 바로 대접에 담아 지단을 얹어 낸다.
 • 고추장으로 매콤하게 끓이기도 한다.
 • 생선이 부서지지 않게 조리한다.
 • 쑥갓이 없으면 미나리를 사용해도 좋다.

13) 민어 맑은장국

재료 및 분량

민어(5토막) 500g, 쇠고기 100g, 물 8컵, 소금·국간장 적당량, 미나리 50g, 실파 3대, 마른 통고추 2개, 생강즙 1작은술, 마늘(다진 것) 1작은술

고기 양념 간장 ½작은술, 참기름 ½작은술, 후춧가루 약간, 마늘(다진 것) ½작은술

〈만드는 법〉

1 쇠고기는 채 친 후 고기 양념을 해서 맑은장국을 끓인다.

2 미나리는 다듬어 씻어 5~6㎝ 길이로 썰고 실파도 깨끗이 씻어서 5㎝ 길이로 썰어 둔다.

3 마른 통고추는 젖은 행주로 깨끗이 닦고 씨를 뺀 뒤 굵직하게 썰어 둔다.

4 장국이 끓을 때 민어 토막과 생강즙을 넣고 5분 정도 끓인 다음, 미나리와 파, 고추, 마늘 다진 것을 넣고 간을 해서 잠시 끓이다가 불을 끈다.

5 뜨거울 때 그릇에 뜨고 후춧가루를 뿌려서 상에 낸다.

- 식성에 따라 고춧가루를 첨가하기도 한다.
- 대구를 사용하여 같은 방법으로 맑은장국을 끓여도 좋다.
- 미나리가 없으면 쑥갓을 넣어도 된다.

14) 동태 맑은국

재료 및 분량

동태 2마리, 쇠고기 50g, 물 8컵, 대파 1뿌리, 국간장 적당량, 마늘(다진 것) 1큰술, 고춧가루 약간

고기 양념 간장 ½작은술, 참기름 ½작은술, 후춧가루 약간, 마늘(다진 것) ½작은술

〈만드는 법〉

1 동태를 장만해서 깨끗이 씻고 토막을 쳐 놓는다.

2 쇠고기는 채 쳐서 고기 양념을 해 둔다.

3 무는 사방 2.5㎝의 크기로 얇게 나박 썰기해서 2의 쇠고기 양념한 것과 물을 붓고 끓인다.

4 파는 4~5㎝ 길이로 썰어 채 친다.

5 장국이 끓으면 토막 낸 동태를 넣고 5분 정도 끓이다가 파와 마늘 다진 것을 넣고 간장으로 간한다.

6 식성에 따라 고춧가루를 넣어 먹기도 하고 된장을 풀어 끓이기도 한다.

- 미나리나 쑥갓을 넣으면 비린내가 덜 난다.

15) 북엇국

재료 및 분량

통북어 1마리, 쇠고기100g, 실파 5대, 달걀 1개, 마늘(다진 것) 1큰술, 물 8컵, 후춧가루 약간

고기 양념 진간장 ½작은술, 참기름 1작은술, 후춧가루 약간, 마늘(다진 것) 1작은술, 파(다진 것) 2작은술

〈만드는 법〉

1 북어를 잘 두들겨서 두 쪽으로 갈라 껍질을 벗겨 가시를 빼고 미지근한 물에 담갔다가 손가락 굵기로 굵직하게 뜯어 낸다.
2 쇠고기는 채 썬 후 고기 양념하여 북어와 함께 무쳐 냄비에 넣어 물을 붓고 끓인다.
3 국이 거의 다 되었을 때 달걀을 풀어 넣어 3분 정도 끓인다.
 • 북엇국에 달걀을 따로 풀어 넣는 방법과 달리 양념한 북어를 달걀 푼 것에 적셔서 넣을 수도 있다.
4 실파를 4~5㎝ 길이로 잘라서 넣고 한 번 더 끓인다.
5 간을 맞춘 후 불을 끄고 그릇에 떠서 후춧가루를 뿌려 상에 낸다.
 • 북엇국은 술을 마신 다음날 해장국으로 많이 끓인다.

16) 추어탕

미꾸라지는 가을철이면 기름이 올라 가장 맛이 좋아 추어탕(鰍魚湯)이라는 이름을 가졌다. 추어탕은 미꾸라지를 푹 삶아서 여러 가지 야채와 양념하여 끓인 국으로 지역에 따라서 삶은 미꾸라지를 통째로 혹은 갈아서 넣는다. 반드시 살아 있는 것으로 요리를 해야 맛이 좋다.

재료 및 분량

미꾸라지 10,000g, 후춧가루 ¼작은술, 배추 우거지 200g, 다홍고추 2개, 갓 200g, 풋고추 2개, 숙주 200g, 실파 약간, 고비100g, 제피가루 약간, 실파 5뿌리, 소금 약간, 국간장 2큰술, 파·마늘(다진 것) 3큰술, 된장 1큰술

〈만드는 법〉

1 산 미꾸라지를 소쿠리에 담고 굵은 소금을 뿌려 미꾸라지 거죽의 해감을 없앤다.

2 거품이 없을 때까지 잘 헹구어 7컵의 물을 넣고 1~2시간 정도 잘 고은 후 굵은 체에 주걱으로 밀어 뼈와 껍질을 빼고 살만을 걸러 낸다.

3 배추 우거지는 삶아서 물기를 짜고 송송 썰고 갓과 파는 5㎝ 길이로 썰어 놓는다.

4 숙주는 데치고 고비도 깨끗이 씻어 5㎝ 길이로 썬다.

5 미꾸라지 거른 것에 물을 붓고 간장으로 간을 하여 끓이다가 준비된 채소와 마늘 다진 것을 다 넣고 뭉근하게 끓인다.

6 풋고추, 다홍고추는 씨를 빼고 따로 곱게 다져 놓고, 실파도 송송 썰어 둔다.

7 국이 다 되면 간을 맞춘 뒤 그릇에 담고 고추, 파 다진 것을 따로 놓고 제피(천초)가루를 상에 내어 식성에 맞추어 넣어 먹는다.

- 지역에 따라 된장과 고추장을 많이 풀어 끓이기도 한다.
- 뜨거울 때 먹어야 비린내가 적다.

17) 다슬기국

다슬기는 지역에 따라 고동, 올갱이, 골뱅이 등 다양한 이름을 가지고 있다. 조리법도 각 지역에 따라 다양하다.

재료 및 분량

다슬기 10,000g, 후춧가루 ¼작은술, 물 8컵, 청양고추 2개, 건대 300g, 대파 1뿌리, 된장 1큰술, 소금 약간, 국간장 2큰술, 마늘(다진 것) 3큰술

〈만드는 법〉

1 다슬기를 맑은 물에 담가 해감시킨다.
   • 해감을 잘 시켜야 물비린내가 나지 않는다.
2 해감을 잘 시킨 다슬기를 소쿠리에 담고 굵은 소금을 넣고 박박 문질러 씻어 둔다.
3 씻은 다슬기를 냄비에 넣고 다슬기가 잠길 정도의 물을 붓고 끓으면 10분 후에 불을 끄고 다슬기를 건진다.
4 건진 다슬기는 껍질과 분리해 둔다. 삶은 국물도 버리지 않고 둔다.
5 건대는 잘 씻어서 두세 번 잘라 둔다.
   • 건대가 없을 때는 상추를 사용해도 좋다.
6 청양고추는 씨를 빼고 어슷하게 썰어 둔다. 대파도 어슷하게 썰어 둔다.
7 다슬기 삶은 물에 남은 분량의 물과 된장을 풀고 끓으면 깐 다슬기와 건대를 넣고 끓인다.
   • 된장은 소량을 넣어야 다슬기 삶은 푸른 국물과 다슬기 맛을 즐길 수 있다.
8 건대가 다 익으면 간을 맞춘 뒤, 청양고추와 대파를 넣고 끓으면 불을 끄고 상에 낸다.
   • 지역에 따라 된장과 고추장을 많이 풀어 끓이기도 한다.
   • 다슬기 삶을 때 나오는 푸른색을 띤 국물을 즐길 수 있다.

2. 토장국

1) 냉이 토장국

재료 및 분량

냉이 300g, 된장 4큰술, 모시조개 200g, 고추장(또는 고춧가루) 약간, 마늘 3쪽, 물 8컵, 대파 1뿌리

〈만드는 법〉

1 냉이는 뿌리째 잘 다듬어 씻고 모시조개는 소금물로 해감을 뺀 뒤 껍질째 잘 씻어 둔다.
2 쌀 속뜨물에 된장을 잘 개어 걸러 넣고 조개를 넣고 끓이다가 냉이, 마늘 다진 것을 넣는다.

3 중간 불에서 20~30분 끓이다가 파를 어슷하게 썰어 넣는다.

3 다 되어 가면 고추장이나 고춧가루를 넣고 한소끔 끓여 낸다.

- 토장국은 푹 끓여야 감칠맛이 난다.
- 조개 대신에 고기 또는 멸치, 마른 잔 새우 등으로 끓여도 된다.
- 냉이는 뿌리가 맛이 있으므로 뿌리가 굵고 싱싱한 것을 골라서 쓰며 잔뿌리는 다듬는다.
- 국이 너무 시커먼 것이 싫으면 냉이를 살짝 데쳐서 넣으면 국물색이 밝게 된다.

2) 배추속대국

재료 및 분량

배추속대 300g, 된장 3큰술, 무 100g,
고추장 1큰술, 쇠고기 100g,
마늘(다진 것) 3쪽, 소뼈(무릎뼈) 1개,
생강(다진 것) ¼작은술, 대파 2뿌리

고기 양념 간장 1작은술,
파·마늘(다진 것) 1작은술,
참기름 ½작은술, 후추 약간

〈만드는 법〉

1 무릎뼈는 핏물을 뺀 뒤 푹 고아 둔다.

2 배추는 연한 속대만 골라서 물에 씻고 적당히 쪼개어 끓는 물에 데쳐서 준비하고 무는 2.5~3㎝의 크기로 나박 썰기하여 둔다.

3 쇠고기는 채를 썰고 고기 양념을 해서 냄비에 볶다가 뼈 고은 물을 붓고 된장을 풀어 넣어 끓인다.

4 국이 끓으면 배추 데친 것과 무, 마늘 다진 것을 넣고 뭉근하게 끓인다.

5 다 될 무렵에 어슷하게 썬 파와 생강 다진 것을 넣고 2~3분 정도 끓여서 그릇에 담아낸다.

- 시간이 많이 걸리므로 충분히 시간을 두고 끓이고, 시간이 없으면 소뼈는 넣지 않고 끓인다.
- 배추 겉대보다 노란 속대를 쓰는 것이 좋다.

3) 배추 된장국

재료 및 분량

배춧잎 6장(¼통), 된장 3큰술, 물 8컵, 국간장 적당량, 고춧가루 적당량, 멸치 20마리, 다시마 적당량, 마늘(다진 것) ½큰술, 대파 1뿌리, 생강(다진 것) ½작은술, 청양고추 2~3개

배추양념 참기름 1작은술, 후춧가루 약간, 마늘(다진 것) ½작은술, 된장 1큰술

〈만드는 법〉

1 배춧잎은 끓는 물에 데쳐 찬물에 씻어서 물기를 짜고 큼직하게 썰어 둔다. 대파와 청양고추는 어슷하게 썰어 둔다.

2 멸치는 내장을 발라 둔다. 분량의 물에 준비된 멸치를 넣고 끓으면 5분 후에 불을 끄고 다시마를 넣고 10분 뒤에 멸치와 다시마를 건져 낸다.

3 멸치 육수에 된장을 풀고 끓인다.

4 잘라 둔 배추에 **배추양념**을 해서 끓고 있는 3에 넣고 끓인다.

- 이때 고추장이나 고춧가루를 넣기도 한다.

5 국이 끓으면 다진 마늘과 생강을 넣고 어슷하게 자른 대파, 청양고추를 넣고 끓인다.

- 배춧국은 조금 오래 끓여야 맛이 좋다.
- 가을 배춧국에는 취향에 따라 들깨 간 것을 넣고 끓이면 좋다.

4) 아욱국

재료 및 분량

아욱 300g, 대파 1뿌리, 건 보리새우 50g, 마늘(다진 것) 1큰술, 쌀 속뜨물 8컵, 국간장 적당량, 된장 3큰술, 소금 약간, 고추장 1큰술

〈만드는 법〉

1 아욱은 줄기를 꺾어서 껍질을 벗긴 후 연한 곳은 그대로 두고 줄기가 굵은 곳은 풋내를 없애기 위해 잎과 함께 비벼서 물로 충분히 헹구어 소쿠리에 건져 둔다.

2 건 보리새우는 마른 행주로 싸서 수염과 다리를 대강 뗀다.

3 냄비에 쌀 속뜨물을 넣은 후 된장과 고추장을 잘 풀고 보리새우를 넣어 토장국을

끓인다.

4 국물이 충분히 맛이 들면 아욱과 어슷하게 채 썰은 파와 다진 마늘을 넣고 끓인다.

5 간을 보아 싱거우면 국간장이나 소금으로 간을 한다.

- 보리새우 대신 멸치 혹은 쇠고기를 넣고 끓인다.

5) 시금치국

재료 및 분량

시금치 300g, 쇠고기 100g, 쌀 속뜨물 8컵, 된장 3큰술, 고추장(또는 고춧가루) 1큰술, 파 1뿌리, 마늘(다진 것) 2작은술, 국간장 적당량

고기 양념 간장 ½작은술, 마늘(다진 것) 1작은술, 참기름 ½작은술, 후춧가루 약간

〈만드는 법〉

1 시금치는 다듬어서 소금물에 살짝 데쳐서 찬물에 헹구어 물기를 꼭 짠 뒤 4㎝ 길이로 썬다.

2 쇠고기는 채 썰어 고기 양념으로 무쳐서 된장과 고추장을 걸러 넣은 쌀 속뜨물로 국물을 만들고 중간불로 약 20분 정도 끓인다.

3 끓인 토장국에 시금치와 다진 마늘을 넣고 10분 정도 끓인 후 파를 어슷하게 썰어 넣고 한소끔 더 끓여서 그릇에 담아 상에 낸다.

- 고추장을 넣으면 맛이 텁텁해지나 고춧가루를 넣으면 맛이 더 칼칼해진다.

6) 시래기국

시래기국은 우리나라의 국 중에서 가장 서민적인 국으로, 아주 간단한 재료를 이용하여 음식의 깊은 맛을 낼 수 있는 음식이다.

재료 및 분량

무청 시래기 300g, 된장 4큰술, 참기름 ½큰술, 마늘(다진 것) 1큰술, 대파 1뿌리, 풋고추(매운 것) 3개, 건멸치 30g, 고추장(또는 고춧가루) 약간, 거피한 들깨가루 1큰술, 간장 약간, 쌀 속뜨물 10컵

〈만드는 법〉

1 삶은 시래기의 겉껍질을 벗겨 1㎝ 크기로 자른다.

2 1에 된장, 참기름, 마늘 다진 것을 넣고 주물러 무쳐 둔다.

3 대파는 깨끗이 씻어 어슷하게 썰고, 풋고추도 씨를 빼고 어슷하게 썰어 둔다.

4 분량의 쌀 속뜨물에 멸치를 넣고 끓으면 멸치를 건져 내고 2를 넣고 다시 끓인다.

5 약한 불에 20분 정도 끓이다가 3을 넣고, 들깨가루도 넣고 다시 끓인 후 대접에 담아 상에 낸다.

- 시래기는 늦가을에 겨울을 대비해 무, 배추의 겉잎을 말려 두었다가 필요시 삶아서 나물 무침을 하거나 국이나 된장찌개에 넣어 끓여 먹었으며, 맛은 구수하다.
- 취향에 따라 고추장이나 고춧가루를 넣도록 한다.
- 시래기의 겉껍질을 벗기면 훨씬 부드럽고 고소하다.
- 마른 시래기는 30분 이상 삶아야 부드러워진다.
- 삶은 시래기는 삶은 물에 그대로 하루 담가 두었다가 사용하는 것이 좋다.

7) 쑥국

재료 및 분량

어린 쑥 300g, 된장 2큰술, 바지락 200g, 멸치 20g, 국간장 약간, 마늘(다진 것) 3쪽, 쌀뜨물 6컵

〈만드는 법〉

1 쑥은 전잎을 떼고 깨끗이 손질하여 씻어 둔다.

2 쌀뜨물에 멸치를 넣고 끓이다가 건져 낸다.

3 멸치육수에 된장을 풀고 깨끗이 씻은 바지락을 넣고 끓인다.

4 3이 끓으면 마늘 찧은 것을 넣고 다시 끓으면 준비된 쑥을 넣은 후 한소끔 끓여서 낸다.

- 간이 싱거우면 국간장으로 간을 맞추고 끓여 낸다.

3. 곰국

1) 곰국(곰탕)

곰탕은 쇠고기와 내장을 무와 함께 섞어서 오랫동안 푹 고은 음식이다.

재료 및 분량

양지머리(혹은 사태살) 600g, 양 300g, 곤자소니, 곱창 300g, 씨악지 300g, 무 500g, 대파 4뿌리, 마늘 5쪽, 국간장·소금 적당량, 물 5ℓ

고기 양념 간장 2큰술, 소금 2작은술, 파(다진 것) 3큰술, 마늘(다진 것) 2큰술, 후춧가루 약간, 참기름 1큰술

〈만드는 법〉

1 양, 곱창, 곤자소니는 소금을 뿌리고 주물러서 깨끗이 씻는다.
2 양은 끓는 물에 잠깐 넣었다가 건져 내어 검은 막을 칼로 긁어서 깨끗이 하여 안쪽의 막과 기름 덩어리를 떼어낸다.
3 큰솥에 물을 붓고 끓이다가 준비된 고기를 모두 넣고 무를 3~4토막으로 크게 잘라서 함께 푹 곤다. 불은 처음에는 센 불로, 끓으면 중간불로 2~3시간 곤다.
4 푹 익은 고기와 무를 건져서 고기는 적당하게 썰은 후 고기 양념을 해 놓고 무는 너비 2.5㎝, 길이 4.5㎝로 얄팍하게 썰어 놓는다.
5 기름을 걷어 낸 국물에 양념한 고기와, 무 썬 것을 함께 넣고 대파도 굵직하게 썰어 넣어 맛이 어우러지게 다시 한소끔 끓여서 그릇에 담아낸다.
6 간이 부족하면 국간장이나 소금으로 간을 하고 잘게 송송 썬 대파를 다른 그릇에 담아내어 먹을 때 넣어 먹는다.

2) 설렁탕

재료 및 분량

쇠머리 1㎏, 쇠족 1개, 사골 1개, 도가니 1개, 우설 1개, 사태 600g, 양지머리 600g, 물 20ℓ, 대파 10뿌리, 마늘 2통, 생강 1쪽, 소금 적당량, 고춧가루·후춧가루 적당량,

〈만드는 법〉

1 쇠머리, 쇠족, 사골, 도가니는 토막 낸 것으로 깨끗이 씻어 찬물에 1시간 정도 담가 핏물을 빼서 건진다. 사태나 양지머리 등 국거리는 덩어리째 씻어서 건진다. 우설은 뜨거운 물로 데쳐서 겉껍질을 벗겨 준비한다.

2 준비된 고기들을 넣고 불을 약하게 하여 끓이면서 위에 떠오르는 기름과 거품을 걸러낸다.

3 끓는 도중에 파와 생강, 마늘을 크게 썰어 함께 넣어 고기의 누린내를 없앤다.

4 국이 충분히 고아져서 맛이 들면 건지는 건지고 국물은 식혀서 기름을 걸러 낸다.

5 뼈에 붙어 있는 고기는 발라내고 건져 낸 양지머리와 사태고기는 얇게 편육처럼 썬다. 우설은 건져서 식힌 다음 납작하게 잘라 둔다.

6 그릇에 썬 고기와 국물을 담고 소금, 후춧가루, 고춧가루를 따로 곁들여 내어 식성에 따라 넣어 먹는다.

3) 갈비탕

재료 및 분량

쇠갈비 2㎏, 무(중) 1개, 물 6리터, 대파 3뿌리, 마늘 5쪽, 달걀 2개, 소금·국간장 적당량

고기 양념 간장 1큰술, 소금 2작은술, 파(다진 것) 2큰술, 마늘(다진 것) 1큰술, 참기름 2작은술, 후춧가루 약간

〈만드는 법〉

1 쇠갈비는 4~5㎝로 토막을 내어 찬물에 담가 핏물을 뺀다.

2 큰솥에 물을 부어 끓으면 갈비를 넣고 센 불에서 끓이는데, 불을 약하게 줄이고 3시간 정도 고기가 무를 때까지 끓인다.

3 끓는 도중에 무를 반으로 잘라 넣고, 파와 마늘을 크게 썰어서 넣는다. 끓이는 도중에 뜨는 기름과 거품을 걷어 낸다.

4 익은 고기와 무를 건져 낸 후 갈비는 먹기 좋게 잔 칼집을 넣고 무는 너비 2.5㎝, 길이 4㎝ 정도의 크기로 납작하게 썰어 고기 양념으로 고루 무친다.

5 국물을 끓이는 도중에 양념된 갈비와 무를 넣고 끓이다가 맛을 보아 국간장이나 소금으로 간을 맞추어 대접에 담아낸다.

6 달걀은 황, 백을 부쳐서 2㎝ 길이의 완자형으로 잘라서 상에 내는 갈비탕 위에 고명으로 얹어 낸다.

4) 꼬리곰탕

재료 및 분량

쇠꼬리 1벌, 물 6ℓ, 대파 4뿌리, 마늘 5쪽, 달걀 2개, 소금·국간장 적당량

고기 양념 간장 1큰술, 소금 2작은술, 파(다진 것) 2큰술, 마늘(다진 것) 1작은술, 참기름 2작은술, 후춧가루 약간

〈만드는 법〉

1 쇠꼬리는 살 때 4~5㎝로 토막을 내서 가져와 겉의 질긴 막은 벗겨 내고 찬물에 담가 핏물을 빼서 건진다.

2 큰솥에 물을 부어 끓으면 쇠꼬리를 넣고 센 불에서 끓이다가 불을 줄이고 3시간 정도 끓인다.

3 끓이는 도중에 파와 마늘을 크게 썰어서 넣고 위에 뜨는 기름과 거품을 걷어 낸다.

4 익은 쇠꼬리를 건져서 고기 양념으로 무치고, 국물의 기름을 걷어 낸다.

5 국물을 끓이다가 양념된 쇠꼬리를 다시 넣고 끓인 후 대접에 담아낸다.

6 소금, 후추와 잘게 썬 대파를 따로 담아낸다.

- 익은 쇠꼬리를 건져서 양념을 하지 않고 그대로 끓여서 내기도 한다.

5) 육개장

육개장은 지역에 따라 들어가는 채소들이 다르다. 중부지방에서는 고기와 파를 넣고 담백하게 끓이는 육개장을 많이 끓여 먹었다.

재료 및 분량

쇠고기 300g, 대파 3뿌리, 물 10컵,
마늘 5쪽, 국간장 적당량, 고추장 적당량,
후춧가루 약간, 숙주 100g, 고사리 100g

고기 양념 고춧가루 2큰술, 식용유 1큰술,
국간장 3큰술, 소금 1작은술,
마늘(다진 것) 1큰술, 대파(다진 것) 2큰술,
참기름 1큰술, 후춧가루 약간

〈만드는 법〉

1 쇠고기를 3~4토막으로 큼직하게 썰어 물을 넣고 끓이다가 다진 파와 마늘을 넣고 2시간 정도 끓으면 기름과 거품을 걷어 낸다.

2 파는 7~10㎝ 길이로 자르고 큰 것은 서너 갈래로 갈라서 끓는 물에 데쳐 낸다.

3 숙주는 다듬어 소금물에 데치고, 부드럽게 불린 고사리는 7㎝ 정도로 잘라 둔다.

4 익은 고기를 건져서 결대로 적당히 찢는다. 고기 양념 중 고춧가루를 그릇에 담아 기름을 조금씩 넣고 으깨어 고추기름을 만든다.

5 고추기름에 나머지 양념을 넣고 고루 섞어서 찢은 고기와 준비된 야채들을 넣고 주물러 둔다.

6 국물에 양념한 것들을 넣고 끓이다가 고추장을 넣고 다시 한 번 끓여서 그릇에 담아낸다.

- 쇠고기는 양지머리, 사태, 갈비새김 등을 선택한다.
- 고추기름을 식성에 따라 더 만들어 넣을 수도 있다.
- 육계장은 쇠고기 대신에 닭고기를 넣고 끓인 것이다.

6) 삼계탕

여름철에 보양음식으로 자주 먹는다.

재료 및 분량

영계 1마리(600g 정도), 찹쌀 ½컵, 마늘 2쪽, 대추 2개, 수삼 1뿌리, 소금 적당량, 생강즙 약간, 후춧가루 약간, 대파 약간, 물 10컵

〈만드는 법〉

1 영계는 내장을 깨끗하게 꺼내서 씻고 물기가 잘 빠지도록 세워 둔다.

2 찹쌀은 깨끗이 씻어 불린 뒤 물기를 뺀다.

3 마늘은 껍질을 벗기고 대추는 씨를 발라 놓고, 수삼은 깨끗이 씻어 놓는다.

4 닭의 배 속에 불린 찹쌀과 마늘, 대추 2톨씩과 수삼을 넣고 이쑤시개나 실로 꿰어 고정시킨다.

5 닭이 들어갈 만한 큰 냄비에 닭을 넣거나 한 마리씩 따로 넣고 물을 부어서 센 불로 끓인다.

6 5가 끓으면 불을 약하게 줄여서 1시간 이상 끓인다.

7 닭이 충분히 익으면 건져서 굵은 실이나 이쑤시개를 빼고 국물에 소금, 생강즙, 후춧가루를 넣고 간을 맞춘다.

8 상에 낼 때 영계 1마리씩에 각각 국물을 담고 소금, 후춧가루와 잘게 썬 파를 곁들여 내서 식성에 따라 넣어 먹게 한다.

7) 닭곰탕

재료 및 분량

닭(大) 1마리, 마늘 10쪽, 대파 3뿌리, 소금 1큰술, 물 20컵, 생강 1톨, 달걀 1개, 후춧가루 ½작은술

닭고기 양념 소금 1큰술, 후춧가루 ½작은술, 참기름 1½작은술, 파(다진 것) 1½큰술, 마늘(다진 것) 2작은술

〈만드는 법〉

1 닭은 배를 갈라서 깨끗이 손질하여 물을 붓고 센 불에서 끓인다.

1 끓기 시작하면 표면에 뜬 거품을 걷어 낸 다음 불을 줄이고 1시간 30분~2시간 동안 무르도록 푹 삶는다.

2 마늘은 통째로 생강은 얄팍하게 저며서, 대파는 10㎝ 정도로 썰어 끓는 도중에 넣어 같이 끓인다.

3 닭은 건져서 살코기를 굵직굵직하게 뜯어 닭고기 양념으로 양념한다.

4 달걀은 지단을 부쳐 마름모꼴로 썬다.

5 양념한 닭을 다시 국에 넣고 한번 더 끓인 다음 소금으로 간을 맞추고, 그릇에 담는다.

6 후춧가루를 뿌리고 알지단을 얹어 낸다.

- 국의 간은 기호에 따라 소금 또는 국간장으로 맞추며, 미리 간을 맞추지 않고 소금과 간장을 상에 놓아 각자 간을 맞추도록 해도 좋다.
- 닭고기를 따로 양념하지 않고 그대로 푹 고아서 그릇에 담아내기도 한다.

4. 냉국

1) 임자수탕(깨국탕)

재료 및 분량

닭 ½마리(600g), 물 7컵, 파 1뿌리, 마늘 2쪽, 생강 1쪽, 볶은 흰깨 ½컵, 달걀 2개, 잣 1큰술, 식용유 약간, 오이 ½개, 표고버섯(中) 2개, 다홍고추 1개, 소금·후춧가루 적당량

〈만드는 법〉

1 닭은 깨끗이 손질하여 끓는 물에 넣고 30분간 삶는다. 끓기 시작하면 파, 마늘, 생

강을 크게 저며서 넣는다.

2 익은 닭은 건져서 껍질은 제거하고 고기 결대로 찢고 국물은 차게 하여 기름을 걷는다.

3 흰깨는 물로 씻어 타지 않게 볶은 다음 믹서나 돌절구로 갈아서 곱게 한 후 닭을 끓여 식힌 물 2컵 정도로 걸러 체에 받쳐 차게 식힌다.

4 오이는 소금에 비벼서 깨끗이 씻은 후 너비 0.3㎝, 길이 5㎝ 정도로 얇게 채 썰고 표고와 다홍고추는 갈라서 씨를 빼고 각각 같은 크기로 채 썰어서 소금을 약간 넣고 볶아 낸다.

5 달걀은 흰색과 황색지단을 부쳐 가늘게 채를 썰어 둔다.

6 닭 곤 국물과 깨 받친 즙을 함께 섞어 소금, 후춧가루로 간을 맞추고 여기에 준비한 고명과 잣을 얹어 낸다.

- 그릇은 유리그릇을 사용하고 얼음을 띄워서 내면 더 좋다

2) 미역냉국

재료 및 분량

미역(마른 것) 20g, 달걀 1개, 풋고추 2개, 다홍고추 1개, 파·마늘(다진 것) 각 1작은술, 참기름 ½작은술, 국간장 2작은술, 깨소금 2작은술, 소금 약간, 식초 2큰술, 오이 ½개, 물 3컵

〈만드는 법〉

1 미역을 찬물에 불려서 깨끗이 헹구고 6~7㎝로 잘라 준비한다.

2 달걀은 굴리면서 완숙으로 삶아 껍질을 까서 둥글게 썰어 둔다.

3 미역에 풋고추, 다홍고추, 파, 마늘, 깨소금, 참기름, 국간장을 넣어 조미해 둔다.

4 물을 끓였다가 식힌 후 양념된 미역에 붓고 섞어 소금으로 간을 맞춘 뒤 차게 식힌다.

5 먹을 때 식초를 넣고 오이 채 친 것과 달걀 삶은 것을 얹어서 낸다.

- 냉국에 얼음을 넣을 때는 냉국물의 간을 세게 해야 얼음이 녹아도 싱겁지 않다.
- 냉국물을 만들어 얼음으로 만들어 둔 후 사용하면 편하다.
- 개인 취향에 따라 새콤달콤하게 만들기도 하므로 설탕과 식초는 가감해도 좋다.

3) 오이냉국

재료 및 분량

오이(中) 2개, 대파 ½뿌리, 다홍고추 1개, 풋고추 2개, 물 5컵, 식초 4큰술, 국간장 1큰술, 소금 약간

양념 국간장 1큰술, 마늘(다진 것) 1작은술, 참기름 1작은술, 설탕 2큰술, 깨소금 1큰술

〈만드는 법〉

1 오이는 소금으로 문질러 깨끗이 씻은 다음 가늘게 채를 친다.

2 파는 흰부분을 곱게 채 치고, 다홍고추, 풋고추는 씨를 빼어 둥글게 썰어 두고, 마늘은 다진다.

3 오이에 준비된 양념을 넣고 무쳐서 차게 식힌다.

4 끓여 식힌 물에 식초를 타서 준비된 오이에 붓고 간을 맞춘 뒤 차게 식혀 대접이나 유리그릇에 담아낸다.

- 얼음을 넣을 때는 간을 세게 한다.
- 오이는 양념을 해서 너무 오래두면 오이의 싱싱한 맛을 잃기 쉽다.

II 찌개, 전골류

1. 찌개류

찌개는 국에 비하여 건더기가 많고 국물이 적은 반면에 간은 센 편으로 밥에 따르는 반찬이다. 찌개와 같은 말로는 조치, 지짐이, 감정 등이 있으며, 조치는 궁중용어로 찌개를 말하고, 감정은 고추장으로 조미한 찌개, 지짐이는 국물이 찌개보다 적은 편인 것을 말하나 뚜렷한 특징은 없다. 찌개는 뚝배기에 끓이면 더욱 맛있다. 찌개의 조미 주재료는 다음과 같이 분류할 수 있다.

① 토장찌개: 찌개에 쓰이는 장에는 보통 된장, 막장, 청국장, 고추장, 담북장 등이 있다. 건더기는 두부, 풋고추, 호박, 쇠고기 등을 주로 많이쓴다.

② 맑은 찌개: 주재료로 두부, 호박, 무, 조개류 등을 넣고 소금이나 새우젓으로 간을 맞춘 담백한 맛의 찌개로 중부지역에서 즐기는 음식이다.

③ 기타: 그 외에 콩을 갈아서 만든 비지로 찌개를 끓이거나 순두부와 달걀을 주재료로 끓이는 찌개와 매운탕이 있다.

1) 된장찌개

재료 및 분량

된장 4큰술, 고춧가루 2작은술, 마늘(다진 것) 1큰술, 두부 ¼모, 쇠고기 50g, 표고버섯 3개, 파 1뿌리, 풋고추 3개, 다홍고추 1개, 물 4컵

고기 양념 간장 ½작은술, 파(다진 것) ½작은술, 마늘(다진 것) ¼작은술, 참기름 ¼작은술, 후춧가루 약간

〈만드는 법〉

1 쇠고기를 굵직하게 채 썰고 표고버섯도 채 썬 후 함께 고기 양념으로 무쳐서 뚝배기에 담는다.

2 된장을 잘 걸러서 뚝배기에 붓고 중간 불에서 한참 끓인다.

3 3에 풋고추, 다홍고추를 어슷하게 썰어 넣고, 두부는 깍둑썰기로 썰어 넣은 후 한소끔 끓인다.

4 고춧가루와 남은 파와 마늘을 넣고 마저 끓인 후 불을 끄고 상에 낸다.

- 된장을 되직하게 풀고 멸치, 풋고추 등을 넣고 물을 약간 부어 약한 불에서 오랫동안 끓이거나 찜통에서 찌는 강된장도 있다.
- 된장찌개에 달래나 냉이를 넣거나, 쇠고기 대신 멸치나 조개를 넣으면 맛이 개운하다.

2) 청국장찌개

청국장은 가을에 수확한 콩으로 청국장을 만들어 늦가을에서 봄까지 많이 끓여 먹는 찌개이다.

재료 및 분량

쇠고기 50g, 쌀 속뜨물 3컵, 두부 ½모, 배추김치 150g, 대파 1뿌리, 청국장 6큰술, 마늘 2작은술, 고춧가루 약간,

고기 양념 간장 ½작은술, 파(다진 것) ½작은술, 마늘(다진 것) ½작은술, 참기름 ½작은술, 후춧가루 약간

〈만드는 법〉

1 쇠고기는 채 썰 후 고기 양념을 하여 냄비에 넣어 볶다가 쌀 속뜨물을 부어 끓인다.
2 두부는 1㎝ 정도의 깍두썰기로 썰고 배추김치는 속을 털어 내고 2㎝ 길이로 썰고 파는 어슷하게 썬다.
3 장국이 끓으면 청국장과 다진 마늘, 김치를 넣어 끓인다.
4 국간장으로 간을 맞춘 뒤 한소끔 끓어오르면 두부와 어슷하게 잘라 둔 파와 고춧가루를 넣고 다시 한 번 끓여서 상에 낸다.
- 배추김치가 없을 때는 무와 호박, 풋고추 등을 넣기도 한다.

3) 조기 고추장찌개

재료 및 분량

조기 1마리, 쇠고기 50g, 물 4컵, 대파 2뿌리, 미나리·쑥갓 각각 50g, 풋고추·다홍고추 각각 2개, 국간장·소금 약간, 고추장 2큰술, 고춧가루 2작은술, 마늘(다진 것) 2작은술, 생강(다진 것) ¼작은술

고기 양념 간장 ½작은술, 파(다진 것) 1작은술, 마늘(다진 것) ½작은술, 참기름 ½작은술, 후춧가루 약간

〈만드는 법〉

1 조기는 싱싱한 것으로 사서 비늘을 긁어내고 내장을 빼고 잘 씻어서 5~7㎝로 토막을 내 둔다.

2 쇠고기는 채 썰어 고기 양념을 해서 냄비에 볶다가 물을 넣어 끓인다.

3 파는 다듬어서 어슷하게 썰고, 미나리는 다듬어 씻어서 5㎝ 길이로 썰고 쑥갓은 잎을 따 둔다.

4 풋고추와 다홍고추는 어슷하게 썰어 씨를 털어 낸다.

5 끓인 장국에 고추장 등 양념을 넣고 끓이다가 조기토막을 넣고 한소끔 끓으면, 파, 미나리를 넣고 끓인다.

6 간을 맞추고 쑥갓을 넣고 바로 불에서 내린다.

- 생선 토막이 부서지지 않게 주의한다.

4) 꽃게찌개(게감정)

재료 및 분량

꽃게(大) 2마리, 쇠고기 50g, 물 4컵 고추장 2큰술, 마늘(다진 것) 2작은술, 대파 50g, 무 50g, 풋고추·다홍고추 각각 2개, 국간장·소금 약간

고기 양념 간장 1작은술, 파(다진 것) 1작은술, 마늘(다진 것) ½작은술, 참기름 1작은술, 후춧가루 약간

〈만드는 법〉

1 꽃게는 솔로 깨끗이 문질러 씻고 발의 끝마디를 잘라내고 게딱지와 몸통을 분리한 다음 몸통을 2등분으로 토막을 낸다.

2 쇠고기는 채 썰어 고기 양념을 해서 냄비에 볶다가 물을 넣고 끓인다.

3 무는 나박 썰기하고 파는 어슷하게 썰고, 미나리는 5㎝ 정도의 길이로 썬다.

4 풋고추와 다홍고추는 어슷하게 썰어 씨를 털어 낸다.

5 장국이 끓으면 고추장을 풀고 무를 넣고 끓이다가 잘라 둔 게를 넣고 끓인 다음, 다진 마늘과 생강을 넣고 끓인다.

6 게가 익으면 파와 고추 미나리를 넣고 끓으면 간을 맞추고 끓여서 불을 끈다.

- 꽃게는 봄에는 암컷이, 가을에는 숫컷이 가장 맛있다.
- 너무 오래 끓이면 꽃게의 맛있는 맛과 살이 단단해진다.

5) 순두부찌개

재료 및 분량

쇠고기 50g, 순두부 600g, 물 2컵, 국간장 적당량, 바지락 200g, 달걀 1개, 참기름 1큰술, 대파 약간

양념 고춧가루 2큰술, 식용유 2큰술, 후춧가루 약간, 마늘(다진 것) 1큰술, 파(다진 것) 2큰술, 생강즙 ½작은술

〈만드는 법〉

1 바지락은 소금물에 깨끗이 씻어 해감을 시켜 둔다. 쇠고기는 얇게 채를 썰어 고기 양념을 해 둔다.

2 팬이나 냄비를 잘 달군 다음 양념 분량의 식용유를 붓고 데운 다음 남은 양념 재료를 넣고 볶아 준다.

3 양념한 쇠고기를 참기름에 볶다가 냄비에 물을 넣고, 끓으면 순두부, 바지락, 볶은 양념장을 넣고 끓인다.

4 순두부가 끓으면 대파를 송송 썰어 듬뿍 넣고 달걀을 깨서 넣은 후 끓여 완성한다.

6) 콩비지 찌개

재료 및 분량

흰콩 1컵, 돼지갈비(또는 돼지고기) 100g, 배추김치 200g, 무 50g, 새우젓국 약간

고기 양념 간장 1작은술, 파(다진 것) 1작은술, 마늘(다진 것) 1작은술, 생강(다진 것) ¼작은술, 참기름 1작은술, 후춧가루 약간

양념장 간장 6큰술, 설탕 1작은술, 고춧가루 1큰술, 파(다진 것) 2큰술, 마늘(다진 것) 1큰술, 깨소금 1큰술, 참기름 1큰술

〈만드는 법〉

1 콩은 씻어서 3~4시간 물에 불린 다음 10분 정도 삶아서 맷돌이나 블랜더로 물을 조금 넣고 갈아서 둔다.

2 돼지고기는 잘게 썰어 고기 양념을 하여 냄비에 넣고 볶다가 배추김치를 송송 썰어 넣어 한데 볶다가 물을 붓고 끓인다.

3 무는 0.5㎝ 굵기로 채를 썰고, 양념장 재료는 고루 섞어 둔다.

4 끓는 국에 무채를 넣고 끓이다가 콩 간 것을 가만히 쏟아 부어서 중불로 끓인다.

5 돼지고기가 익으면 새우젓국으로 간을 싱겁게 맞춘다.

6 찌개가 끓으면 그릇에 담아내고 양념장을 작은 그릇에 담아서 식성에 따라 넣어 먹는다.

- 겨울철에 별미로 먹는 영양식이다.

7) 김치찌개

재료 및 분량

김치 300g, 돼지고기 100g, 국간장 약간, 물 3컵, 대파 1뿌리

고기 양념 파(다진 것) 1작은술, 마늘(다진 것) 1작은술, 참기름 1작은술, 깨소금 ½작은술, 후춧가루 약간

〈만드는 법〉

1 김치는 속을 털어 내고 4㎝ 정도 길이로 송송 썰어서 둔다.

2 돼지고기는 채를 썰어서 양념하여 김치를 넣고 볶다가 물을 부어서 끓인다.

- 김칫국물이나 국간장으로 간을 맞춘다.

3 10분 정도 끓이다가 상에 내기 직전에 파를 어슷하게 썰어서 넣고 한소끔 끓여서 불을 끈다.

- 김치찌개는 사골이나 양지머리를 넣고 고아 고기를 건져서 수육으로 사용하고 그 국물에 김치를 넣고 끓이면 좋다.
- 돼지고기 대신에 쇠고기, 멸치, 참치 통조림 등을 넣어도 좋다.
- 두부를 넣어도 좋다.

8) 명란젓 찌개

재료 및 분량

명란젓 2쌍, 쇠고기 50g, 물 3컵, 두부 ¼모, 대파 2뿌리, 참기름 1작은술, 새우젓국 약간

고기 양념 간장 ½작은술, 파(다진 것) 1작은술, 마늘(다진 것) ½작은술, 참기름 ½작은술, 후춧가루 약간

〈만드는 법〉

1 쇠고기는 잘게 다져서 고기 양념으로 무친 후 냄비에 넣고 볶다가 물을 부어 장국을 끓인다.

2 두부는 1.5~2㎝정도의 깍둑썰기를 하고 움파 또는 대파는 4㎝ 길이로 썬다.

3 장국이 끓으면 명란과 두부를 넣고 끓이다가 새우젓국으로 간을 맞춘 뒤 잘라 둔 대파를 넣고 한 번 더 끓인 다음 불을 끄고 참기름을 넣는다.

- 두부를 넣고 너무 오래 끓이지 않는다.
- 애호박이나 홍·풋고추를 썰어 넣어도 좋다.

9) 애호박 젓국찌개

재료 및 분량

애호박 ½개, 쇠고기 50g

젓국 양념 후춧가루 약간, 풋고추·다홍고추 각각 1개, 실파 3뿌리, 물 3컵, 새우젓국 2큰술

고기 양념 간장 ½작은술, 파(다진 것) 2작은술, 마늘(다진 것) ½작은술, 참기름 1작은술

〈만드는 법〉

1 쇠고기는 잘게 채 썰어서 고기 양념을 한 뒤 냄비에 넣고 볶다가 물을 붓고 끓인다.

2 애호박은 깨끗이 씻어 0.5㎝ 두께의 반달모양으로 썰고 풋고추, 다홍고추는 어슷하게 썰어 씨를 털어 낸다.

3 파는 4~5㎝ 길이로 잘라 둔다.

4 국물이 끓으면 새우젓으로 간을 하고 2와 3을 넣고 끓으면 불을 끄고 상에 낸다.

- 쇠고기 대신 조갯살이나 굴을 넣고 끓여도 좋다.
- 애호박이 너무 익으면 모양과 맛이 나빠진다.

10) 두부 젓국찌개

재료 및 분량

굴 150g, 두부 150g, 실파 3뿌리, 다홍고추 1개, 물 3컵, 새우젓국 2큰술, 소금 1작은술, 참기름 1작은술

〈만드는 법〉

1 굴은 연한 소금물(소금 1%)에 흔들어 씻어 이물질을 골라내고 물기를 뺀다.

2 두부는 2×3×1㎝로 썰고 실파는 3㎝, 홍고추는 0.5×3㎝의 크기로 썬다.

3 새우젓과 마늘을 다져 둔다.

4 냄비에 물을 붓고 새우젓 국물과 소금으로 간을 하고, 끓으면 두부를 넣어 잠깐 끓이다가 굴, 실파, 붉은 고추, 마늘을 넣고 끓인다.

5 불을 끄고 참기름을 떨어뜨리고 그릇에 담아낸다.

- 새우젓은 다져서 국물만 사용하며, 굴을 너무 오래 끓이면 국물이 탁해진다.
- 두부의 형태가 부서지거나 단단해지지 않게 하여 깨끗한 찌개를 끓인다.
- 찌개의 국물과 건더기의 비율이 2:3이 되게 한다.

11) 두부 고추장찌개

재료 및 분량

두부 1모, 쇠고기 100g, 표고버섯 3장, 마늘 3쪽, 파 1뿌리, 쌀 속뜨물 3컵, 고추장 3큰술, 참기름 1작은술, 국간장 약간

고기 양념 간장 2작은술, 파(다진 것) 1큰술, 후춧가루 ¼작은술, 마늘(다진 것) 2작은술, 참기름 2작은술

〈만드는 법〉

1 두부는 3×4×1㎝ 크기로 썰어 둔다.

2 쇠고기는 채 썰어 고기 양념하여 살짝 볶는다.

3 표고버섯은 마름모꼴로 썬다.

4 마늘은 다지고 파는 3~4cm 길이로 썰어서 굵으면 반으로 잘라 둔다.

5 뚝배기에 속뜨물을 붓고 고추장을 풀어 쇠고기와 버섯을 넣고 끓인다.

6 푹 끓인 다음 두부와 파, 마늘, 참기름을 넣고 한번 더 끓인 후 간을 보아 간장으로 간을 맞춘다.

- 고추장 대신 된장을 넣어서 끓이면 두부된장찌개가 된다.
- 두부는 너무 오래 끓이면 단단해져서 연한 맛이 없어진다.
- 쇠고기 대신 조갯살을 넣고 끓여도 좋다.

12) 동태찌개(생선찌개)

재료 및 분량

동태 1마리, 무 100g, 두부 100g, 호박 100g, 대파 20g, 미나리 50g, 쑥갓 50g, 마늘 3쪽, 풋고추 2개, 다홍고추 1개, 쌀 속뜨물 4컵, 고추장 2큰술, 고춧가루 1작은술, 된장 1큰술

〈만드는 법〉

1 동태는 비늘을 긁어내고 내장을 제거한 뒤 깨끗이 씻어 4~5cm 길이로 토막을 낸다.

- 이때 먹을 수 있는 내장도 골라 씻어 둔다.

2 무는 얇게 나박 썰기를 하고(2.5×3.5cm, 두께 0.5cm), 두부는 좀 두껍게 나박 썰기 해 둔다(2.5×3.5cm, 두께 0.8cm).

3 호박은 무보다 조금 두껍게 반달 모양으로 잘라 둔다.

4 파, 미나리, 쑥갓은 깨끗이 다듬어 4~5cm 길이로 썬다.

5 풋고추와 다홍고추는 씨를 빼고 0.3cm 넓이로 어슷하게 썰어 둔다.

6 냄비에 물을 붓고 고추장과 된장, 고춧가루를 풀어 넣고 무를 넣고 끓인다.

7 6이 5분 정도 끓으면 생선을 넣고 끓인 뒤 파, 마늘을 넣어 국간장이나 소금으로 간을 맞춘 후 한 번 더 끓으면 쑥갓을 넣고 바로 불을 끄고 상에 낸다.

- 찌개를 끓일 때 생선이 부서지기 쉬우므로 나중에 넣는다.
- 생선은 먹는 부분과 머리 부분을 골라 깨끗이 손질한다.
- 끓으면서 생기는 거품은 계속 걷어 내야 한다.

13) 우럭 매운탕

재료 및 분량

우럭 1마리, 쇠고기 50g, 물 5컵, 대파 1뿌리, 애호박 ¼개, 두부 ½모, 쑥갓 50g, 생강(다진 것) ¼작은술, 풋고추·다홍고추 각각 2개, 무100g, 국간장·소금 약간, 고추장 2큰술, 고춧가루 2작은술, 마늘(다진 것) 2작은술, 된장 1큰술

고기 양념 간장 ½작은술, 파(다진 것) 1작은술, 마늘(다진 것) ½작은술, 참기름 ½작은술, 후춧가루 약간

〈만드는 법〉

1 우럭은 비늘을 긁어내고 내장을 제 깨끗이 씻어 4~5㎝ 길이로 토막을 낸다.

- 이때 먹을 수 있는 내장도 골라 씻어 둔다.

2 무와 호박은 얄팍하게 나박 썰기를 하고(2.5×3.5㎝, 두께 0.5㎝), 두부는 두껍게 나박 썰기해 둔다(두께 0.8㎝).

3 대파는 어슷하게 썰어 두고, 쑥갓은 깨끗이 다듬어 4~5㎝ 길이로 썬다.

4 풋고추와 다홍고추는 씨를 빼고 0.3㎝ 넓이로 어슷하게 썰어 둔다.

5 냄비에 육수를 붓고 고추장과 고춧가루를 풀어 넣고 끓으면, 채 썰어 고기 양념을 한 쇠고기와 무를 넣고 끓인다.

6 쇠고기와 무가 5분 정도 끓으면 후 생선을 넣고 다시 끓으면 다진 생강, 파, 마늘을 넣고 끓인다.

7 국간장이나 소금으로 간을 맞춘 후 끓어오르면 쑥갓을 넣고 바로 불을 끄고 상에 낸다.

- 찌개를 끓일 때 생선이 부서지기 쉬우므로 국물이 끓은 후 나중에 넣는다.
- 생선을 먹는 부분과 머리는 부분을 골라 깨끗이 손질한다.
- 끓으면서 생기는 거품은 수시로 걷어 내야 한다.

14) 해물 된장찌개

재료 및 분량

콩나물 200g, 홍고추·풋고추 각각 1개, 냉이 100g, 달래 50g, 미더덕 100g, 모시조개 100g, 새우 5마리, 쭈꾸미 3마리, 된장 2큰술, 고춧가루 ½큰술, 마늘(다진 것) 1큰술,

멸치 장국 멸치 10마리, 다시마 20㎝, 대파 1뿌리, 마늘 4쪽, 마른 홍고추 2개, 물 6컵

〈만드는 법〉

1 멸치 장국을 끓여서 체에 걸러 둔다.

2 콩나물은 깨끗이 씻어 두고, 홍고추, 풋고추는 어슷하게 썰어 두고, 냉이는 깨끗이 다듬어두고, 달래는 4㎝ 길이로 썰어 둔다.

3 미더덕, 모시조개, 새우는 깨끗이 손질하여 씻어 두고, 쭈꾸미는 깨끗이 씻은 뒤에 적당한 크기로 잘라 둔다.

- 조개는 해감을 시키고 새우는 내장을 제거해 둔다.

4 멸치 장국에 된장을 풀고 끓으면 준비된 미더덕, 조개, 새우 등을 넣고 다시 끓인 후 콩나물과 냉이를 넣고 뚜껑을 닫고 마저 끓인다.

5 콩나물 익는 냄새가 나면, 쭈꾸미, 달래, 홍.풋고추 썬 것과 마늘 다진 것, 고춧가루들을 넣고 국간장으로 간을 한 뒤 한소끔 끓여서 상에 낸다.

15) 오징어 섞어찌개

재료 및 분량

오징어 2마리, 돼지고기 100g, 두부 ⅓모, 배춧잎 6장, 마늘 2통, 우동사리 300g, 육수 5컵, 쑥갓100g, 대파 ½뿌리

고기 양념 생강즙 ½큰술, 후춧가루 약간, 정종 1작은술

양념 고추장 고추장 ⅓컵, 고춧가루 2큰술, 마늘(다진 것) 2큰술, 국간장 ½큰술, 된장 1큰술, 설탕 조금, 후추 약간

〈만드는 법〉

1 오징어는 깨끗이 장만하여 껍질을 벗기고 4~5㎝ 길이와 너비 2㎝ 크기로 넓적하게 썬다.

2 배춧잎은 가로 4㎝, 세로 6㎝ 길이로 썰고, 두부도 같은 크기로 도톰하게 썰어 둔다. 쑥갓은 손으로 뚝뚝 잘라 놓는다.

3 우동은 익는 데 시간이 많이 걸리고 국물을 많이 흡수하므로 따로 삶아서 건져 놓는다.

4 돼지고기는 다지거나 얇게 썰어서 고기 양념으로 조물조물 주물러 간이 배도록 한다.

5 양념 고추장을 분량대로 만들어 둔다.

6 대파는 어슷하게 썰어 둔다.

7 냄비 밑바닥에 배춧잎을 깔고 오징어와 돼지고기, 두부, 우동사리를 골고루 담은 후 양념고추장과 다진 마늘을 넣고 육수를 부어 끓인다.

2. 전골류

전골이란 2~3가지의 육류와 채소를 간장으로 간을 하여 그릇에 담아 준비한 뒤 상 옆에서 화로 위에 전골틀을 올려놓고 끓이면서 먹게끔 하는 일종의 즉석요리이다. 원래 전골은 재료를 굽거나 볶는 국물이 적은 구이 음식이었으나 차츰 국물을 부어서 함께 끓이는 형태로 되었다. 전골틀은 쇠로 만든 벙거지를 뒤집은 모양

의 전철기와 돌로 만든 전골틀로 굽이 낮고 평평한 것이 있다. 전철기는 널리 보급될 만큼 생산되지 못하였던 관계로 일부층에서만 쓰였고 외상용, 겸상용 등 크기가 달랐다. 요즘은 다양한 전골냄비가 있어 조리하기가 쉽다.

1) 신선로

재료 및 분량

곰탕거리 쇠고기(사태, 양지머리) 105g, 국간장 약간, 무 200g, 당근 100g, 두부 50g, 구이용 쇠고기(우둔살) 50g, 밀가루 약간, 다홍고추·청고추 각각 1개, 달걀 4개, 소금 약간, 미나리 50g, 표고버섯(大) 3장, 호두 2개, 은행 10개, 잣 1작은술, 흰살생선(전감) 50g, 식용유 약간

고기 양념 간장 1작은술, 설탕 ¼작은술, 파(다진 것) 1작은술, 마늘(다진 것) ½작은술, 참기름 1작은술, 깨소금 ½작은술, 후춧가루 약간

완자 양념 소금 ¼작은술, 파(다진 것) ½작은술, 마늘(다진 것) ¼작은술, 참기름 ½작은술, 후춧가루 약간

곰탕 양념 국간장 1작은술, 파(다진 것) 1작은술, 마늘(다진 것) 1작은술, 참기름 1작은술, 후춧가루 약간

〈만드는 법〉

1 쇠고기의 사태는 덩어리째 씻어서 냄비에 물을 붓고 약간의 국간장으로 간을 한 뒤 끓인다. 20분 정도 끓이다가 깨끗이 씻어 둔 무와 당근을 통째로 넣어 함께 익힌다.
2 쇠고기 우둔살 50g은 채로 썰어 고기 양념을 해 두고 나머지는 곱게 다져 두부 으깬 것과 합쳐서 완자 양념으로 무쳐 지름 1.2㎝의 완자를 빚는다.
3 완자는 밀가루를 묻혀 푼 달걀에 적셔서 팬에 굴리면서 부쳐 둔다.
4 다홍고추와 청고추는 배를 갈라서 씨를 빼고 펴 둔다.
5 달걀은 황백으로 나누어 소금간을 약간 한 후 지단을 부쳐서 둔다.
6 미나리는 미나리 초대를 부치고, 표고버섯은 기둥을 떼고 깨끗이 씻어 둔다.

7 호두는 더운물에 30분 정도 담갔다가 꼬치로 껍질을 벗기고, 은행은 기름에 살짝 볶아서 마른 행주나 종이 위에 놓고 비벼서 껍질을 벗기고, 잣은 고깔을 떼어 마른 행주로 닦아 놓는다.

8 흰살생선은 얇게 포를 떠서 소금과 후춧가루를 뿌려 두었다가 밀가루를 묻히고 풀어둔 달걀에 적셔 노릇하게 기름에 지져 낸다.

9 위에 준비된 재료 중 지단, 미나리 초대, 전, 표고, 당근, 다홍고추 등을 신선로 틀의 폭을 길이로 하고 너비는 3㎝ 정도의 직사각형으로 잘라 둔다.

10 곰탕건지인 무와 고기를 건져 납작하게 썬 후 곰탕 양념을 해서 신선로 바닥에 깔고, 그 위에 고기 양념을 한 우둔살을 깔고, 우둔살을 깐 위에 골패모양으로 썰은 재료를 색 맞추어 고르게 돌려놓는다. 제일 위에는 견과류와 완자를 보기 좋게 얹는다.

11 상식된 신선로 틀에 국간장과 소금으로 간을 맞춘 육수를 끓여서 붓고, 신선로 화통에 숯을 피워 넣어 뚜껑을 덮어 상에 낸다.

12 육수는 주전자에 담아서 상에 내어 육수를 보충해서 먹도록 한다.

- 덜어먹을 수 있는 그릇과 국자를 준비해야 한다.
- 전기로 된 신선로 틀이 있어 간편하게 사용할 수 있다.
- 숯 대신 고체 연료를 사용하기도 한다.

2) 쇠고기 전골

재료 및 분량

쇠고기(등심이나 안심) 150g, 표고버섯 4장, 무 100g, 당근 100g, 숙주 100g, 실파 100g, 양파 100g, 달걀 1개, 소금·후춧가루 약간, 참기름 약간, 물 4컵, 간장·국간장 약간

고기 양념 간장 1큰술, 설탕 1작은술, 파(다진 것) 1큰술, 마늘(다진 것) 1작은술, 참기름 1큰술, 깨소금 2작은술, 후춧가루 약간

〈만드는 법〉

1 쇠고기는 채를 썰어, 고기 양념을 조금 남기고 고기를 무쳐 두고, 표고는 물로 깨끗이 씻어 기둥을 떼고 채를 썬 다음 나머지 고기 양념으로 무쳐 둔다.

2 무와 당근은 5㎝ 길이로 굵게 채 치고, 숙주는 머리와 꼬리를 따서 소금물에 살짝

데쳐 내어 참기름, 소금, 후춧가루를 넣고 무친다.

3 양파는 길이로 채 썰고, 실파는 5㎝ 길이로 썬다.

4 육수 또는 물에 국간장으로 간을 싱겁게 맞추어 끓인다.

5 준비된 재료들을 전골냄비에 색스럽고 보기 좋게 담아, 잣을 고루 뿌리고 끓는 장국을 부어 끓인다.

- 싱거우면 소금간을 한다.

6 쇠고기와 채소가 익으면 달걀을 가운데 깨어 넣고 상에 낸다.

- 재료들은 보기 좋게 그릇에 담고 즉석으로 끓여 가면서 먹을 수도 있다.

3) 두부전골

재료 및 분량

두부 1모, 쇠고기 100g, 표고 4장, 무 50g, 당근100g, 숙주 100g, 양파 100g, 실파 50g, 미나리 50g, 달걀 1개, 잣 1작은술, 소금·후춧가루 약간, 국간장·참기름 약간, 녹말가루 약간, 홍고추 2개

고기 양념 간장 ½큰술, 파(다진 것) 1작은술, 마늘(다진 것) ½작은술, 참기름 ½작은술, 깨소금 ½작은술, 후춧가루 약간

고기완자 양념 소금 1작은술, 파(다진 것) ½작은술, 마늘(다진 것) ¼작은술, 참기름 ½작은술, 깨소금 ¼작은술, 후춧가루 약간

〈만드는 법〉

1 두부는 ⅔모를 두께 0.5㎝, 길이 3~4㎝ 크기로 썰어 소금을 약간 뿌려 두었다가 녹말가루를 고루 뿌리고 묻혀서 노릇노릇하게 지져 둔다.

- 녹말가루를 뿌리지 않고 그냥 굽기도 한다.

2 쇠고기 100g을 곱게 다진 후 나머지 두부를 꼭 짜서 물기를 없앤 후 섞는다.

3 표고는 기둥을 제거하고 깨끗이 씻어 불린 후 채를 썰고 고기 양념을 섞어서 표고에 양념한다.

4 곱게 다진 고기에 고기완자 양념을 해서 지진 두부 두 장 사이에 고루 펴 넣고 살짝 데친 미나리로 가운데를 묶는다.

5 무와 당근은 5㎝ 길이로 굵직하게 채를 썰고, 숙주는 머리와 꼬리를 따서 끓인 소

금물에 살짝 데쳐 내어 참기름, 소금, 후춧가루로 양념한다.

6 양파는 채 썰고, 실파는 5cm 길이로 썬다. 홍고추는 반으로 잘라서 씨를 빼고 5cm 길이로 채 썬다.

7 준비한 채소와 고기, 두부를 전골냄비에 보기 좋게 담고 잣을 골고루 얹는다.

8 육수와 물에 국간장과 소금으로 간을 맞추어 끓여서 전골냄비에 붓고 재료가 익으면 달걀을 깨 넣은 후 상에 낸다.

- 두부를 지져 낸 후 종이 위에 올려놓아 기름기를 제거하면 국물이 깨끗하고 맛도 담백하다.

4) 생굴전골

재료 및 분량

생굴(껍질 깐 것) 1컵, 쑥갓 30g, 쇠고기 50g, 은행 10개, 대파 1뿌리, 달걀 1개, 표고버섯 4개, 마늘 1큰술, 두부 ¼모, 당근 100g, 국간장·소금 약간, 후춧가루 약간,

고기 양념 간장 ½작은술, 참기름 ½작은술, 파(다진 것) ½작은술, 후춧가루 약간, 마늘(다진 것) ¼작은술

〈만드는 법〉

1 생굴은 소금물(소금 1%)에서 깍지를 떼고 제물에서 깨끗이 씻어 찬물로 헹구어 물기를 뺀다.

2 쇠고기는 채를 쳐서 고기 양념 일부로 양념하고 표고버섯은 깨끗이 씻어 기둥을 제거한 뒤 굵게 채 썰어 나머지 고기 양념에 무쳐 둔다.

3 두부는 길이 5cm, 너비 2cm의 크기로 얇게 썰어 놓고 대파는 5cm 길이로 채 썰어 놓는다.

4 은행은 살짝 볶아서 껍질을 벗겨 둔다.

5 쑥갓은 깨끗이 다듬어 씻고 당근도 길이 5cm, 너비 1cm로 얇게 썰어 놓고 파는 5cm 길이로 채 썰어 놓는다.

6 전골냄비에 준비된 것들을 보기 좋게 색깔을 맞추어 담고 육수나 물에 다진 마늘, 국간장과 소금으로 간을 하여 끓여 붓는다.

7 잘 끓으면 달걀을 깨서 전골냄비 가운데에 넣고 상에 낸다.

- 굴은 너무 익으면 맛이 없으므로 끓이면서 먹으면 더욱 맛이 좋다.

5) 도미면(승기악탕)

재료 및 분량

도미 1마리, 당면 30g, 쇠고기 100g, 국간장·소금 약간, 두부 ¼모, 호두 3개, 미나리 50g, 잣 1작은술, 달걀 5개, 밀가루 약간, 석이버섯 5장, 식용유 약간, 표고버섯 3장, 후춧가루 약간, 다홍고추 1개, 육수 4컵

고기 양념 간장 1작은술, 마늘(다진 것) ½작은술, 대파(다진 것) 1작은술, 참기름 1작은술, 후춧가루 약간

〈만드는 법〉

1 도미는 비늘과 내장을 빼고 다듬어 깨끗이 씻은 뒤 머리와 꼬리는 남긴 채 살을 크게 포를 뜬다(세 장 뜨기를 한다). 포는 4㎝ 정도의 너비로 어슷하게 썰어 소금, 후춧가루를 뿌려 둔다.

2 쇠고기 100g을 곱게 채 쳐서 고기 양념 일부로 양념하고 나머지 쇠고기는 곱게 다져 놓고, 두부는 으깨어 물기를 꼭 짠 뒤 다진 고기와 나머지 양념으로 무쳐서 지름 1.2㎝의 완자를 빚는다.

3 석이버섯은 깨끗이 장만하여 곱게 다져 달걀 흰자에 섞어 지단을 부쳐 둔다.

4 미나리는 미나리 초대를 부치고 달걀은 황백으로 나누어 지단을 부쳐 둔다.

5 생선살은 밀가루를 묻히고 달걀 푼 것에 담갔다가 팬에 지지고 고기완자도 옷을 입혀서 팬에 굴리면서 지진다.

6 표고버섯은 불려서 기둥을 떼고, 다홍고추는 갈라서 씨를 뺀다.

7 호두는 더운물에 담갔다가 껍질을 벗기고, 잣은 고깔을 떼어 놓고 지단, 미나리 초대, 표고, 다홍고추 등을 2.5~4㎝ 정도의 크기로 썬다.

8 전골냄비에 양념한 쇠고기를 밑에 깔고 위에 도미를 원래의 모양대로 모아 담아 주위에 준비된 것들을 색스럽게 놓고 그 위에 완자와 호두, 잣을 돌려 담고 육수를 부어 끓인다.

9 당면은 뜨거운 물에 불렸다가 전골이 끓으면 한 옆에 넣어 끓인다.

- 도미살, 미나리 초대, 완자를 부칠 때 식용유의 양을 최소한으로 사용해야 느끼하지 않다. 아니면 키친타올 위에 올려놓아 기름기를 제거한다.

6) 각색 버섯전골

재료 및 분량

느타리버섯 50g, 표고버섯 3장, 목이버섯 10g, 양송이버섯 50g, 새송이버섯 50g, 팽이버섯 ½봉지, 쇠고기 50g, 미나리 70g, 실파 70g, 국간장·소금 약간, 육수 4컵, 청양고추 2개, 홍고추 1개, 당근 ⅓개

고기 양념 진간장 4큰술, 설탕 1작은술, 대파(다진 것) 2큰술, 마늘(다진 것) 1큰술, 참기름 1큰술, 깨소금 1작은술, 후춧가루 약간

육수 멸치 15마리, 마른고추 2개, 다시마 10㎝, 파 ½개

〈만드는 법〉

1 버섯들은 생것이면 깨끗이 씻어서 가늘게 자르거나 찢어서 둔다. 마른 버섯이면 충분히 불려서 채를 썰어서 쓴다.

2 쇠고기는 채를 썰어서 고기 양념의 ⅓로 무쳐 둔다.

3 잘라 둔 버섯에 나머지 고기 양념의 ⅔로 고루 무친다.

4 실파는 5㎝ 길이로 썰고 미나리도 같은 길이로 썬다. 청양고추와 홍고추는 씨를 빼고 5㎝ 길이로 잘라 채를 썰어 둔다.

5 육수 또는 물에 소금이나 국간장으로 간을 삼삼하게 맞추어 장국을 끓여 둔다.

6 양념한 버섯과 쇠고기, 준비된 채소 등을 전골냄비에 보기 좋게 담고 끓는 장국을 부어서 끓인다(쇠고기 대신 해산물을 넣고 시원하게 끓일 수 있다).

- 요즘에 많이 나는 다양한 종류의 버섯들을 이용해도 좋다.
- 얼큰한 것을 좋아하면 다대기를 만들어 넣어도 좋다.
- 육수는 모든 재료들을 넣고 뚜껑을 열고 끓인다. 국물이 끓은 15분 뒤 불을 끄고 약간의 간을 국간장으로 한다.

7) 낙지전골

낙지는 가을에 한창 맛이 좋으므로 가을철에 매콤하고 얼큰하게 끓여 먹을 수 있는 별미요리다. 낙지, 오징어, 문어 등과 같은 연체류는 오래 조리하면 살이 오그라들어 질겨지므로 살짝 익혀야 한다.

재료 및 분량

낙지 2마리, 쇠고기 50g, 양파1개, 다홍고추 2개, 실파50g, 쑥갓 50g, 물 4컵, 간장·소금 약간

낙지 양념 진간장 1½큰술, 설탕 1큰술, 파(다진 것) 1큰술, 생강(다진 것) 1작은술, 마늘(다진 것) 1큰술, 깨소금 1큰술, 고춧가루 1큰술, 참기름 1큰술

고기 양념 진간장 ½큰술, 설탕 1작은술, 파(다진 것) 2작은술, 마늘(다진 것) 1작은술, 깨소금 1작은술, 후춧가루 약간, 참기름 1작은술

〈만드는 법〉

1 낙지는 먹통과 내장을 떼어 내고 소금을 넣고 주물러 깨끗이 씻은 다음 5㎝ 길이로 잘라 낙지 양념으로 무쳐 둔다.

2 쇠고기는 채 썰어 고기 양념을 해 둔다.

3 양파는 채 썰고 다홍고추는 씨를 빼고 5㎝ 길이로 채 썰고 실파와 쑥갓도 5㎝ 길이로 자른다.

4 전골냄비에 준비한 재료들을 넣고 뜨거운 물을 붓고 끓이면서 먹는다(물에 간장과 소금으로 간을 한 다음 끓여서 사용한다).

- 고춧가루 대신 고추장을 넣을 수도 있다(고추장을 사용하면 맛이 텁텁해질 수가 있다.
- 요즘에는 전골을 먹다가 국수를 삶아 넣어 먹기도 한다.

8) 해물전골

재료 및 분량

오징어 ½마리(200g) , 새우 100g, 굴 100g, 조갯살 100g, 홍합 100g, 명태알 및 곤이 100g, 미더덕 100g, 게 ½마리, 양파 ½개, 콩나물 100g, 미나리 100g, 쑥갓 50g, 마늘 6쪽, 파 1뿌리, 다홍고추·풋고추 각각 1개, 육수 4컵

고추 양념 고춧가루 2큰술, 국간장 2큰술, 마늘(다진 것) 1큰술, 물 1큰술

양념 소금 1작은술, 설탕 1작은술, 후춧가루 ¼작은술, 참기름 1큰술, 진간장 1큰술

〈만드는 법〉

1 오징어는 내장을 제거하고 껍질을 벗긴 후 안쪽에 칼집을 솔방울 무늬로 넣은 후 적당한 크기로 잘라 놓는다.

2 새우는 머리를 떼고 껍질을 벗기고 내장을 제거한 후 씻어 둔다.

3 굴과 조갯살도 소금물에 씻어 둔다.

4 홍합도 깨끗이 이물질을 제거하고 씻어 둔다.

5 양파는 다듬어 씻어 굵직하게 채 썰고, 미나리, 쑥갓도 콩나물 길이 정도로 잘라 둔다.

6 마늘 4쪽은 얇게 저미고 나머지는 찧어 둔다. 파, 다홍·풋고추도 어슷하게 썰어 둔다.

7 콩나물은 깨끗이 씻어 둔다.

8 전골틀에 준비해 둔 재료들을 색스럽게 담고, 고추 양념을 얹은 다음, 육수에 양념을 넣어 간을 맞추고 끓여서 전골틀에 자작하게 부어 끓이면서 먹는다.

- 쑥갓은 먹기 전에 바로 넣고 먹는 것이 맛있다.
- 전골 육수는 찬 것을 사용하는 것보다 끓는 것을 사용하면 바로 먹을 수가 있어 좋다.

제3장

찜과 조림

I 찜

우리나라는 선사시대부터 시루를 많이 사용하였으므로 고기나 생선요리에서도 찜 요리가 발달되어 왔다. 『증보산림경제』에 수록되어 있는 찜 요리는 닭이나 고기 등을 큰 덩어리째로 찐 요리가 많으며 술, 식초, 생강, 천초(제피)와 같은 향신료를 많이 사용한 것이며 익힐 때는 찌거나 중탕을 하였다. 또한, 토막 친 고기를 익힐 때는 고기를 파 같은 향채(香菜)와 함께 먼저 기름, 장에 7~8분쯤 볶다가 물을 넣어 완전히 익힌 다음 후추, 천초(제피) 등 향신료를 넣어 익히고, 쇠족과 같이 질긴 것은 먼저 물에 삶아 익힌 다음 조미해서 뭉근하게 끓여 조리하였다.

찜은 하는 방법에 따라 크게 두 가지로 나눌 수가 있다. 가장 많이 하는 방법으로 재료를 큼직하게 잘라 양념과 간을 하여 약한 불에 오래 끓여서 재료를 무르게 익히는 찜으로 갈비찜, 닭찜, 사태찜 등이 속한다. 또 다른 방법은 찜통이나 시루에 담아 수증기로 쪄서 익히는 찜으로 도미, 조기, 대하, 대합 등의 어패류로 조리하는 찜 등이 있다.

찜의 요리 중에 선이라는 말이 붙는 게 있는데, 선이란 특별한 조리 방식의 의미는 없고 좋은 음식을 나타내는 말이다. 선이 붙은 음식은 대개가 호박, 오이, 가지 등의 식물성 재료에 다진 쇠고기 등의 부재료로 소를 채워서 장국을 부어 약한 불로 뭉근하게 익힌 음식이 많다. 때로는 녹말을 묻혀서 찌거나 볶아서 초장을 찍어서 먹는 것도 있다. 선은 맛이 산뜻하여 요즈음 식사 전에 먹는 전채요리로 이용하기도 한다.

1) 사태찜

재료 및 분량

쇠고기(사태) 300g, 무 ¼개, 표고버섯 4장, 밤 10개, 은행 10개, 미나리 50g, 달걀 1개

양념 간장 4큰술, 배(간 것) 3큰술, 설탕 2큰술, 파(다진 것) 3큰술, 마늘(다진 것) 1½큰술, 참기름 2큰술, 깨소금 1큰술, 후춧가루 약간

〈만드는 법〉

1 사태는 덩어리째 물에 담가 핏물을 뺀다. 핏물을 뺀 고기를 씻어서 큼직하게 6㎝ 크기로 잘라서 물 10컵 분량을 넣고 삶는다.

2 표고버섯은 깨끗하게 씻어 기둥을 제거한 후 은행잎 썰기로 썰고, 밤은 속껍질을 벗기고 은행도 속껍질을 벗겨 둔다. 무는 깨끗이 씻어 둔다.

3 고기가 반쯤 익었을 때 씻어 둔 무를 넣고, 고기가 푹 익었을 때 무를 건져 약 4~5㎝ 정도로 굵직하게 썰어 밤, 표고버섯과 함께 양념의 반 분량을 넣고 고루 버무려서 냄비에 담는다. 이때 재료가 잠길 정도의 물을 부어 중불로 서서히 끓인다.

4 미나리는 잎을 다듬어 줄기를 5㎝ 길이로 썰고, 달걀은 황백으로 나누어 지단을 부쳐서 마름모꼴로 썰어 놓는다.

5 찜의 국물이 반으로 되면 나머지 양념을 넣고 끓으면 뚜껑을 열고 졸인다. 국물이 거의 졸아들고 간이 배면 준비된 은행과 미나리를 넣고 뒤적인다.

6 찜 그릇에 다 만들어진 찜을 담고 달걀지단 썬 것을 얹고 뚜껑을 닫아서 상에 낸다.

- 찜을 할 때 마지막 조릴 때는 뚜껑을 열고 남은 국물을 끼얹어 가면서 조려야 찜이 윤이 난다.

2) 쇠갈비찜

재료 및 분량

갈비 2대(600g), 무 300g, 표고버섯 5장, 당근200g, 잣 1작은술, 달걀 1개, 은행 10알

양념 간장 4큰술, 배(간 것) 6큰술, 설탕 2큰술, 파(다진 것) 2큰술, 마늘(다진 것) 2큰술, 참기름 1큰술. 깨소금 1큰술, 후춧가루 약간

〈만드는 법〉

1 쇠갈비는 5㎝ 크기로 잘라 찬물에 담가 핏물을 빼고 건져서 갈비에 칼집을 넣고 기름 덩어리나 질긴 힘줄 부위를 떼어낸다.

2 갈비가 잠길 정도의 물을 끓이다가 준비된 갈비를 넣고 5분 정도 삶다가 건져서 찬물로 헹궈 둔다.

3 무와 당근은 길이 4~5㎝ 정도로 굵직하게 썰어 둔다.

4 표고는 큼직하게 부채꼴로 썰고 은행은 속껍질을 벗겨 두고, 달걀은 황백으로 나누어 지단을 부쳐 둔다.

5 준비된 양념 재료를 섞어 양념장을 만든 후 ⅓을 삶아 둔 갈비에 넣고 무쳐서, 갈비가 잠길 정도의 물을 붓고 끓인다.

6 고기가 익었을 때 무, 당근, 표고를 넣고 나머지 양념을 넣고 불을 중불로 하여 뭉근하게 끓인다.

7 국물이 자작하게 되면 은행을 넣고 잠시 더 끓여서 찜 그릇에 담고 위에 달걀지단과 잣을 뿌려서 완성한다.

3) 쇠꼬리찜

재료 및 분량

쇠꼬리1㎏, 다홍고추·풋고추 각각 1개, 당근 ½개, 표고버섯 3장, 굵은 소금 1큰술, 피망 ¼개, 물 9컵

양념1 물 2컵, 대파 뿌리 2개, 양파 ¼개, 배 ⅓개, 진간장 7큰술, 생강(다진 것) ½작은술

양념2 마늘(다진 것) 1큰술, 흑설탕 2큰술, 후추 ¼작은술, 참기름 ½큰술

〈만드는 법〉

1 쇠꼬리는 2㎝ 길이로 잘라서 350℃ 물에 15분 동안 담가서 해동 및 핏물을 빼고, 건져서 질긴 힘줄이나 기름 덩어리를 떼어내고 칼집을 깊숙이 넣는다.

2 손질된 쇠꼬리는 압력솥에 넣고 굵은 소금을 녹인 9컵을 붓고 40분간 끓인 다음 찬물로 헹궈서 식힌다.

3 다홍고추와 풋고추는 갈라서 씨를 빼고 2㎝ 너비로 어슷하게 썬다.

4 표고는 흐르는 물로 씻은 다음 조금 굵게 채 썰기하고, 당근, 피망은 굵직하게 표고버섯과 같은 굵기로 썰어 둔다.

5 양념1을 한데 넣고 10분간 끓인 다음 체에 걸러서 건더기는 버리고 국물만 식혀 둔다.

6 5에 참기름을 뺀 양념2를 넣고 고루 버무려서 잠시 둔다.

7 삶아 둔 꼬리와 피망, 표고버섯, 당근, 준비된 양념을 넣고 냄비 뚜껑을 닫고 끓이다가 고기와 야채가 익으면, 뚜껑을 열고 졸인다.

8 국물이 자작하게 되면 썰어 둔 청·홍고추를 넣고 잠깐 졸이다가 남은 참기름을 넣고 불을 끄고 그릇에 담아낸다.

4) 돼지갈비찜

재료 및 분량

돼지갈비 300g, 다홍고추·풋고추 각각 1개, 마른 통고추 2개, 참기름 1큰술, 식용유 2큰술, 소금 약간, 양파 ½개, 당근 100g, 표고버섯 3장, 감자 1개

양념 간장 3큰술, 정종 2큰술, 설탕 1큰술, 파(다진 것) 2큰술, 생강(다진 것) ½작은술, 참기름 ½큰술, 깨소금 ½큰술, 후춧가루 약간

〈만드는 법〉

1 돼지갈비를 5~6㎝ 길이로 잘라서 물에 담가서 핏물을 빼고, 건져서 질긴 힘줄이나 기름 덩어리를 떼어내고 갈비에 칼집을 깊숙이 넣는다.

2 끓는 물에 손질한 갈비를 넣고 5분간 데쳐 내서 찬물로 헹구어 놓는다.

3 다홍고추, 풋고추는 갈라서 씨를 빼고 너비 2㎝로 어슷하게 썬다.

4 표고는 흐르는 물로 씻은 다음 은행잎 썰기로 썰고, 감자와 당근은 3~4㎝ 정도의 직사각형으로 굵직하게 썰고, 양파도 같은 크기로 썰어 둔다.

5 양념을 섞어서 양념장을 만들어 ½을 준비된 돼지갈비에 고루 버무려서 잠시 둔다.

6 마른 고추는 마른 행주로 깨끗이 닦아서 씨를 빼고 굵직하게 썰어 냄비에 참기름과 식용유를 넣고 은근한 불로 가열하여 매운 기름을 만들어 양념한 갈비를 넣어 대강 볶는다.

7 살짝 볶은 돼지갈비에 갈비가 잠길 정도로 더운물을 부어 중불로 끓으면 마른 고추는 꺼낸다. 고기가 무르게 익으면 나머지 양념과 준비된 양파, 버섯, 감자, 당근 등을 넣고 고루 섞어서 뭉근하게 끓인다.

• 야채는 너무 익어 형태가 흐트러지면 안 된다.

8 거의 국물이 졸아들면 풋고추, 다홍고추를 넣고 한소끔 익혀서 그릇에 담아 지단을 얹어 낸다.

• 갈비에 윤기가 나도록 마지막엔 뚜껑을 열어 남은 국물을 끼얹어가며 졸여야 한다. 이때 불조절을 잘하여 타지 않게 조림한다.

5) 떡찜

재료 및 분량

흰떡 200g, 쇠고기(사태) 100g, 무 100g, 당근100g, 쇠고기(우둔살) 100g, 표고버섯 3장, 미나리(또는 실파) 20g, 은행 5알, 잣 작은술, 달걀 1개

양념1 간장 1큰술, 설탕 ½큰술, 파(다진 것) 2작은술, 마늘(다진 것) 1작은술, 참기름·깨소금 각각 1작은술, 후춧가루 약간

양념2 간장 4큰술, 설탕 2큰술, 파(다진 것) 2큰술, 마늘(다진 것) 1큰술, 참기름·깨소금 1큰술, 후춧가루 약간

〈만드는 법〉

1 사태는 덩어리째 씻어 냄비에 넣고 물 3컵을 붓고 삶는다. 무와 당근은 고기가 익었을 때 넣고 너무 무르게 삶지 않는다.

2 우둔살은 곱게 다지고 표고는 채 썰어 양념1을 한다.

3 흰떡은 5㎝ 길이로 잘라서 가운데 열십자로 칼집을 넣어 끓는 물에 데쳐 내어 찬물에 헹군 후 다진 양념한 고기를 속에 채운다.

4 무, 당근은 4㎝정도의 크기로 잘라서 모서리를 도려내고 모양을 낸다.

5 은행은 기름에 살짝 볶아서 껍질을 벗겨 두고 달걀은 황백 지단을 부쳐서 완자형이나 골패형으로 썬다.

6 냄비에 삶은 당근, 무, 표고버섯을 넣고 양념 반과 육수 2컵을 붓고 중불로 뭉근하게 끓인다.

7 고기와 채소에 간이 배면 떡을 넣고 나머지 양념2를 넣고 고루 섞어서 뭉근하게 끓인다.

8 국물이 자작해지면 은행과 5㎝로 자른 미나리를 넣고 한 번 더 끓인 뒤 불을 끈다.

9 찜이 다 되면 그릇에 담고 지단과 잣을 얹어 낸다.

- 떡이 너무 물러지지 않게 시간조절을 해야 한다.
- 미나리가 너무 익지 않게 해야 한다.

6) 닭찜

재료 및 분량

닭 ½마리(1㎏ 정도), 양파(大) ½개, 감자 1개, 당근 ½개, 표고버섯 3장, 다홍고추 1개, 마늘 4쪽, 달걀 1개, 은행 10개

양념 간장 4큰술, 설탕 1큰술, 물엿 2큰술, 후추 약간, 깨소금 2작은술, 생강즙 1작은술, 파(다진 것) 2큰술, 마늘(다진 것) 1큰술

〈만드는 법〉

1 닭은 깨끗이 손질하여 4~5㎝ 정도로 큼직하게 토막을 쳐 둔다.

2 양념 재료로 양념장을 만들어 반으로 닭고기를 재워 둔다.

3 양파는 굵직하게 썰고 표고버섯은 은행잎 썰기를 한다.

4 감자, 당근도 큼직하게 잘라서 모서리를 둥글게 만든다.

5 마늘은 곱게 다지고, 다홍고추는 반을 갈라서 씨를 빼고 굵직하게 썰어 둔다.

6 달걀은 황, 백지단을 부쳐서 마름모꼴로 잘라 둔다.

7 냄비에 닭을 넣고 잠길 정도로 물을 붓고 끓이다가 닭이 물렀을 때 준비된 야채류와 나머지 양념장을 넣고 천천히 끓여 닭과 채소 맛이 어우러지게 한다.

8 국물이 자작하게 되면 은행을 넣고 다시 윤기나게 조린 다음, 불을 끄고 찜을 그릇에 담고 그 위에 지단 잘라 둔 것을 얹어 상에 낸다.

- 닭과 부재료가 알맞게 익도록 한다.
- 닭고기에 기름이 너무 많으면 한 번 끓는 물에 삶아서 기름을 빼고 조리한다.
- 당면을 삶아서 마지막 조리는 과정에 넣어도 좋다.

7) 닭 북어찜

재료 및 분량

닭 ½마리, 소금 1작은술, 후춧가루 약간, 북어포 ½마리, 다시마 20㎝, 마른고추 2개, 식용유 3큰술

양념 물엿 2큰술, 물 1컵, 간장 4큰술, 설탕 1큰술, 파(다진 것) 3큰술, 마늘(다진 것) 1½큰술, 생강(다진 것) 2작은술, 깨소금 1½큰술, 참기름 1½큰술, 후춧가루 약간

〈만드는 법〉

1 닭은 깨끗이 손질하여 굵직하게 토막을 내어 소금, 후춧가루를 넣고 재어 둔다.

2 북어포는 그대로 물에 담가 부드럽게 되면 물기를 꼭 짜고 4㎝ 너비로 토막을 낸다.

3 다시마는 두께가 두꺼운 것을 골라 물에 담가 불려서 3~4㎝ 크기로 네모지게 썬다.

- 불리지 않으면 음식이 완성된 다음 질겨서 먹기가 불편하다.

4 마른고추는 깨끗이 닦아 씨를 빼고 4㎝ 길이로 썰어 기름에 넣고 살짝 볶아서 매운

맛이 나면 고추는 빼낸 후 양념된 닭을 넣고 겉이 노릇노릇하게 되도록 지져 낸다.

5 준비된 양념을 섞어 양념장을 만든 후 반을 지진 닭, 북어, 다시마에 넣고 같이 버무려서 냄비에 담아서 끓인다.

6 닭찜이 끓고 물이 반으로 줄면 나머지 양념을 넣고 끓인다.

7 국물이 잦아들어 윤기가 날 때까지 위아래로 가끔 섞어 주면서 서서히 끓인다.

- 닭과 다시마, 북어의 맛이 어우러져 좋다.
- 찜이 다 될 때까지 불조절을 잘 해야 타지 않는다.

8) 매운 닭찜

재료 및 분량

닭 ½마리(1㎏ 정도), 양파(大) ½개, 감자 2개, 당근 ⅓개, 대파 1뿌리, 참기름 1큰술, 마늘(다진 것) 1큰술, 후추 약간, 소금 1작은술

양념 간장 3큰술, 설탕 ½큰술, 고춧가루 2큰술, 고추장 2큰술, 물엿 1큰술, 생강즙 1작은술, 파(다진 것) 2큰술, 마늘(다진 것) 1큰술, 소금 약간

〈만드는 법〉

1 닭은 깨끗이 손질하여 4~5㎝ 정도로 큼직하게 토막을 친 후 다진 마늘과 후추, 소금으로 양념해 둔다.

2 양파는 굵직하게 썰고, 대파도 3㎝ 크기로 썰기를 한다.

3 감자, 당근도 큼직하게 잘라서 둔다.

4 물은 닭이 잠길 정도로 부은 후 끓기 시작하면 닭을 넣고 끓인다.

5 닭이 익으면 준비된 야채류와 양념장을 넣고 천천히 끓여 닭과 채소 맛이 어우러지게 한다.

6 국물이 자작하게 되면, 간을 보고, 싱거우면 소금으로 간을 맞추고 참기름을 넣은 후 불을 끄고 그릇에 담아 상에 낸다.

- 닭과 부재료가 알맞게 익도록 한다.
- 닭고기에 기름이 너무 많으면 한 번 끓는 물에 삶아서 기름을 빼고 조리한다.
- 묵은지를 넣고 만들기도 한다.
- 취향에 따라 고춧가루를 사용하여 매운맛을 조절할 수 있다.

9) 도미찜

재료 및 분량

도미 1마리, 당근 20g, 쇠고기 60g, 표고버섯 3장, 석이버섯 4장, 달걀 2개, 미나리 60g, 다홍고추 2개, 식용유·소금 적당량

양념1 소금 1큰술, 흰 후춧가루 약간, 청주 2큰술

양념 2 간장 1큰술, 설탕½큰술, 파(다진 것) 2작은술, 마늘(다진 것) 1작은술, 참기름 1작은술, 깨소금 1작은술 후춧가루 약간

〈만드는 법〉

1 도미는 비늘을 긁어내고 내장을 뺀 뒤 깨끗이 씻어 양면에 칼집을 어슷하게 2㎝ 간격으로 깊이 넣고 양념1을 뿌려 둔다.
2 쇠고기는 곱게 다져 양념2의 반으로 양념을 해서 도미의 칼집 사이에 채워 넣는다.
3 표고버섯은 가늘게 채 썰어 나머지 양념2로 무쳐서 볶아 두고, 석이버섯은 깨끗이 손질하여 끓는 물에 살짝 데쳐서 소금, 후춧가루, 참기름으로 무쳐 둔다.
4 달걀은 황백으로 나누어 지단을 부쳐서 가늘게 채 썬다.
5 미나리는 초대를 부쳐서 5㎝ 길이로 자르고 다홍고추는 씨를 빼고 당근도 5㎝ 길이로 가늘게 채 썰어 소금 넣고 살짝 볶는다.
6 도미는 밀가루를 묻히고 달걀을 씌워서 팬에서 겉만 살짝 익을 정도로 지진다.
7 전골냄비(얕은 냄비)에 분량의 국물을 넣고 간을 해서 한 번 끓어오르면 생선을 넣고 뚜껑을 닫고 10~15분 끓인다.
8 거의 끓을 때 미나리 초대, 석이버섯 등 준비된 고명을 보기 좋게 얹어서 한 번 끓인 후 그릇에 담아낸다. 맑은 국물은 생선이 잠기도록 남아 있는 것이 좋다.

10) 전복찜

재료 및 분량

전복 5개, 쇠고기 50g, 표고 3장, 육수 1컵, 국간장 ½큰술, 잣 1작은술, 은행 10개, 달걀 1개

양념 간장 1큰술, 설탕 ½큰술, 파(다진 것) 2작은술, 마늘(다진 것) 1작은술, 깨소금, 1작은술, 참기름 1작은술, 후춧가루 약간

〈만드는 법〉

1 전복을 소금으로 빡빡 문질러 씻은 다음 살을 껍질과 떼어내고 깨끗이 씻은 다음 전복살 윗면에 1.5㎝ 간격으로 사선으로 칼집을 넣고 뒷면에도 칼집을 낸다. 전복 껍질은 깨끗이 씻어 따로 둔다.

2 쇠고기와 표고는 채 썰기를 하여 고기와 같이 양념하여 냄비 밑에 깔고 그 위에 준비된 전복도 양념을 바르고 얹는다.

3 육수나 더운 물에 국간장으로 간을 한 뒤 붓고, 센 불로 가열하여 끓어오르면 불을 약하게 하여 끓인다.

4 은행은 껍질을 벗기고, 잣도 고깔을 뗀다.

5 전복이 푹 익으면 은행을 넣고 잠시 더 익힌 다음 준비해 둔 전복껍질에 전복을 하나씩 놓고 채 친 표고와 쇠고기도 옆에 담고 그 위에 은행, 잣, 지단을 얹는다.

• 말린 전복을 불려서 만들기도 한다.

11) 꽃게찜

재료 및 분량

꽃게(중) 5마리, 두부 1모, 쇠고기 50g, 표고버섯 3장, 실파 3뿌리, 실고추 약간

양념 소금 1작은술, 국간장 1큰술, 파(다진 것) 2큰술, 마늘(다진 것) 1큰술, 참기름 1큰술, 후춧가루 약간

〈만드는 법〉

1 꽃게는 솔로 깨끗이 씻어서 게딱지를 열고 아가미는 떼어 내고 게딱지 안에 들어있는 내장 및 게의 몸통과 다리에 들어있는 살을 발라내어 그릇에 담아 둔다. 게딱지는 깨끗이 씻어 둔다.

2 쇠고기는 살을 곱게 다지고, 두부는 눌러서 물기를 뺀 다음 으깨어 두고 표고는 채를 썬다.

3 게살, 쇠고기, 두부, 표고를 합한 것에 달걀 1개를 풀고 양념 재료를 넣어 소를 만든다.

4 게딱지에 밀가루를 고루 뿌리고 준비된 소를 채운 뒤 위에 밀가루를 고르게 펴 바르고 그 위에 달걀물을 입힌 다음, 채 썬 파와 실고추를 얹어서 김이 오른 찜통에 넣어 20분간 찐다.

5 속까지 익으면 접시에 담아낸다.

12) 대합찜(개조개찜)

재료 및 분량

대합(中) 5개, 쇠고기 50g, 표고버섯 2장, 달걀1개, 석이버섯 3장, 실고추 약간, 밀가루 적당량, 소금 적당량

양념 간장 2작은술, 참기름 ½큰술, 깨소금½작은술, 파(다진 것) 2큰술, 마늘(다진 것) 1큰술, 후춧가루 약간

〈만드는 법〉

1 대합을 깨끗이 씻어 소금물에 담가서 해감을 한 뒤, 대합의 껍질과 살을 떼어낸 다음 내장을 분리해 내고, 살만 굵직하게 다지고 쇠고기와 표고버섯도 다진다.
2 1의 다진 재료에 양념을 하고 달걀노른자 1개를 섞어서 무친다.
3 대합 껍질을 깨끗이 닦아서 마른 밀가루를 뿌린 다음 양념한 재료를 소복이 담는다.
4 담은 3을 고르게 편 후 밀가루 약간을 고루 뿌리고 그 위에 달걀 푼 것을 발라서 접시에 담아 찜통에 넣고 20분간 찐다.
5 조개가 익으면 조개 위에 석이채와 달걀지단 채 친 것, 실백을 얹어서 한소끔 끓인 후 접시에 담아서 낸다.
6 초간장을 곁들여 낸다.

13) 대하찜

재료 및 분량

대하 5마리, 닭가슴살 100g, 죽순 100g, 오이 1개, 청·홍고추 1개, 소금·후춧가루 약간, 식용유 1큰술, 꽂이 5개

잣즙 잣 3큰술, 참기름 1작은술, 육수 4큰술, 소금 1작은술, 후춧가루 약간, 마요네즈 1큰술, 고추기름 1큰술

〈만드는 법〉

1 큰 새우를 껍질째 깨끗이 씻어 등에 있는 내장을 이쑤시개로 빼내고 배에 1㎝ 간격으로 칼집을 넣은 후 등 쪽에 꽂이를 끼워 모양을 일자로 바르게 잡고 소금을 약간 뿌려 찜통에 넣고 10분 정도 찐다.

2 새우가 식으면 꽂이를 빼고 머리, 꼬리를 떼어 두고 껍질을 까서 살을 꺼내어 조금 굵게 어슷썰기 한다.

3 닭 가슴살은 소금과 후추를 약간 뿌려 두었다가 찜통에 찐 후 납작하게 썬다.

- 가슴살을 찔 때 그릇에 담아 찌면 육수가 생기는데 잣즙에 이용하면 좋다.

4 오이는 반으로 갈라 어슷하게 썰어 두고 삶은 죽순을 빗살모양으로 얇게 썰어서 소금, 후춧가루로 간을 하여 살짝 볶아 둔다. 청·홍고추는 씨를 빼고 어슷하게 썰어 둔다.

5 잣은 마늘 찧는 통에 넣고 찧다가 잣즙 재료를 섞고 잘 으깨어 잣즙을 만든다.

- 요즘은 준비된 재료들을 다 넣고 믹서기로 간다.

6 그릇에 준비된 것들을 담아 소금, 후춧가루로 밑간을 하고 잣즙을 넣어 가볍게 버무려 그릇에 담는다.

7 6의 위에 청·홍고추를 고루 얹어서 찜기에 김이 오르면 찜기에 넣고 5분간 쪄서 상에 낸다.

14) 북어찜

재료 및 분량

북어 1마리, 실고추 약간, 파(채 썬 것) 약간

양념 진간장 4큰술, 물 ½컵, 설탕 ½큰술, 파(다진 것) 2큰술, 생강즙 ½작은술, 마늘(다진 것) 1큰술, 깨소금 1큰술, 후춧가루 약간, 참기름 1작은술, 물엿 2큰술

〈만드는 법〉

1 북어는 두드려서 부드럽게 한 뒤 머리를 떼고 물에 담갔다가 건져 펴서 뼈를 발라내고 양쪽의 잔가시를 제거한 후 5~6㎝ 정도의 크기로 토막을 낸다.

2 **양념**을 잘 섞어 양념장을 만든다.

3 오목한 그릇에 북어를 깔면서 준비된 양념장을 켜켜로 발라 둔다.

4 찜기에 수증기가 오르면 준비한 북어를 넣고 20분간 찐다.

5 쪄낸 4에 실고추, 파채를 보기 좋게 올리고 다시 1분간 찐 다음 상에 낸다.

- 북어찜에 사용되는 북어는 황태가 맛이 좋다.
- 양념장에 고추장과 고춧가루를 약간 사용하기도 한다.

15) 아귀찜

재료 및 분량

아귀 600g, 미더덕 100g, 콩나물 400g, 미나리 200g, 다시마 국물 2컵, 고추냉이(와사비) 적당량, 참기름 1큰술, 간장 적당량

양념 고춧가루 4큰술, 생강즙 ½큰술, 마늘(다진 것) 3큰술, 파 다진 것 4큰술, 맛술 3큰술, 간장 2큰술, 소금·후추 약간

물녹말 물 4큰술, 녹말가루 2큰술

〈만드는 법〉

1 아귀는 내장을 빼고 깨끗이 씻은 후 5㎝ 크기로 뼈째 토막을 낸다.

2 미더덕은 싱싱한 것으로 깨끗이 씻는다.

3 콩나물은 머리와 꼬리를 떼고 소금을 넣고 살짝 삶아 찬물로 씻어 둔다.

4 마늘은 다져 놓고 생강은 즙을 낸다.

5 냄비에 아귀를 담고 준비된 양념을 넣고 살짝 볶은 후 육수나 다시마 국물을 붓고 뚜껑을 덮어 아귀를 익힌다.

6 아귀가 충분히 익었으면 콩나물, 미더덕을 넣고 미나리도 넣어 익힌다.

7 6에 간을 소금으로 하고, 물녹말을 조금씩 넣어 농도를 맞춘 후 끓여서 마지막에 참기름을 넣어 마무리한다.

8 간장에 고추냉이(와사비)를 곁들여 낸다.

16) 달걀찜

달걀찜은 달걀을 곱게 풀어 물을 넣어 섞고 간을 하여 고명을 얹고 찐 음식이다.

재료 및 분량

달걀 4개, 새우젓 국물 ½큰술,
쑥갓 1줄기, 은행 3알, 당근 1조각,
물 (달걀의) 2배, 소금 약간

〈만드는 법〉

1 달걀을 곱게 풀어 달걀물 2배의 물을 붓고 체에 받쳐 새우젓 국물과 소금 약간을 넣어 간을 맞춘다.

- 기호에 따라 새우젓 국물 대신 국간장이나 소금을 사용해도 좋다.

2 뚝배기나 사기그릇에 달걀 푼 것을 담고 은행과 당근으로 꽃무늬를 만든 것, 쑥갓 한 잎을 고명으로 얹는다.

- 처음부터 올려놓으면 밑으로 가라앉는 수가 있으므로 찜이 중간 정도 익은 후에 얹고 다시 살짝 찌면 모양을 원하는 대로 할 수 있다.

3 찜통에 넣고 중불에서 찐다.

- 달걀찜은 센 불에서 찌면 갑자기 부풀었다가 가라앉아 구멍이 뚫려 모양도 좋지 않고 겉이 딱딱해져 맛이 없어진다.
- 찜그릇에 달걀물을 담고 뚜껑을 덮거나 랩을 씌워 중탕하거나 찜통에 찐다.
- 달걀찜에 명란젓을 풀어 달걀찜을 하기도 한다.

17) 산나물찜

재료 및 분량

취나물 150g, 생고사리 150g,
두릅 150g, 참죽나물 50g, 참나물 150g,
바지락살 150g, 방아 50g, 밀가루 $\frac{2}{3}$컵,
미나리 150g, 다홍고추·풋고추 각각 1개,
국간장 약간, 파 다진 것 2큰술,
마늘 1큰술, 후추 약간, 참기름 약간

〈만드는 법〉

1 나물들을 다듬고 각각 깨끗이 씻어서 두고 참죽나물과 방아를 제외한 나물들을 각각 끓는 물에 따로따로 데쳐 찬물에 헹구어 둔다.

2 조갯살은 소금물에 깨끗이 씻어 둔다.

5 다홍고추, 풋고추는 갈라서 씨를 빼고 어슷하게 썬다. 참죽나물과 방아잎도 4㎝ 크기로 잘라 둔다.

4 데친 나물들은 4~5㎝ 길이로 썰고, 그릇에 담아 각각 나물 종류별로 국간장, 파, 마늘 다진 것을 넣고 무쳐 둔다.

- 이때 간은 나물을 무치는 정도로 한다.

5 물 4컵에 밀가루를 풀어 농도가 걸쭉한 정도의 풀 죽을 쑤다가 죽이 끓으면 조갯살을 넣고 끓인다.

5 5에 준비된 4와 참죽, 방아, 고추를 넣은 후 끓기 시작하면 국 간장으로 간을 맞추고 그릇에 담아 상에 낸다.

- 이때 타액이 국물에 닿으면 국물이 삭으므로 다른 그릇에 담아 맛을 보아야 한다. 밀가루 농도가 너무 흐리거나 되어도 안 된다.
- 조갯살 대신 멸치나 쇠고기를 넣어도 좋으나 맛이 조개보다는 시원하지 않다.

18) 콩나물 찜

재료 및 분량

콩나물 300g, 바지락 100g, 마른오징어 ½마리, 미나리 100g, 파 ½대, 물녹말 2큰술, 참기름 1작은술, 미더덕 150g

양념장 파(다진 것) 1큰술, 마늘(다진 것) ½큰술, 고춧가루 3큰술, 물 ¼컵, 간장 2큰술, 참기름 약간, 맛술 1작은술, 멸치액젓 ½큰술

〈만드는 법〉

1 마른 오징어는 물에 불려 먹기 좋은 크기로 썬다.

2 미나리는 씻은 후 5㎝ 길이로 썬다.

3 콩나물과 바지락, 미더덕은 깨끗이 씻어 둔다.

- 바지락은 미리 소금물에서 해감해 둔다.

4 양념장 재료를 섞어 양념장을 만든다.

5 냄비에 콩나물을 깔고 오징어, 미나리, 바지락, 미더덕을 올린 후 양념장을 끼얹어 중불로 익힌다.

6 한 김 올라 콩나물 익는 냄새가 나면 5분 후에 녹말에 물을 넣고 풀어 물녹말을 만들어 넣고 걸쭉해지면 불을 끈다.

19) 호박선

재료 및 분량

애호박 1개, 쇠고기 50g, 표고버섯 3장, 달걀 1개, 당근 20g, 석이버섯 5g, 실고추 적당량, 겨자·초간장 적당량, 국간장 약간

양념 진간장 1큰술, 설탕 1작은술, 파·마늘(다진 것) 1작은술, 후춧가루 적당량, 깨소금 1큰술, 참기름 1작은술

〈만드는 법〉

1 호박은 6cm 길이로 통썰기를 해서 호박 가운데에 4cm 길이로 열십자 모양의 칼집을 낸 다음 소금물을 뿌려 절여 둔다.

2 파와 마늘은 곱게 다진 후 나머지 양념 재료들과 섞어 둔다.

3 당근은 곱게 채 썰어 살짝 데치고 석이는 뜨거운 물에 불려 깨끗이 손질하여 채 썬다.

4 쇠고기와 표고, 당근은 곱게 채 썰고, 채 친 당근은 섞어 둔 양념으로 무쳐 둔다.

5 달걀은 황백지단을 부쳐 2×0.1×0.1cm로 채 썰어 지단채를 만들어 둔다.

6 호박은 물기를 짜고 당근, 표고, 쇠고기를 섞어 호박 칼집 사이에 끼워 넣는다.

7 냄비에 호박을 넣고 육수를 부은 뒤 국간장으로 간을 맞춘 후 국물을 끼얹으며 속까지 익히고 국물이 조금 남은 정도로 익힌다.

8 익힌 호박을 그릇에 담고 지단채, 석이채, 실고추, 잣을 고명으로 얹는다.

9 겨자즙이나 초간장을 함께 낸다.

- 센 불에서 호박을 파랗게 익혀 낸다.
- 육수를 너무 많이 붓거나 소를 너무 많이 넣으면 끓일 때 소가 빠져나온다.
- 호박에 칼집을 낼 때 일정하게 하고 소금물에 절인다.

20) 가지선

재료 및 분량

가지 2개, 쇠고기 100g, 표고버섯 3장. 달걀 1개, 실고추, 소금 적당량, 물 1컵

고기 양념 진간장 1큰술, 설탕 1작은술, 파(다진 것) 2작은술, 깨소금 1작은술, 마늘(다진 것) 1작은술, 후춧가루 ¼작은술, 참기름 1작은술

〈만드는 법〉

1 가지는 가늘고 연한 것으로 5cm 정도로 토막 내어 오이소박이처럼 열십자로 칼집을 내고 끓는 소금물에 살짝 데친다.

2 쇠고기의 ½은 다지고 표고는 채로 썰어 쇠고기와 같이 고기 양념의 ½로 무치고, 남은 쇠고기는 채 썰어 나머지 양념으로 무쳐 둔다.

3 가지는 꼭 짜서 칼집 낸 속에 양념한 다진 고기와 버섯을 소로 넣는다.

4 냄비에 채 썬 쇠고기를 깔고 그 위에 가지를 나란히 놓고 물에 간을 맞춘 뒤 1컵 정도의 물을 부어 자작하게 끓인다.

5 달걀지단채와 실고추, 비늘잣을 고명으로 얹는다.

- 가지선은 약 10분 정도 찌면 가지의 신선한 향기가 나며, 시각적으로 아름답고 맛도 좋다.

21) 오이선

재료 및 분량

오이 1개, 쇠고기 50g, 달걀 1개, 실고추 약간, 표고버섯 3장

양념 간장 2작은술, 설탕 1작은술, 파(다진 것) 1작은술, 마늘(다진 것) ½작은술, 참기름 1작은술, 깨소금 1작은술, 후춧가루 약간

단촛물 식초 3큰술, 물 2큰술, 설탕 2큰술, 소금 ½큰술

〈만드는 법〉

1 오이는 가늘고 연한 것을 골라 세로로 반을 갈라서 4㎝의 길이로 토막을 내어 껍질 쪽에 1㎝ 간격으로 비스듬히 칼집을 세 번 넣고 진한 소금물에 담가서 절인다.

- 이때 소금물은 물 1컵에 소금 1큰술을 풀어 만든다.

2 오이가 절여지면 물에 헹구어 건져서 행주에 싸서 눌러 물기를 짠다.

3 쇠고기 살은 곱게 채 썰고, 표고는 불려서 곱게 채 썰어 합하여 양념장으로 무쳐서 팬에 볶아 내어 식힌다.

4 달걀은 황백으로 나누어 지단을 부쳐 2㎝ 길이로 곱게 채 썬다.

5 팬을 달구어 기름을 두르고 절인 오이를 넣어 센 불에서 재빨리 볶아 바로 넓은 그릇에 펴서 식힌다.

6 오이의 칼집 사이에 황색 지단, 백색 지단, 볶은 쇠고기와 표고를 한 칸씩 채워 넣고 실고추는 흰 지단에 한 가닥씩 끼워서 그릇에 가지런히 담는다.

7 조미료를 합하여 단촛물을 만들어서 상에 내기 직전에 고루 끼얹어 낸다.

- 차게 내면 더 좋다.
- 오이의 색이 변색되지 않게 한다.
- 오이는 살짝 볶아야 색깔이 곱고 아삭아삭하다.
- 오이 칼집사이에 끼운 소의 길이를 가지런히 정리해 주면 모양이 깔끔하다.

22) 어선

재료 및 분량

흰살생선 200g, 쇠고기(우둔) 50g, 표고(中) 2개, 달걀 1개, 석이버섯 4장(5g), 오이(소) ½개, 당근 50g, 녹말가루 약 3큰술, 갠 겨자 ½큰술, 소금·흰후춧가루 약간,

양념 파(다진 것) 2작은술, 마늘(다진 것) 1작은술, 간장 1큰술, 설탕 ½큰술, 참기름 1작은술, 깨소금 1작은술, 후춧가루 약간

겨자초간장 간장 3큰술, 식초 1½큰술, 물 ½큰술, 설탕 ½큰술, 겨자 취향껏

〈만드는 법〉

1 생선살을 되도록 넓게 포를 떠서 칼을 눕혀서 두들기고 두께를 고르게 하여 소금, 흰 후춧가루를 뿌린다.

2 쇠고기는 살로 곱게 채 썰고, 표고는 기둥을 제거하고 깨끗이 씻어 곱게 채 썰어 합하여 양념으로 무쳐서 팬에 볶아 펴서 식힌다.

3 달걀은 황백으로 나누어 지단을 부쳐 곱게 채 썬다.

4 석이버섯은 더운물에 불려 비벼서 검은 막을 깨끗이 하여 채로 썰어 끓는 물에 잠깐 넣었다가 건져 내어 소금, 참기름으로 고루 무친다.

5 오이와 당근은 4㎝ 정도로 토막을 내어 돌려 깎은 후 가는 채로 썰어서 소금에 잠깐 절였다가 뜨거운 팬에 기름을 두르고 볶아 바로 넓은 그릇에 펴서 식힌다.

6 도마에 대발을 놓고 위에 젖은 행주를 펴서 생선포를 네모지게 펴 놓고 녹말가루를 고루 뿌린다.

7 채로 준비한 재료를 김밥을 싸듯이 생선살 위에 나란히 놓고 말아 끝 부분과 양 쪽

은 녹말을 되직하게 풀어서 바르고 김이 오른 찜통에 넣어 15분 정도 찐다.

8 생선이 익으면 꺼내어 식힌 다음에 3㎝ 정도의 너비로 썰어 접시에 담아서 초간장에 매운맛을 낸 겨자를 섞은 겨자초간장을 곁들인다.

- 생선 위에 녹말가루를 충분히 뿌리고 소로 넣을 재료는 물기 없이 볶아서 식힌 후에 넣는다.
- 달걀 황백지단은 소금을 넣고 고루 풀어 약한 불에서 부쳐야 색이 곱고 식은 후에 썰어야 모양이 흐트러지지 않는다.
- 생선살은 얇게 포를 떠야 물이 생기지 않고 익히는 데 시간이 덜 걸린다.

23) 두부선

재료 및 분량

두부 1모, 닭고기 50g, 표고버섯(中) 1개, 석이 3장, 달걀 1개, 잣 1작은술, 실고추 약간

양념 소금 1작은술, 설탕 ½작은술, 파(다진 것) ½큰술, 마늘(다진 것) 1작은술, 참기름 ½작은술, 깨소금 1작은술, 후춧가루 약간

〈만드는 법〉

1 닭고기는 살만 발라서 곱게 다진다.

2 두부를 행주에 싸서 무거운 것으로 눌러서 물기를 뺀 다음 도마에 놓고 한쪽 끝에서부터 칼을 눕혀서 으깨어 체에 내려서 곱게 한다.

3 표고버섯은 기둥을 떼어낸 후 깨끗이 씻어 채를 썰고, 석이버섯은 불려서 비벼 깨끗이 손질하여 채로 썬다.

4 실고추는 3㎝ 길이로 잘라 놓고, 잣은 고깔을 떼고 반을 갈라서 비늘잣을 만든다.

5 달걀은 황백으로 나누어 지단을 부쳐서 채로 썬다.

6 두부와 고기에 양념을 넣어 고루 섞은 다음, 준비한 재료들(표고, 석이, 달걀지단, 비늘잣) 중에 모양이 좋은 것은 조금만 남기고 같이 섞는다.

7 젖은 행주를 펴고 양념한 두부를 1㎝ 두께로 고르게 펴서 네모난 반대기를 만들어 위에 남겨 둔 표고, 석이, 지단, 실고추, 비늘잣을 고루 얹고 위에도 젖은 행주를 덮어 살짝 누른다.

8 찜통에 넣어 15분 정도 쪄내어 한 김 식힌 후 네모지게 썰어 초장과 겨자를 곁들인다.

24) 수란

재료 및 분량

달걀 5개, 석이버섯 3장, 실고추 약간, 실파 2뿌리, 소금 3작은술, 참기름 3작은술, 식초 5작은술

〈만드는 법〉

1 냄비에 수란기가 잠길 만큼의 충분한 물을 붓고 식초와 소금을 넣어 끓인다.

2 석이버섯은 다듬고 씻어서 가늘게 채 썰어 소금과 참기름으로 양념한 뒤 살짝 볶는다.

3 실고추와 실파의 푸른 부분을 1×0.1㎝로 곱게 채 썬다.

4 달걀은 작은 그릇에 깨뜨려 놓는다.

5 수란기의 물기를 제거하고 참기름을 바른 뒤 끓는 물의 표면에서 데워 달걀을 조심스럽게 담는다.

6 끓는 물을 숟가락으로 노른자위에 조심스럽게 끼얹어 국자 안의 흰자위가 하얗게 노른자를 덮으면 불을 줄이고 노른자가 터지지 않게 물속에 천천히 담가 반숙이 되게 익힌다.

7 반숙란이 뜨거울 때 볶은 석이버섯, 채 썬 파, 실고추를 국자 안에서 고명을 얹고 그릇에 옮겨 놓는다.

• 냄비의 물은 국자가 충분히 잠길 만큼 준비하고 이때 물 3컵에 소금과 식초를 각각 1작은

술씩 넣으면 수란의 응고를 촉진시킨다.

- 수란기의 안쪽에 참기름을 바르고 끓는 물의 표면에서 데워야 나중에 노른자가 터지지 않게 잘 떼어 낼 수 있다.
- 달걀 흰자가 노른자를 반드시 덮어야 하고 노른자는 반숙이 되어야 한다.
- 물의 온도에 주의해야 하고, 적절한 시기에 달걀을 담가야 흰자가 노른자를 덮는다.

II 조림과 초

조림은 생선, 고기, 두부, 감자 등을 간장에 약한 불로 오래 끓여 조린 음식으로 밥반찬에 적합한 음식이며 궁중에서는 조리개라고 하였다. 오래 저장하면서 먹을 것은 간을 약간 상하게 하였으며, 가정에서 많이 만드는 것으로 쇠고기 장조림이 있다.

어패류를 조리할 때 흰살생선은 간장, 설탕, 생강 등으로 조미하고, 붉은 살 생선이나 비린내가 많은 생선은 고춧가루나 고추장, 된장을 넣으면 맛이 좋다.

조림의 일종으로 초(炒)가 있는데 이것은 조림처럼 약한 불로 끓이다가 국물이 조금 남았을 때 녹말을 물에 풀어 넣어 국물이 걸쭉하고 전체가 골고루 윤이 나게 조리는 조리법이다.

1) 쇠고기 장조림

재료 및 분량

쇠고기(홍두깨살) 200g, 꽈리고추 15개, 물 3컵

양념 간장 ½컵, 마늘 4쪽, 설탕 큰술, 생강 1쪽

〈만드는 법〉

1 쇠고기는 덩어리째 물에 담가 핏물을 빼고 씻어 6~7㎝ 정도 크기로 토막을 낸다.

2 냄비에 물을 끓여서 고기를 넣어 고기가 푹 익으면 얇게 저민 생강, 마늘과 간장, 설탕을 넣고 약한 불로 조린다. 꽈리고추는 꼭지를 따고 깨끗이 씻어 둔다.

3 국물이 줄고 고기에 간이 들면 꽈리고추를 넣고 조금 더 조린 뒤 불을 끈다.

4 상에 낼 때는 고기의 결대로 찢거나 얇게 썰어서 그릇에 담고 국물도 부어서 낸다.

- 돼지고기 안심부분으로 장조림을 하면 쇠고기 장조림보다 부드럽고 맛이 좋다.
- 달걀이나 메추리알을 삶아서 껍질을 까서 같이 넣고 장조림을 해도 좋다.

2) 조기조림

재료 및 분량

조기 2마리, 무 150g, 물 1컵, 실고추 약간, 실파·쑥갓 각각 30g

양념 설탕 2큰술, 후춧가루 약간, 마늘 4쪽, 생강 약간, 진간장 ½컵, 파 50g

〈만드는 법〉

1 조기는 내장을 제거하고, 깨끗하게 씻어 토막을 낸다.

2 파, 마늘, 생강은 가늘게 채를 썰어 다른 양념과 섞어 양념장을 만든다.

3 무는 도톰하게 썰어 냄비에 한 켜 깔고 무가 잠길 정도의 물을 부은 후 준비된 양념장을 약간 넣고 무가 익도록 끓인다.

4 3에 조기를 깔고 나머지 양념장을 골고루 끼얹어 센 불로 끓인다. 조림이 끓기 시작하면 불을 줄이고 국물을 가끔 위로 끼얹어 간이 골고루 배도록 한다.

5 조기가 충분히 간이 들고 익으면 실고추, 실파나 쑥갓을 4~5㎝ 길이로 썰어 얹어서 잠시 더 익히고 상에 낸다.

- 조기의 간장 조림으로 취향에 따라 고춧가루를 넣기도 한다.

3) 북어조림

재료 및 분량

북어 1마리, 다홍고추 1개, 풋고추 3개, 실고추 약간

양념 간장 3큰술, 생강 약간, 물 ½컵, 파 1뿌리, 설탕 1큰술, 통깨 ½작은술, 마늘 3쪽, 고춧가루 ½큰술, 참기름 1작은술

〈만드는 법〉

1 북어는 물에 불려서 부드러워지면 건져서 물기를 닦고 뼈를 발라내어 4cm 정도로 토막을 낸다.

2 파, 마늘, 생강은 가늘게 채로 썰어 나머지 양념과 합하여 양념장을 만든다.

3 풋고추와 다홍고추는 씨를 빼고 어슷하게 썬다.

4 냄비에 북어를 깔면서 양념장을 고루 끼얹고 불에 올려 졸인다.

5 끓어오르면 불을 줄이고 준비된 고추를 넣어 장물을 끼얹으면서 졸인다.

6 국물이 거의 없어지고 북어가 부드럽게 되면 실고추를 얹고 다시 한 번 끓인 뒤 불을 끄고 그릇에 담아 상에 낸다.

- 고춧가루를 넣지 않고 진간장만을 넣고 조림을 해도 좋다.

4) 두부조림

재료 및 분량

두부 1모, 실고추 약간, 소금 약간, 식용유 적당량

양념 간장 3큰술, 후춧가루 약간, 물 3큰술, 파 ½큰술, 통깨 ½큰술, 마늘 ½큰술, 참기름 1작은술

〈만드는 법〉

1 두부는 너비 3cm, 길이 4cm, 두께 0.5~0.8cm의 크기의 직사각형으로 썰어 소금을 약간 뿌려 둔다.

2 팬에 기름을 두르고 두부의 양면을 노릇노릇하게 지진다.

3 파와 마늘을 채를 썰어 다른 양념과 합하여 양념장을 만든다.

4 냄비에 지진 두부를 깔고 양념장을 골고루 끼얹어서 불에 올린다.

5 조림이 끓으면 불을 줄이고 실고추를 얹어 장물을 가끔 끼얹으면서 국물이 거의 없어질 때까지 조린다.

- 두부를 지질 때 녹말가루를 입혀서 지지면 더욱 맛이 좋다.
- 양념장에 고춧가루를 넣기도 한다.
- 두부가 부서지지 않게 주의하고, 두부를 지질 때 색이 너무 많이 나지 않게 한다.

5) 감자조림

재료 및 분량

감자 4개, 풋고추 5개, 잔 멸치 70g

양념 간장 5큰술, 깨소금·참기름 각각 ½큰술, 설탕 1큰술, 후춧가루 약간, 마늘(다진 것) ½큰술, 물 8큰술, 물엿 2큰술

〈만드는 법〉

1 풋고추는 큼직하게 썰어 씨를 뺀다.
2 감자는 껍질을 벗겨서 사방 3~4㎝ 정도의 네모꼴로 썬다.
3 잔 멸치는 깨끗이 닦고, 큰 멸치는 머리와 내장을 뺀다.
4 냄비에 감자와 멸치를 담고 양념을 넣어 불에 올려 끓인다.
5 감자가 익으면 풋고추를 넣어 위아래를 잘 섞어 간이 배도록 하고 감자가 약간 무를 때까지 조린다.

6) 연근조림(간장조림)

재료 및 분량

연근 200g, 식초 약간

양념 물엿 2큰술, 설탕 1큰술, 통깨 약간, 물 3큰술, 간장 3큰술, 청주 1큰술

〈만드는 법〉

1 연근은 너무 굵지 않은 것으로 골라 수세미로 깨끗이 문질러 씻은 다음 필러로 얇게 껍질을 벗긴다. 껍질 벗긴 연근은 7㎜ 두께로 납작하게 썰어 가장자리에 모양

대로 홈을 파서 꽃모양으로 만든다.

2 식초 물을 연하게 만들어 썰어 둔 연근을 잠시 담가 둔다.

3 끓는 물에 식초를 1작은 술 넣은 다음 연근을 넣고 살짝 데친 후 건져서 찬물에 행군 뒤에 물기를 뺀다.

4 냄비에 간장과 물, 청주 등을 분량대로 넣고 끓이다가 데친 연근을 넣어 중불에서 조린다.

5 조림이 끓어오르기 시작하면 불을 약하게 줄이고 서서히 조린다. 국물이 반쯤 줄면 물엿과 설탕을 넣고 숟가락으로 뒤적이면서 윤기 나게 바짝 조린다.

6 조림장이 잦아들면 통깨를 뿌리고 불을 끈다.

• 견과류가 있으면 같이 넣어도 좋다.

7) 연근 맑은 조림(초조림)

재료 및 분량

연근 200g, 식초 3큰술, 물 2컵

양념 식초 ⅓컵, 설탕 4큰술, 통고추 1개, 물 1컵, 소금 1큰술

〈만드는 법〉

1 연근은 너무 굵지 않은 것으로 골라 수세미로 깨끗이 문질러 씻은 다음 필러로 얇게 껍질을 벗긴다.

2 껍질 벗긴 연근은 7㎜ 두께로 납작하게 썰어 식초 물에 담근다.

3 물을 끓이다가 식초를 넣고 썰어 둔 연근을 넣고 3분 정도 끓인 다음 찬물에 씻어 둔다.

4 냄비에 소금과 물, 설탕, 통고추 등을 분량대로 넣고 끓이다가, 데친 연근을 넣고 식초를 붓고 중불에서 10분 정도 끓인다.

5 4가 끓으면 통고추는 꺼내고 불을 끄고 차게 식혀 국물과 같이 그릇에 담아낸다.

• 통고추에서 붉은 물이 나지 않게 해야 깔끔하다.

8) 달걀조림

재료 및 분량

달걀 5개

양념 간장 3큰술, 후춧가루 ¼작은술, 설탕 ½큰술, 참기름 1작은술, 물 2큰술, 물엿 1큰술

〈만드는 법〉

1 달걀은 노른자가 중심으로 가도록 굴리면서 완숙시킨다.

2 익은 달걀의 껍질을 벗기고 둥글게 3~4토막으로 썰어서 분량의 양념을 넣어 잠깐 조린다.

- 달걀 껍질을 벗겨 통째로 조려서 상에 낼 때 잘라서 내도 좋다.
- 풋고추를 넣고 조려서 같이 내도 좋다.

9) 제육조림

재료 및 분량

돼지고기(다리살) 300g

양념 마늘(다진 것) 1큰술, 생강즙 1작은술, 새우젓 2큰술, 참기름 2작은술, 고춧가루 1큰술, 고추장 1큰술, 소금 약간, 설탕 ½큰술

〈만드는 법〉

1 돼지고기는 얇고 작게 저며 둔다.

2 양념 중에 설탕과 생강즙을 뺀 나머지들을 합치고 물을 3큰술 넣어 잘 섞은 뒤 썰어 둔 돼지고기를 잘 무친다.

3 냄비에 양념한 돼지고기를 넣고 조린다.

4 고기가 익으면 불을 줄이고 설탕과 생강즙을 넣고 국물이 자작하게 될 때까지 조린다.

10) 생선 고추장조림

재료 및 분량

고등어(또는 등푸른 생선류) 1마리(大), 무 200g, 양파 ½개, 대파 ½개

양념 고추장 2큰술, 생강 약간, 간장 1큰술, 설탕 ½큰술, 대파(다진 것) 2큰술, 물 5큰술, 마늘 3쪽

〈만드는 법〉

1 생선은 내장을 빼내고 깨끗이 씻은 다음 조림용으로 4~5㎝ 되게 토막을 친다.

2 무는 깨끗이 씻어 2㎝ 두께로 큼직하게, 양파, 대파는 굵게 채 치고 마늘과 생강은 저민다.

3 양념 재료를 섞어서 양념장을 만들어 냄비에 무를 깔고, 다음으로 고등어를 얹은 뒤 양파와 채 친 대파를 얹은 다음, 양념장을 골고루 끼얹어 불에 올려 졸인다.

- 먼저 무와 간장을 넣고 졸여 사용하면 더 맛이 좋다.

11) 깻잎 돼지고기 말이

재료 및 분량

돼지고기(목살이나 등심) 200g, 감자 1개, 깻잎 2묶음, 대파(또는 양파) 1대, 전분 약간, 이쑤시개 10개

소스 우스타 소스 2큰술, 토마토 케첩 ½컵, 물 ½컵, 설탕 1큰술, 마늘(다진 것) 3개, 후추 약간

〈만드는 법〉

1 돼지고기는 기름기가 없는 살코기 부분을 약간 넓고 도톰하게 잘라 약간의 소금과 후추를 뿌려 둔다.

- 돼지고기는 불고기감으로 구입하여 사용한다.

2 감자는 길이 5㎝로 채를 썰어 살짝 소금을 뿌려 둔다. 양파나 대파는 채를 썰어 둔다.
3 준비된 고기에 깻잎을 깔고 준비된 감자와 파를 넣고 돌돌 말아 김밥처럼 싸고 마지막에 전분가루를 바른 후 이쑤시개로 고정시킨다.
4 소스의 재료들을 넣고 끓으면 준비된 고기를 넣고 소스가 자작해질 때까지 조린다.
5 소스에 졸여진 고기는 식혀서 어슷하게 잘라서 그릇에 남은 깻잎이나 대파를 채 친 후 같이 담아낸다.
   • 양상추나 다른 야채와 같이 내면 좋다.

12) 전복초

생전복을 얇게 저며서 쇠고기와 함께 간장에 조린 반찬이다.

재료 및 분량

전복(中) 2개, 참기름 1큰술, 쇠고기 50g, 잣가루1큰술

양념 간장 3큰술, 마늘2쪽, 설탕 2큰술, 후춧가루 약간, 전복 삶은물 1컵

물녹말 녹말가루 1큰술, 물 2큰술

〈만드는 법〉

1 전복은 소금으로 빡빡 비벼 씻고, 껍질에서 살을 떼어내어 전복 내장을 제거하고 씻어 둔다. 껍질도 솔로 깨끗이 씻어 둔다.
2 전복살은 잠깐 삶아 얇게 저민다.
3 쇠고기는 납작하게 썰고 마늘은 얇게 편으로 잘라 둔다.
4 냄비에 양념을 모두 넣고 끓이다가 끓어오르면 쇠고기를 넣고 다시 끓인다.
5 장물이 다시 끓으면 전복 저민 것과 마늘을 넣어 약한 불에서 조린다.
6 국물이 자작해지면 물녹말을 넣고 골고루 섞은 뒤 참기름을 넣어 윤기를 낸다.
7 그릇이나 전복껍질에 담고 잣가루를 골고루 뿌린다.

13) 홍합초

재료 및 분량

홍합(생홍합) 200g, 마늘 · 생강 각각 1쪽, 대파 1뿌리, 잣가루 1큰술, 참기름 1큰술

양념 간장 3큰술, 후춧가루 약간, 물 ½컵, 물엿 2큰술

물녹말 녹말가루 1큰술, 물 2큰술

〈만드는 법〉

1 생홍합은 붙어있는 털과 이물질을 제거한 뒤 끓는 물에 살짝 데쳐 건져 둔다.
- 마른 홍합은 깨끗이 씻어 잠깐 물에 불려 둔다.

2 마늘, 생강은 납작하게 편으로 잘라 두고, 대파는 흰 부분을 2㎝ 크기로 통으로 썬다.

3 냄비에 대파를 제외한 모든 **양념** 재료를 넣고 불에 올려 끓으면 홍합을 넣고 약한 불에서 서서히 조린다.

4 조리는 도중에 국물을 끼얹어서 전체에 간이 배도록 하다가 어느 정도 조려지면 잘라 둔 대파를 넣고 계속 조린다.

5 국물이 자작해지면 물녹말을 넣고 잘 섞어 마지막으로 참기름을 넣어 윤을 낸다.

6 그릇에 담고 위에 잣가루를 뿌려서 상에 낸다.
- 약한 불에서 은근히 졸여야 딱딱해지지 않고 색이 곱다.
- 파, 마늘, 생강이 너무 무르지 않게 주의한다.

제4장

나물류

나물은 생채와 숙채를 합하여 부르기도 하나 좁은 의미로는 숙채를 일컫고, 우리나라 반찬 중에 가장 기본이 되는 음식이다. 나물류는 크게 생채류, 숙채류와 기타의 쌈류로 나눌 수 있다.

I 생채류

생채류는 계절마다 새로 나오는 생으로 먹을 수 있는 싱싱한 채소들을 익히지 않고 날로 간장, 맑은 젓, 새우젓, 초장, 고추장, 겨자장 등에 무친 것이다. 양념으로 설탕과 식초를 사용하여 달고 새콤한 맛을 내기도 하며 채소의 신선함과 아삭아삭하게 씹히는 맛이 소실되지 않도록 다루어야 한다.

생채류의 재료는 무, 배추, 상추, 오이, 미나리, 도라지, 더덕 등으로 생으로 먹을 수 있는 채소가 많이 쓰이고 해파리나 미역, 파래, 톳 등의 해조류와 오징어, 조개, 새우 등을 데쳐서 채소와 무치기도 한다.

생채류의 종류는 생채와 냉채로 나눌 수 있는데 생채는 밥반찬으로 많이 먹고 조림이라고도 하며, 냉채는 술안주나 고급 초대음식으로 많이 먹는다. 냉채에 사용되는 즙액에는 겨자즙, 잣즙, 호두즙, 식초와 소금즙 등이 있다.

1. 생채

1) 무 생채

재료 및 분량

무 200g

양념 고춧가루 3큰술, 마늘(다진 것) ½큰술,
파(다진 것) 1큰술, 소금 1큰술,
설탕·식초 각각 2큰술,
참기름·깨소금 각각 ½큰술

〈만드는 법〉

1 무는 6×0.2×0.2㎝ 크기로 곱게 채 친다.

2 무에 먼저 고춧가루를 넣고 섞어 고춧물을 고루 들인 후 나머지 양념을 넣고 골고루 무친다.

- 식초는 제일 뒤에 넣는다.
- 무는 길이방향으로 굵기를 고르게 채 썰어 무쳐야 색이 곱다.
- 양념할 때는 손끝으로 가볍게 살살 무치고 상에 내기 전에 무쳐야 물이 생기지 않는다.

2) 오이 생채

재료 및 분량

오이(中) 2개(200g), 소금 2작은술

양념 고춧가루 2큰술, 마늘(다진 것) ½큰술, 파(다진 것) 1큰술, 설탕 1큰술, 식초 1큰술, 참기름·깨소금 각각 ½큰술, 소금 1작은술

〈만드는 법〉

1 오이는 소금으로 겉을 문질러 씻고 0.2㎝ 두께의 원형으로 얄팍하게 썰어서 소금으로 절여 둔다.

2 파, 마늘을 곱게 다져 다른 양념과 같이 섞어 둔다.

3 오이의 물기를 짜서 양념에 무친다.

- 고춧가루 대신에 고추장을 사용해도 좋다.
- 오이의 두께는 고르게 썰어야 간이 알맞게 밴다.
- 생채는 무쳐서 오래 두면 빛깔이 변하고 국물이 많이 생기므로 상에 내기 직전에 무쳐 낸다.

3) 도라지 생채

재료 및 분량

도라지 200g

양념 고춧가루 2큰술, 마늘(다진 것) 1큰술, 파(다진 것) 1큰술, 소금 1작은술, 설탕·식초 각각 2큰술, 참기름·깨소금 각 ½큰술

〈만드는 법〉

1 도라지는 굵은 것은 가늘게 찢어서 소금을 넣어 바락바락 주물러 쓴맛을 빼고 물에 헹구어 물기를 짠다.

- 도라지 크기는 6×0.3×0.3㎝가 적당하다.

2 그릇에 도라지를 담고 먼저 고춧가루를 넣어 주물러서 물을 들이고 나서 나머지 양념들을 넣고 무친다.

- 오이를 어슷하게 썰어 절여서 함께 섞어 만들기도 한다.
- 초고추장 양념으로 해도 좋다. 상에 내기 전에 무쳐야 물이 생기지 않는다.

4) 배추 겉절이

재료 및 분량

통배추 ¼통(200g), 미나리 20g, 물 3컵,
소금 3큰술, 대파 ½대

양념 고춧가루 3큰술, 새우젓 ½큰술,
마늘(다진 것) 1큰술, 참기름 1큰술,
설탕·깨소금 ½큰술, 대파 1뿌리,
생강(다진 것) ½작은술

〈만드는 법〉

1 배추는 속잎으로 한 장씩 떼어 씻어 소금물에 절인 뒤 길게 찢어 둔다.

2 대파는 5㎝ 길이로 잘라서 채를 치고, 미나리는 잎을 제거하고 깨끗이 씻어 5㎝ 길이로 자른다.

3 절인 배추에 고춧가루를 넣고 잘 주무른 다음 참기름을 제외한 모든 양념을 넣고 고루 무친 후 마지막에 참기름을 넣는다.

5) 봄동 겉절이

재료 및 분량

봄동 300g, 미나리 50g, 무 50g, 실파 50g

양념 고춧가루 ⅓컵, 마늘(다진 것) 2큰술,
생강(다진 것) 1작은술, 까나리 액젓 1큰술,
멸치액젓 1큰술, 새우젓 1큰술, 통깨 2큰술,
설탕 ½큰술, 소금 약간

〈만드는 법〉

1 봄동은 깨끗이 씻어서 먹기 좋은 크기로 찢어 둔다.

2 미나리와 파는 다듬어서 깨끗이 씻어 5㎝ 길이로 잘라 둔다.

3 무는 채를 썰어 고춧가루에 버무린다.

4 준비된 나머지 양념을 3에 넣고 버무리다가 나머지 재료들을 넣고 버무린다.

- 겉절이의 간이 싱거우면 소금으로 간을 한다.

6) 생파래 무침

재료 및 분량

생파래 100g

양념 멸치액젓 2큰술, 깨소금 1작은술, 소금 조금, 고춧가루 1작은술, 참기름 1작은술, 파·마늘(다진 것) 1작은술

〈만드는 법〉

1 생파래는 거품이 없을 때까지 깨끗하게 헹구어 물기를 꼭 짜서 몇 번 정도 썰어 준다.

2 생파래에 준비된 양념을 넣고 촉촉히 무친다.

- 생파래 무침에 젓국을 사용하지 않고 식초와 설탕, 간장 등을 넣어 새콤달콤하게 무쳐도 맛이 좋다. 파래는 겨울철에 많이 나므로 겨울별미로 좋다.
- 생파래 무침에 무를 채 썰어 넣고 무쳐도 좋다.

7) 더덕 생채

더덕 생채는 더덕을 초고추장 양념으로 무친 생채이다.

재료 및 분량

더덕 200g, 고춧가루 ½큰술, 소금 약간

양념장 고추장 1큰술, 간장 1큰술, 깨소금 1작은술, 설탕 1큰술, 파(다진 것) 1큰술, 마늘(다진 것) ½큰술, 참기름 ½큰술, 식초1큰술

〈만드는 법〉

1 더덕을 껍질을 벗겨 세로로 반을 가른 후 소금물에 담가 쓴맛을 우려내고 자근자근 고르게 두드려 세로로 곱게 찢는다.

- 더덕을 편편하게 편 뒤 꼬챙이로 가늘고 길게 찢는다.

2 준비된 더덕에 고춧가루를 넣고 주물러서 곱게 물을 들인 뒤, 양념장을 만들어 넣고 골고루 주물러 무치며 부풀려 그릇에 담는다.

- 더덕은 반으로 가르거나 굵은 것은 편으로 포를 떠서 소금물에 담가 쓴맛을 우려낸 다음 물기를 없애고 자근자근 두드려야 더덕이 부서지지 않는다.
- 고춧가루는 뭉치지 않게 고운체에 내려서 물을 들이고, 양념장을 넣고 살살 무쳐내야 한다.

8) 달래 무침

재료 및 분량

달래 150g

양념 진간장 2큰술, 고춧가루 1큰술, 깨소금 1작은술, 참기름 1큰술

〈만드는 법〉

1 달래는 다듬어서 깨끗이 씻어 물기를 없애고 6~7㎝ 길이로 자른다.

2 1에 양념들을 다 넣고 고루 무쳐낸다.

- 설탕, 식초를 넣고 새콤달콤하게 무쳐내기도 한다.
- 오이도 어슷하게 썰어 넣기도 한다.
- 달래를 1㎝ 크기로 잘라 양념장에 넣고 달래장을 만들어 밥을 비벼 먹기도 한다.
- 달래는 뿌리 부분도 먹으므로 깨끗이 다듬고 씻어야 한다.

9) 파·상추 겉절이

재료 및 분량

상추 200g, 대파 2뿌리

양념장 간장 2큰술, 설탕 2큰술, 고춧가루 2큰술, 깨소금 1큰술, 식초 2큰술, 소금 1작은술, 참기름 1큰술

〈만드는 법〉

1 상추는 깨끗이 씻어 줄기를 빼고 큰 것은 손으로 한 입 크기로 뜯어 놓는다.

2 파는 다듬어 씻고, 6~7㎝ 길이로 채 썰어 냉수에 담갔다가 건져 둔다.

3 1과 2에 양념장을 넣고 가볍게 버무려 그릇에 담아 상에 낸다.

- 상에 내기 직전에 양념을 넣고 무쳐야 야채의 숨이 죽지 않는다.
- 깻잎이 있으면 넣어도 좋다.

10) 시금치 쑥갓무침

재료 및 분량

시금치 100g, 쑥갓 100g, 상추 10잎, 대파 ½대, 통깨 약간

양념장 고춧가루 1큰술, 고추기름 1큰술, 식초 2큰술, 마늘(다진 것) ½큰술, 다진 파 1큰술, 간장 2큰술, 설탕 2큰술, 깨소금·참기름·후추 각각 약간

〈만드는 법〉

1 시금치는 어리고 연한 잎으로 골라 흐르는 물에 여러 번 씻어 물기를 빼고 한 입 크기로 뜯어 놓는다. 대파는 5㎝ 길이로 잘라 채를 썰어 찬물에 담가 둔다.

2 쑥갓도 억센 줄기는 잘라 내고 연한 잎 부분만 골라 깨끗이 씻어 4㎝ 길이로 똑똑 끊어 놓는다.

3 상추는 흐르는 물에서 깨끗이 씻어 먹기 좋은 크기로 손으로 잘라 놓는다.

4 양념장 재료를 섞어 둔다.

5 준비된 야채를 접시에 보기 좋게 담고 양념장을 끼얹어 상에 내거나 아니면 무쳐서 상에 낸다.

- 완성된 음식 위에 통깨를 얹어 내도 좋다.
- 상에 내기 전에 양념장을 끼얹는다.

11) 마늘종 무침

재료 및 분량

마늘종 150g, 식초 4큰술

양념장 고춧가루 1큰술, 소금 1작은술, 설탕 1큰술, 참기름 약간, 깨소금 1작은술

〈만드는 법〉

1 마늘종은 4~5㎝ 길이로 자르고 다시 가늘게 채를 친다.

2 채 친 마늘종은 식초를 넣고 30분 정도 재워 둔다.

3 준비된 양념장 재료를 고루 섞은 후 2의 마늘종의 물기를 제거하여 같이 무쳐서 상에 낸다.

- 마늘종을 재워 두었던 식초는 버리지 않고 두었다가 다른 요리에 사용하면 마늘을 넣을 필요가 없이 마늘 향을 즐길 수가 있다.

12) 미역 초무침

재료 및 분량

마른 미역 10g, 양파 ½개, 오이 ½개, 소금 약간

양념 소금 ½큰술, 마늘(다진 것) ½큰술, 파(다진 것) 1작은술, 식초 2큰술, 설탕 2큰술, 깨소금 ½큰술

〈만드는 법〉

1 미역은 물에 불려서 비벼서 여러 번 찬물에 씻어 물기를 빼 둔다. 크기는 한입 거리로 찢어 둔다.

2 오이는 반으로 가른 후 어슷하게 썰어 소금을 살짝 뿌려 둔다. 오이의 숨이 죽으면 손으로 꼭 짜서 물기를 뺀다.

3 양파는 가늘게 채를 썰어 식초 물에 담가 두었다가 물기를 제거해 둔다.

4 양념의 재료를 다 섞은 다음 준비된 미역, 오이, 양파를 넣고 버무려 그릇에 담아낸다.

- 겨울에는 생미역을 데쳐서 만들면 좋다.
- 오이 대신 작은 분홍새우를 데쳐서 넣어도 좋다.

13) 도토리묵 무침

재료 및 분량

도토리묵 1모(300g) , 오이 ½개, 김치 50g, 풋고추 2개, 대파 ½대

양념 간장 3큰술, 고춧가루 1큰술, 파(다진 것) 1큰술 마늘(다진 것) ½작은술, 설탕 1작은술, 참기름 1큰술, 깨소금 ½큰술

〈만드는 법〉

1 도토리묵은 5×0.7×0.7㎝ 크기로 도톰하게 썬다.

2 김치는 소를 털어 내고 가늘게 채를 썬 다음 참기름으로 무쳐 둔다.

3 오이는 채를 치고, 풋고추도 잘게 썰어 씨를 뺀다. 대파는 5㎝ 길이로 잘라서 채 친 다음 식초 물에 담근다.

4 준비된 재료를 그릇에 보기 좋게 담고 양념을 뿌려서 상에 낸다.

- 오이 대신 쑥갓을 사용하기도 한다.
- 김을 구워 부수어 넣기도 한다.
- 묵무침에 국수를 삶아 넣어 비빔국수를 만들어도 맛이 좋다.
- 묵이 너무 딱딱하면 끓는 물에 살짝 데친 다음 사용하면 좋다.

2. 냉채

1) 겨자채

재료 및 분량

오이 ½개, 당근 100g, 양배추 100g, 밤 3개, 죽순(삶은 것) 100g, 잣 1작은술, 달걀 1개, 쇠고기편육(또는 햄) 100g, 배 100g

겨자즙 발효겨자 1큰술,물 1큰술, 식초 2큰술, 설탕 2큰술, 소금 ½큰술

〈만드는 법〉

1 오이, 당근, 양배추는 씻어서 너비 1㎝, 길이 4㎝, 두께 0.3㎝ 되게 썰고 죽순은 삶아서 같은 크기로 썬다.

- 생야채는 썰어서 물에 담그면 더욱 싱싱해진다.

2 쇠고기 편육도 채소 크기로 썰고 달걀은 황백으로 나누어 지단을 도톰하게 부쳐 같은 크기로 썬다.

3 배는 껍질을 벗겨 채소 크기로 썰고 밤은 속껍질을 벗기고 납작하게 썰어 둔다.

- 설탕물 또는 소금물에 담가 두면 변색을 막을 수 있다.

4 겨자즙 재료를 잘 섞어 겨자즙을 만들어 둔다.

- 이때 잣가루 혹은 연유를 넣으면 겨자의 매운맛을 부드럽게 해 준다.

5 준비된 재료들을 냉장고에 넣어 차게 해 두었다가 상에 내기 전에 색깔을 맞추어 그릇에 담는다.

6 겨자즙은 따로 내도 되고, 모든 재료와 겨자즙을 섞어서 그릇에 담아내도 좋다.

- 겨자채에 사용되는 재료들은 계절에 따라 다르게 사용될 수가 있다.
- 냉채는 차게 해서 내면 더 좋다.
- 버무린 상태에서는 물기가 생기므로 상에 내기 전에 버무려야 한다.
- 쇠고기 편육 대신 햄을 사용해도 좋으나, 쇠고기 편육은 식은 후에 썰어야 부스러지지 않

고 반듯하게 썰 수 있다.

• 겨자즙의 겨자양은 먹는 사람의 취향대로 가감하면 된다.

2) 대하잣즙 무침

재료 및 분량

대하 5마리, 쇠고기편육(또는 햄) 100g, 죽순 100g, 오이 1개, 소금·흰 후춧가루 약간, 샐러드유 1큰술

잣즙 잣가루 6큰술, 참기름 1작은술, 육수 4큰술, 소금 ½큰술, 흰 후춧가루 약간

〈만드는 법〉

1 큰 새우를 껍질째 깨끗이 씻어 등 쪽에서 내장을 이쑤시개로 빼내고, 배쪽에 1㎝ 간격으로 칼집을 넣고 등 쪽에 꽂이를 끼워 모양을 일자로 바르게 잡고 소금을 뿌려 찜통에 넣고 10분 정도 찐다.

2 새우가 식으면 꽂이를 빼고 머리, 꼬리를 뗀 후 껍질을 까서 살을 꺼내어 조금 굵게 어슷썰기 한다.

3 쇠고기 편육은 납작하게 썬다.

4 오이는 반으로 갈라 어슷하게 썰어 소금에 절였다가 물기를 짜고 삶은 죽순을 빗살모양으로 얇게 썰어서 소금, 흰 후춧가루로 간을 하여 살짝 볶아 둔다.

5 잣즙재료를 섞고 잘 으깨어 잣즙을 만든다.

6 그릇에 준비된 것들을 담아 소금, 후춧가루로 밑간을 하고 잣즙을 넣어 가볍게 버무려 그릇에 담는다.

• 잣즙냉채는 닭 가슴살과 배와 다른 야채를 이용하여 만들어도 좋다.
• 차게 하여 유리그릇에 담아내면 더 좋다.

3) 해파리 냉채

재료 및 분량

해파리 300g, 오이 1개, 붉은 피망 ½개, 배 ¼개

해파리 양념 식초1큰술, 간장1큰술, 설탕 1큰술

마늘 소스 마늘 2쪽, 설탕 2큰술, 식초 3큰술, 소금 약간, 간장 2큰술

〈만드는 법〉

1 해파리는 5㎝ 길이로 채 썰어 냉수에 담가 5~6번 물을 갈아 주면서 짠물을 뺀 다음 끓는 물에 불을 끄고 잠깐 담갔다가 찬물로 헹구어 둔다.

- 너무 줄어들고 딱딱해졌으면 식초 물에 30분간 담가 둔다.

2 해파리의 물기가 빠지면 식초, 간장, 설탕을 넣고 간이 배도록 둔다.

3 오이와 붉은 피망은 채 썰어 냉수에 담갔다가 건져 둔다. 배도 채 썰어 둔다.

4 마늘은 곱게 다져서 분량의 재료를 넣고 마늘 소스를 만든다. 맛이 너무 진하면 물을 조금 넣어 묽게 한다.

5 준비해 둔 해파리와 오이, 홍피망을 마늘 소스에 버무려 접시에 담는다.

6 차게 해 두었다가 상에 낸다.

4) 돗나물 샐러드

재료 및 분량

돗나물 150g, 오이 ½개, 양파 ½개, 홍피망 ½개, 대하 5마리, 소금 약간

양념 겨자즙 1큰술, 소금 2작은술, 설탕 2큰술, 식초 2큰술, 물 2큰술

〈만드는 법〉

1 대하는 깨끗이 씻고 등 뒤로 내장을 뺀 다음, 끓는 물로 데친 다음 껍질을 벗기고 살을 분리해 낸다. 새우살은 납작납작하게 썰어 둔다.

2 돗나물은 깨끗이 다듬고 씻어 둔다.

3 오이는 5㎝ 길이로 조금 굵게 채를 치고, 양파는 채를 친 다음 소금물에 담가 매운 맛을 뺀다. 홍피망은 씨를 빼고 채를 쳐서 둔다.

4 양념 재료를 그릇에 담고 잘 저어 둔다.

- 식성에 따라 가감할 수 있다.

5 준비된 야채들은 그릇에 보기 좋게 담고 상에 내기 전에 소스를 뿌려 낸다.

- 초고추장이 있으면 초고추장으로 버무려도 좋다.

5) 연두부 냉채

재료 및 분량

연두부 1모, 무순 1팩(20g), 비트 조금

양념 달래 30g, 마늘 다진 것 ½큰술,
설탕 ½큰술, 파 다진 것 ½큰술,
진간장 4큰술, 다홍고추 다진 것 2큰술,
참기름·깨소금 각각 ½큰술

〈만드는 법〉

1 무순은 물에 흔들어 씻고, 비트는 곱게 채 썰어 찬물에 한 번 헹구어 놓는다.

2 달래는 다듬어 둥근 머리 부분을 칼등으로 두드려 4㎝ 길이로 잘라 둔다.

3 손질한 달래에 양념의 재료를 넣고 양념장을 만든다.

4 접시에 연두부를 으깨지지 않게 조심스레 담고 무순과 비트를 고루 얹은 후 양념장을 끼얹어 상에 낸다.

II 숙채류

숙채는 일반적으로 나물이라 하여 우리나라 반상 차림의 필수반찬이다. 나물의 재료는 거의 모든 채소가 사용되고 특히 날로 먹을 수 없는 채소들을 물에 데쳐서 무치거나 기름에 볶아서 만든다. 나물의 조미는 참기름과 깨소금을 비교적 넉넉히 넣고 무쳐야 부드럽고 맛이 있다. 특히 볶은 나물은 마지막에 참기름을 넣는 것이 효과적이다. 나물을 만드는 방법에 따라 볶음나물과 무침나물로 나눌 수 있으며 조리할 때는 다음에 유의해야 한다.

① 볶음나물: 볶음나물을 만들 때는 조미료가 채소에 배어 맛이 날 수 있도록 물기를 약간 주면서 뚜껑을 덮어 잠시 익혀 양념이 배어들 시간을 주어야 한다. 특히 묵나물 즉 마른 나물들을 사용하여 볶음나물을 만들 때 꼭 유념해야 한다.

예 고비, 고사리, 도라지, 잡채, 호박나물 등.

② 무침나물: 조미료를 넣고 적당히 주물러 무칠 때 채소의 조직에 양념이 배어 맛이 좋다. 젓가락으로 양념을 섞으면 양념의 맛이 배이지 않고, 지나치게 무치면 채소의 맛이 흘러 신선미가 없어진다.

예 콩나물, 시금치나물 등.

1) 콩나물무침

재료 및 분량

콩나물 300g, 소금 ½작은술

양념 국간장 1작은술, 파(다진 것) 2큰술, 마늘(다진 것) 1큰술, 참기름 1큰술, 깨소금 1큰술, 실고추 약간

〈만드는 법〉

1 콩나물은 다리를 다듬어 씻어서 냄비에 담고 물 반 컵에 소금을 넣고 잘 녹여 불에 얹고 약 15분 정도 삶는다.

2 끓으면서 콩나물 익는 냄새가 나면 1분 후에 불을 끄고 5분 후에 냄비 뚜껑을 열면 된다.

- 콩나물은 설익으면 비린내가 나고 너무 익으면 질겨져 맛이 없다.

3 콩나물이 익으면 준비된 양념을 넣고 고루 무친다. 이때 실고추는 3㎝의 크기로 잘라서 넣는다.

- 숙주나물도 같은 방법으로 조리한다.

2) 애호박나물(눈썹나물)

재료 및 분량

애호박(中) 1개, 소금 2작은술, 쇠고기 100g, 실고추 약간

양념 파(다진 것) 1큰술, 마늘(다진 것) ½작은술, 참기름 1작은술, 깨소금 ½작은술

고기 양념 진간장 1작은 술, 마늘(다진 것) ½작은술, 대파(다진 것) 약간, 참기름·설탕·깨소금 약간

〈만드는 법〉

1 애호박은 0.3㎝ 두께의 반달모양으로 썬 후 소금을 뿌려서 절인다.

2 쇠고기는 채를 쳐서 고기 양념을 해 둔다.

3 파, 마늘을 곱게 다지고 실고추는 3㎝ 크기로 잘라 둔다.

4 2의 쇠고기는 팬에 볶아 둔다.

5 1의 호박을 꼭 짜고, 팬을 달구어서 기름을 두르고 볶다가 준비된 양념 재료를 넣고 재빨리 볶아 낸다.

- 소금에 절인 호박이 짜면 한 번 물에 헹구어서 볶는다.

6 볶아 둔 쇠고기와 호박을 잘 섞어 무쳐 그릇에 담아낸다.

- 오이나물도 같은 방법으로 조리한다.

3) 고사리나물

재료 및 분량

불린 고사리 300g, 쇠고기 50g, 물 4큰술, 깨소금·참기름 각각 ½큰술

양념 국간장 2큰술, 설탕 ¼작은술, 파(다진 것) 2큰술, 마늘(다진 것) 1큰술, 깨소금 1작은술, 참기름 1작은술, 후춧가루 약간

〈만드는 법〉

1 말린 고사리는 하룻밤 물에 담가 두었다가 연하게 될 때까지 삶아서 그대로 식힌다.

- 급하게 불릴 때는 뜨거운 물을 갈아 주면서 불리면 단시간에 불릴 수 있다.

2 고사리의 질긴 부위를 잘라내고 5㎝정도 길이로 잘라 둔다.

3 쇠고기는 가늘게 채 썰어 양념의 일부를 넣어 무치고 나머지 양념으로 고사리를 무친다.

4 쇠고기를 먼저 볶다가 고사리를 넣어 같이 볶는 중간에 물을 넣고 뚜껑을 닫고 약한 불로 익힌다.

5 다 되면 참기름과 깨소금을 넣고 그릇에 담아낸다.

- 고비나물, 도라지, 묵은 취나물도 같은 방법으로 조리한다.

4) 시금치나물

재료 및 분량

시금치 300g, 소금 약간

양념 국간장 1½큰술, 파(다진 것) 1큰술, 마늘(다진 것) ½큰술, 참기름·깨소금 각각 ½큰술

〈만드는 법〉

1 시금치는 다듬어 씻은 다음 끓는 소금물에 데쳐서 바로 찬물로 헹구어 꼭 짜서 4㎝ 길이로 썬다.

2 시금치 썬 것에 양념을 넣고 고루 무쳐서 그릇에 담아낸다.

- 미나리, 쑥갓 나물도 같은 방법으로 조리한다.

5) 두릅나물

재료 및 분량

두릅 300g, 소금 약간

양념 고추장 2큰술, 식초 1큰술, 설탕 1큰술, 파(다진 것) ½큰술, 마늘(다진 것) 1작은술, 깨소금 ½큰술, 참기름 ½큰술

〈만드는 법〉

1 두릅은 깨끗이 씻어 소금물에 넣고 삶아 내어 물기를 뺀다.

2 두릅의 굵기가 굵으면 길이로 2~3등분한다.

3 가늘게 찢은 두릅은 준비된 양념으로 고루 무친다.

- 햇취나물, 원추리나물, 물 쑥나물들도 같은 방법으로 조리한다.
- 고추장 대신 된장으로 무쳐도 좋다.

6) 잡채

재료 및 분량

쇠고기 100g, 표고버섯 2개,
목이버섯(마른 것) 5g, 당근 100g, 양파 ½개,
오이 ½개, 도라지 100g, 달걀 1개, 당면 50g,
소금 약간

양념1 간장 2큰술, 설탕 ½큰술,
파(다진 것) 4작은술, 마늘(다진 것) 2작은술,
참기름·깨소금 각각 2작은술, 후추 ¼작은술

양념2 파(다진 것) 2작은술, 마늘(다진 것) 1작은술,
참기름·깨소금 각각 2작은술,
후춧가루 약간, 진간장 2큰술, 설탕 1큰술

〈만드는 법〉

1 쇠고기와 표고버섯은 가늘게 채를 썰고, 목이버섯은 물에 불려서 적당한 크기로 찢은 후 양념1로 나누어 양념해서 각각 볶아 식힌다.

2 오이, 당근은 0.3×0.3×6㎝ 크기로 채를 썰어 각각 볶아서 소금으로 간해 둔다.

3 도라지는 가늘게 찢어서 소금으로 주물러 씻어 쓴맛을 빼고 소금을 간해 볶아 둔다.

4 양파는 길이대로 채를 썰어 기름에 볶아 소금간을 하고, 달걀은 황백으로 나누어 지단을 부쳐서 채 썰어 둔다.

- 지단채는 5×0.2×0.2㎝의 크기가 적당하다.

5 당면은 끓는 물에 삶아 내어 길이를 서너 번 자르고 남은 양념1로 무친 다음 팬에서 볶아 둔다.

6 준비된 재료 중 지단을 뺀 나머지를 큰 그릇에 넣고 고루 섞어서 양념2로 간을 맞추고 접시에 담아 위에 지단과 잣을 얹어 낸다.

- 잡채를 만들 때 각각의 재료를 볶아야 맛이 좋다.

- 각 재료의 굵기를 일정하게 하고 야채의 색깔이 깨끗한 것부터 각각 볶아 낸다.
- 잡채를 대량으로 조리할 때는 당면을 삶아 물에 헹구지 않고 바로 참기름으로 발라 둔 후 밑간을 하면 퍼지지 않아 좋다.

7) 탕평채

재료 및 분량

청포묵 1모, 쇠고기 50g, 김 ½장, 미나리 30g, 숙주 100g, 달걀 1개

양념 간장 4큰술, 참기름 2작은술, 깨소금 1작은술, 식초 2큰술, 설탕 1큰술

〈만드는 법〉

1 쇠고기는 가늘게 채를 쳐서 고기 양념으로 무쳐서 볶아 둔다.

- 길이는 4~5㎝가 적당하다.

2 청포묵은 7×0.4×1㎝의 크기로 썬다. 청포묵은 끓는 물로 데쳐서 뜨거울 때 소금과 참기름으로 밑간을 해 둔다.

3 미나리는 다듬어 씻고 숙주는 머리와 꼬리를 다듬어 끓는 소금물에 데치고 미나리도 데쳐서 4~5㎝ 길이로 자른다. 데친 숙주는 찬물로 식힌 다음 소금과 참기름으로 무쳐 둔다.

4 달걀은 황백으로 나누어 지단을 부쳐서 채를 썰고 김은 구워서 잘게 부순다.

- 달걀지단의 크기는 4×0.1×0.1㎝가 적당하다.

5 그릇에 약간의 지단을 제외한 재료를 모두 넣고 양념으로 무쳐서 접시에 담고 위에 남긴 지단을 얹어 상에 낸다.

- 재료들을 접시에 보기 좋게 담고 초간장을 따로 담아내기도 한다.
- 청포묵을 썰 때는 칼날에 물을 적셔 사용하면 붙지 않고 부드럽게 썰린다.

- 상에 내기 전에 버무려야 미나리의 색깔이 변하지 않는다.
- 양념의 간이 세다 싶을 정도로 무쳐야 청포묵에서 수분이 나와 간이 맞다.

8) 깻잎찬

재료 및 분량

깻잎 40장, 멸치 10마리, 붉은 고추 1개, 대파 ½대

양념장 고춧가루 1큰술, 참기름 1작은술, 마늘(다진 것) 1큰술, 설탕 ½큰술, 다진 파1큰술, 간장 3큰술, 깨소금·실고추·후추 각각 약간

〈만드는 법〉

1 깻잎을 앞뒤로 깨끗이 씻어 분량의 간장을 붓고 약간의 숨이 죽을 정도로 절여 둔다.

2 붉은 고추는 씨를 뺀 다음 쌀알 크기로 다져 둔다.

3 멸치는 머리와 내장을 빼내고 잘게 다진다.

- 내장을 빼야 쓴맛이 없다.

4 실고추를 제외한 양념장 재료를 섞어 둔다.

5 깻잎 절인 간장을 따라 그 간장에 남은 양념장 재료를 넣고 다져 둔 멸치가루를 섞어 준다. 깻잎 절인 간장을 사용하면 향이 좋다.

6 절인 깻잎을 한 장 한 장 펴서 그릇에 담고 사이사이에 양념장과 실고추를 뿌린 후 찜통에 5분 정도 쪄서 익힌다.

- 찌는 시간이 길면 깻잎 색깔이 변하여 좋지 않다.

9) 구절판

재료 및 분량

쇠고기(우둔살) 150g, 표고버섯 5개, 오이 1개, 당근 100g, 목이버섯 10g, 새우 150g, 달걀 2개, 잣 2큰술, 소금·후춧가루 적당량, 식용유·참기름 적당량

양념 간장 2큰술, 설탕 1큰술, 파(다진 것) 4작은술, 마늘(다진 것) 2작은술, 참기름·깨소금·후춧가루 약간

밀전병 재료 밀가루 1컵, 소금 ½작은술, 물 1¼컵,

초간장 간장 3큰술, 식초 1½큰술, 물 1큰술, 설탕·겨자 약간

〈만드는 법〉

(1) 재료 다듬기

1 쇠고기는 가늘게 썰고 표고버섯도 채를 썰어 양념을 나누어 무쳐서 각각 볶아 둔다.
2 오이는 5㎝ 길이로 토막을 내어 돌려 가면서 얇게 깎아서 채(0.2×0.2㎝) 썰어 소금에 살짝 절였다가 꼭 짜서 참기름에 볶아 넓게 펴서 식힌다.
3 당근도 5㎝ 길이로 토막을 쳐서 굵기가 고르게 채 썰어 소금간을 하여 참기름에 볶는다.
4 목이버섯은 물에 불린 뒤 깨끗이 손질한 후 조금 굵게 채 썰어 소금간을 하여 참기름에 살짝 볶아 둔다.
5 새우는 등 뒤로 내장을 빼고 끓는 소금물에 데쳐서 식힌 다음 길이로 채 치듯 썰고 소금, 참기름으로 무쳐 둔다.
6 달걀을 황백으로 나누어 소금을 넣고 저은 후 지단을 부쳐서 5×0.2×0.2㎝ 크기로 가늘게 채 썬다.

(2) 밀전병 부치기

1 밀가루에 소금을 섞어 물을 넣고 잘 저어서 채에 거른다.
2 잘 길들여진 팬에 기름을 조금 두르고 종이처럼 얇고 둥글게 구절판 칸에 알맞은 크

기(지름 6㎝ 정도)로 부친다. 이때 불은 약하게 하는 것이 좋다. 충분한 양을 부치도록 한다.

(3) 구절판에 담기

1 준비된 재료들을 구절판 8칸에 보기 좋게 담는다.

2 뜨거운 밀전병은 따로 따로 두었다가 식으면 밀전병 사이에 잣을 1~2개씩 넣고 구절판 가운데 칸에 차곡차곡 담는다.

- 여분의 밀전병을 접시에 담아 준비해 두면 편리하다.

3 상에 낼 때 작은 그릇에 겨자장과 초간장을 낸다.

- 밀전병을 부칠 때는 기름을 적게 하여 약한 불에서 반죽을 한 숟가락 떠 넣어 얇고 둥글게 부친다.
- 밀전병 대신 무를 초절이 하여 대신 사용하기도 하고, 밀전병을 반죽할 때 색깔을 넣어 여러 색깔을 가진 밀전병을 내기도 한다.
- 모든 재료는 가능한 한 같은 굵기로 채 썰어야 보기도 좋고 쉽게 돌려지며 소복하게 담을 수 있다.

10) 냉이 달래 초무침

재료 및 분량

냉이 200g, 달래 100g, 해파리 200g, 오이 ½개

해파리 양념 식초 1큰술, 설탕 ½큰술, 겨자 ½큰술, 소금 약간

양념 고추장 3큰술, 마늘(다진 것) 1큰술, 파(다진 것) ½큰술, 식초 2큰술, 통깨 ½큰술, 설탕 2큰술, 소금 약간

〈만드는 법〉

1 냉이는 뿌리째 깨끗이 다듬고 씻어서 먹기 좋은 크기로 찢어서 소금물에 데쳐 둔다.

2 달래도 깨끗이 다듬고 깨끗이 씻어 5㎝ 길이로 잘라 둔다. 오이는 반으로 가른 다음 어슷하게 잘라 둔다.

3 해파리는 끓는 물에 전 처리를 한 다음 식초 물에 담가서 줄어든 해파리를 부드럽게 만든다.

4 해파리가 부드러워지면 물기를 제거하고 한입 크기로 자른 다음 준비된 해파리 양념으로 해파리를 무쳐 둔다.

5 양념 재료를 섞어 냉이를 무친 뒤 해파리와 달래, 오이를 넣고 다시 살짝 무쳐서 상에 낸다.

- 햇냉이를 구매해야 질기지 않다. 2년 이상 자란 냉이는 질기므로 주의한다.

11) 마늘종 볶음

재료 및 분량

돼지고기(불고기감) 200g, 마늘종 200g, 표고버섯 4장, 두반장 ½큰술, 식초 ½작은술, 녹말 1큰술, 식용유 1큰술, 후추 약간, 생강즙 ½작은술

양념장 설탕 ½큰술, 청주 1큰술, 굴소스 1큰술, 물 1큰술, 녹말 ½큰술, 진간장 ½큰술

〈만드는 법〉

1 마늘종을 먹기 좋은 크기(4~5㎝) 로 잘라 둔다.

2 소금을 넣고 끓인 물에 살짝 데쳐 둔다.

3 표고버섯은 깨끗이 씻은 뒤 마늘종 두께로 썰어 둔다.

4 돼지고기는 불고기감으로 얇게 자른 것으로 사서 먹기 좋은 크기로 잘라서 생강즙, 후춧가루 약간과 청주 1큰술을 넣고 조물조물 버무린다.

5 고기에 녹말과 식용유 1큰술을 넣고 버무린다. 이것을 팬에 기름을 두르고 센 불로 재빨리 익혀 낸다.

6 양념장의 재료들을 넣고 잘 섞어서 양념장을 만든다.

7 팬을 가열한 뒤 두반장을 넣어 살짝 볶다가 볶은 고기, 버섯, 데쳐 둔 마늘종을 넣고 볶은 뒤 양념장을 넣고 볶다가 식초, 후추를 살짝 뿌려 마무리한다.

- 화력을 세게 해서 재빨리 볶아 내야 한다.

- 마늘종은 소금을 넣고 짧은 시간 데쳐야 색이 선명하고 아삭해진다.
- 물녹말을 넣으면 고기의 육즙이 나오는 것을 막아 주기 때문에 고기의 맛을 그대로 살려 준다.
- 쇠고기를 사용해도 좋다.

12) 새우 두릅나물 무침

재료 및 분량

두릅(작은 것) 200g, 미나리 50g, 냉동새우(대) 5마리, 홍고추·청고추(다진 것) 1개

양념장 참기름 ½큰술, 된장 1큰술, 마요네즈 3큰술, 식초 1큰술, 파(다진 것) 1큰술, 마늘(다진 것) ½큰술, 깨소금 ½큰술, 후추·소금 약간

〈만드는 법〉

1 두릅을 다듬어 끓는 소금물에 데친다. 데친 두릅은 찬물에 빨리 헹궈 낸 후 물기를 빼 놓는다.
   - 큰 두릅은 세로로 반을 갈라 둔다.

2 새우는 내장을 제거하여 끓는 물에 데친 후 껍질을 벗겨 내고 얇게 반으로 가른다.

3 미나리는 다듬어 4㎝ 길이로 잘라 둔다. 청·홍고추는 씨를 빼고 약간 굵게 다져 둔다.

4 참기름과 마요네즈, 된장을 넣고 믹서기로 곱게 갈고, 그 외 나머지 다른 양념장 재료를 넣고 소금으로 간을 맞춘다.

5 두릅과 미나리, 새우를 예쁘게 그릇에 담고 준비된 양념장을 넣고 버무려 상에 낸다.
   - 두릅을 새롭게 즐길 수 있어 좋다.

13) 꼬막 야채 무침

재료 및 분량

꼬막 300g, 미나리 100g, 콩나물 150g, 붉은·풋고추 각각 1개, 소금 약간

양념장 간장 2큰술, 고춧가루 ½큰술, 설탕 ½큰술, 식초 1큰술, 마늘(다진 것) 1큰술, 파(다진 것) 1큰술, 깨소금 ½큰술, 참기름 1작은술, 후추 약간

〈만드는 법〉

1 꼬막은 해감을 시킨 다음 소쿠리나 꼬막끼리 서로 비벼서 6번 정도 깨끗이 씻는다.

2 물을 끓이다가 끓으면 씻어 놓은 꼬막을 넣고 10번 정도 빙빙 돌려가며 저어 주며 삶다가, 꼬막이 입을 벌리기 시작하면 소쿠리에 꼬막을 쏟아 부어 건진다. 건진 꼬막은 식힌 다음 살을 분리해 낸다. 분리한 살은 깨끗한 물로 한번 헹궈 둔다.

3 콩나물은 꼬리와 머리를 다듬어 살짝 삶는다. 미나리도 다듬어 살짝 데쳐 콩나물과 같이 4~5㎝ 크기로 잘라 둔다.

- 미나리는 너무 데치면 질겨서 좋지 않다.

3 풋고추와 홍고추는 씨를 빼고 어슷하게 썰어 둔다.

4 양념장의 재료들을 그릇에 담아 잘 섞어 둔다.

- 식성에 따라 식초의 양을 가감할 수 있다.

5 그릇에 준비한 꼬막과 야채를 넣고 양념장을 넣어서 버무려서 상에 낸다.

- 냉장고에서 차게 해서 상에 내면 더 좋다.

14) 어묵 우엉 잡채

재료 및 분량

어묵 100g, 우엉 100g, 풋고추 2개,
붉은고추 1개, 마늘 1개

볶음양념 간장 1큰술, 멸칫국물 3큰술,
설탕 1큰술, 청주 1큰술, 소금·후추 약간,
참기름·식용유 약간

〈만드는 법〉

1 우엉은 껍질을 벗기고 연필 깎는 것처럼 삐져서 식초 물에 담갔다가 끓는 물에 소금을 넣고 데친다.

2 어묵은 끓는 물에 데쳐서 기름기를 뺀 후 5~6㎝ 정도 길이로 굵게 채 썬다. 풋고추와 붉은 고추는 반으로 갈라서 씨를 빼고 채 썬다.

3 멸칫국물에 참기름을 제외한 간장과 설탕 등의 재료를 넣고 양념장을 만든다.

4 팬에 기름을 두르고 다진 마늘과 우엉채를 볶아 향이 나면 풋고추, 붉은 고추 채 썬 것과 어묵을 넣고 볶다가 준비된 볶음 양념을 넣고 센 불에 바짝 볶는다.

5 다 익으면 참기름을 두르고 불을 끈다.

15) 콩나물 잡채

재료 및 분량

콩나물 200g, 오이 ½개, 양파 ½개, 홍피망 ½개, 알밤 5개, 배 ¼개

양념 겨자즙 2큰술, 소금 1큰술, 설탕 2큰술, 식초 3큰술, 연유 1큰술

〈만드는 법〉

1 콩나물은 머리와 꼬리를 다듬고 깨끗이 씻어 끓는 물에 소금을 조금 넣고 데쳐 식혀 둔다.
2 오이는 4㎝ 길이로 조금 굵게 채를 치고, 배도 껍질을 깎고 오이처럼 채를 쳐 둔다.
3 양파는 채를 친 다음 식초 물에 담가 매운맛을 뺀다. 홍피망은 씨를 빼고 가늘게 채를 쳐서 둔다.
4 겨자양념을 그릇에 담고 잘 저은 다음 체에 걸러 겨자를 잘 풀어 둔다.
   - 식성에 따라 가감할 수 있다.
5 준비한 야채들을 그릇에 보기 좋게 담고 상에 내기 전에 소스를 뿌려 낸다.
   - 겨자가 없거나 초고추장이 있으면 초고추장으로 버무려도 좋다.
   - 튜브겨자는 분량대로 넣고 겨자가루로 발효시킨 겨자는 분량의 ½만 사용한다.

16) 가지구이와 부추 무침

재료 및 분량

가지 2개, 부추 50g, 양파 ½개,
청고추·홍고추 1개

양념장 파(다진 것) 2작은술, 마늘 1작은술,
설탕 2큰술, 참기름·깨소금 약간,
진간장 4큰술, 식초 1큰술,
고춧가루 1큰술, 레몬즙 2큰술

〈만드는 법〉

1 중간 크기의 가지를 두께 5㎜, 가로로 납작하게 길게 자른 다음, 소금을 조금 뿌려 둔다.
  • 가지의 두께는 너무 얇은 것보다 조금 도톰한 것이 좋다.

2 부추는 깨끗이 씻어 물기를 제거한 뒤에 길이 4㎝로 잘라 둔다.

3 청·홍고추는 씨를 빼고 부추 길이로 채를 치고, 양파도 채 친 뒤 식초 물에 30분 정도 담가 두었다가 찬물로 헹구어 물기를 제거한다.

4 준비된 다진 파와 마늘 및 갖은 양념을 넣고 양념장을 섞어 둔다.

5 가지의 물기를 제거하고 팬에 기름을 두르고 앞뒤를 노릇하게 구워 낸다.

6 준비된 부추와 양파, 청홍고추는 물기를 제거하고 준비된 양념장 ½로 무친다.

7 구운 가지에 무친 부추를 넣고 돌돌 말아 접시에 담고 나머지 양념장과 같이 내거나 양념장을 끼얹어서 낸다.
  • 준비된 가지에 밀가루를 바르고 달걀물을 입혀 구워서 만들면 더 맛이 좋다.
  • 가지의 담백한 맛과 칼로리를 줄이려면 석쇠구이를 해도 좋다.

III 쌈류

우리나라 음식의 대표적인 것으로 국(탕), 찌개, 김치 그리고 쌈을 들 수 있다.

쌈은 무엇을 싼다는 뜻이다. 특히 정월 대보름날 큰나물 잎에 밥을 싸서 먹는 것을 복(福)쌈이라 하였는데 이렇듯 쌈은 복을 싸서 먹는다는 의미도 담겨 있다.

쌈의 종류 중 상추 쌈은 고려시대 몽골로 끌려간 여인들에 의하여 원나라에 전래되어 인기가 높았으며 원나라 궁중에 널리 퍼졌다.

쌈은 채소 중에서 잎이 큰 것으로 밥을 싸서 먹는데 상추 쌈이 으뜸이다. 상추 외에도 곰취쌈, 소루쟁이쌈 등의 산채류와 깻잎, 호박잎, 배춧잎, 미나리, 쑥갓, 말, 콩잎, 양배추 등의 채소류와 미역, 다시마, 김 등의 해조류 등을 쌈으로 했다. 또한, 쌈을 쌀 때 넣는 쌈장은 된장, 간장, 고추장, 젓국, 막장 등에 갖은 양념을 하여 맛있게 만들었다.

쌈으로 쓰는 나물은 날로 쓰는 것과 데쳐서 쓰는 것으로 나뉜다.

1) 상추 쌈

재료 및 분량

상추 300g, 실파 50g, 쑥갓 50g, 깻잎 2묶음

약고추장 고추장 ⅓컵, 쇠고기 50g, 참기름 ½큰술, 설탕 ½큰술, 물 1큰술, 생강 약간, 잣 1큰술, 고기 양념 약간

쌈된장 된장 4큰술, 고춧가루 1작은술, 쇠고기 50g, 풋고추 2개, 표고버섯 2개, 파(채 친 것) 1큰술, 마늘(채 친 것) 1큰술

장똑똑이 쇠고기 100g, 국간장 1큰술, 파(다진 것) ½큰술, 마늘(다진 것) 약간

보리새우 보리새우 50g, 진간장 1큰술, 설탕 1작은술, 깨소금 ½작은술, 식용유 1큰술

생선조림 고등어 1마리, 양파 1개, 대파 ½뿌리, 풋고추·홍고추 1개,

생선조림 양념 진간장 2큰술, 된장 ½큰술, 마늘 1큰술, 파(다진 것) 2큰술, 생강 1작은술, 물 1컵, 고춧가루 2큰술, 참기름 1큰술

〈만드는 법〉

1 상추, 실파(가늘고 연한 것)와 쑥갓은 흐르는 물에 깨끗이 씻어서 소쿠리에 건져 둔다.

2 약고추장의 쇠고기는 곱게 다져서 고기 양념을 한다.

3 냄비에 식용유를 두르고 볶다가 고추장과 물 1큰술을 섞어서 넣고 가끔 저으면서 볶는다.

4 3에 참기름, 설탕을 넣어 잠시 더 볶아 약고추장을 만든다.

5 된장에 고춧가루를 섞어서 물 ½컵을 조금씩 넣어 잘 풀이 놓는다.

6 쇠고기 표고버섯은 잘게 채 썰고 고기 양념으로 무쳐서 냄비에 볶다기 3을 부어 약한 불에 올려서 서서히 끓인다.

7 풋고추는 씨를 빼고 어슷하게 채 썰어 5에 넣어 걸쭉하게 될 때까지 끓인다.

8 장똑똑이는 쇠고기는 결대로 채 썰어 양념을 넣고 간을 좀 세게 해서 볶는다.

9 보리새우는 깨끗한 행주로 깨끗이 닦아서 팬에 기름을 넣고 살짝 볶아 내고, 팬에 양념을 넣고 양념이 녹으면 볶은 새우를 넣고 타지 않게 불을 조절하고 볶아 낸다.

10 고등어는 머리와 꼬리를 자르고 내장을 제거한 뒤 깨끗이 씻은 다음 조림용으로 토막을 친다.

11 양파는 1㎝ 두께로 채 썰어 두고, 대파와 청홍고추는 어슷썰기를 해 둔다.

12 생선조림 양념장을 만들어 냄비에 먼저 끓인 후 양념이 끓으면 준비된 생선을 넣고 뚜껑을 닫은 후 끓인다.

13 12가 끓기 시작하면 뚜껑을 열고 준비된 양파를 넣고 다시 한소끔 끓인 다음 숟가락으로 양념장을 끼얹어가며 고등어를 조린다.

14 양념이 자작해지면 준비한 파와 청홍고추를 넣고 한소끔 끓여 낸다.

15 그릇에 상추, 쑥갓, 실파를 함께 담고 약고추장과 쌈 된장을 따로 그릇에 담는다.

- 상추 외에 배추 및 다른 야채류를 같이 싸서 먹어도 좋다.
- 간단한 손님 초대상차림으로 여름에 좋다.
- 고기를 구워서 같이 내도 좋다.

2) 생미역 쌈

재료 및 분량

생미역(잎이 넓은 것) 300g,

초고추장 고추장 ½컵, 식초 2큰술, 파(다진 것) 1큰술, 마늘(다진 것) ½큰술, 깨소금 1큰술

〈만드는 법〉

1 생미역은 물에 깨끗이 씻어 끓는 물에 살짝 데쳐 내어 바로 찬물에 헹구어서 건진다.

2 8㎝ 정도의 길이로 썰어서 접시에 담고, 양념을 섞어 초고추장을 따로 담아낸다.

- 쌈장을 젓국이나 간장 양념장으로 만들어 먹어도 좋다.
- 다시마도 같은 방법으로 만들어도 좋다.

3) 퓨전 모듬 쌈

재료 및 분량

구운 김밥용 김 10장, 양상추 5장, 깻잎 1묶음, 날치알 100g, 당근 ½개, 달걀 3개, 햄 100g, 오이 ⅓개, 단무지 100g, 무순 20g(½팩), 정종 약간, 밥 3컵

소스 참치 통조림 작은 것 1개, 양파 ½개, 마요네즈 150g, 후추·소금 약간, 청양고추 3개

〈만드는 법〉

1 김밥용 김은 깨끗이 다듬은 뒤 불에 살짝 구워 ¼등분해 두고, 양상추는 쌈을 싸기 좋은 크기로 찢어서 깻잎과 같이 깨끗이 씻어 얼음물에 담가 둔다.

2 당근, 햄, 단무지, 오이 등은 5㎝ 길이로 조금 굵게 채를 썰어 둔다.

3 달걀은 흰자와 노른자를 분리하여 소금을 약간 넣고 각각 지단을 부쳐서 식힌 뒤

조금 굵게 채를 썬다.

4 무순은 깨끗이 씻어 물기를 빼 둔다.

5 날치알은 정종에 담가 비린내를 제거하고 체에 밭쳐 둔다.

6 소스의 참치 통조림은 체에 밭쳐 기름을 빼고, 청양고추는 씨를 빼고 곱게 다진다. 양파는 다져서 물로 씻어 매운맛을 뺀다. 준비된 양파와 참치통조림에 마요네즈, 소금과 후추 ½을 넣고 잘 섞어 둔다. 나머지는 다진 청양고추와 섞어 매콤소스를 만든다.

7 준비된 재료들을 예쁜 그릇에 색스럽게 잘 담고 두 가지 소스와 날치알은 따로 담아 취향에 맞게 넣어 밥을 싸 먹는다.

제5장

구이류

구이는 도구 없이도 가능한 조리법으로 조리법 중에서 가장 먼저 발달했다.

우리나라의 여러 가열조리법 중에서도 구이가 먼저 시작되었고, 가장 발달되었다. 역사적으로 보면 상고시대의 맥적이라는 고기구이가 중국까지 유명했으며, 이것이 너비아니구이의 시초라 본다.

구이는 굽는 방법에 따라 불길을 직접 쬐여서 굽는 직접구이 또는 직화구이와 팬을 달구어 굽는 간접구이, 또 간접구이 중에서도 밀폐된 용기 안에서 덥혀진 공기로 굽는 건열구이 등이 있다.

구이 중에서 양념을 하여 굽는 양념구이는 세 가지로 나눌 수 있다. 소금으로 간을 하는 방법, 양념간장을 발라서 굽는 방법, 양념고추장을 발라서 굽는 방법 등이다. 양념이 많이 들어가면 구울 때 쉽게 타므로 처음에는 간장과 참기름만을 섞어 발라서 구워 익히다가 재료가 어느 정도 익으면, 다시 양념이 든 장을 발라 구워야 타지 않는다.

1) 비아니구이(불고기)

재료 및 분량

쇠고기(등심 또는 안심) 200g

양념 간장 2큰술, 배즙 2큰술, 설탕 ½큰술, 파(다진 것) 1큰술, 마늘(다진 것) ½큰술, 깨소금½큰술, 참기름 ½큰술, 후춧가루 약간

〈만드는 법〉

1 쇠고기는 등심, 안심 등의 연한 부위를 0.4×5×6㎝ 정도의 크기로 썰어 잔 칼질을 넣어 둔다.

2 파, 마늘은 곱게 다지고 배는 강판에 갈아서 다른 양념 재료와 섞어 양념장을 만든다.

3 고기는 30분 전쯤 양념장을 넣어 고루 무쳐서 간이 고루 배도록 재워 둔다.

4 양념된 고기는 석쇠를 가열한 다음 석쇠에 기름을 발라 고기가 타지 않고 석쇠에 들러붙지 않게 굽는다. 남은 양념장을 덧발라 가며 윤기 나게 굽는다.

- 맛있게 고기를 굽는 방법은 숯불에 석쇠를 놓고 직화로 굽는 것이 가장 좋고 일반적으로 팬에 굽는 것도 무방하다.
- 냉동된 고기는 녹여 핏물을 닦은 후 양념해야 고기 빛깔이 좋다.
- 불조절은 처음에는 센 불에서 구워 표면을 응고시키고 불을 낮추어 양념장을 발라 가면서 구우면 타지 않고 색이 곱고 윤기가 난다.
- 고기는 고기결과 직각으로 썰어야 연하다.

2) 갈비구이

재료 및 분량

쇠갈비 1㎏

양념장 간장 5큰술, 배즙(간 것) 2큰술, 설탕 1큰술, 파(다진 것) 3큰술, 마늘(다진 것) 1½큰술, 깨소금 1½큰술, 참기름 1½큰술, 후춧가루 약간

〈만드는 법〉

1 쇠갈비는 연한 암쇠갈비로 6~8㎝의 길이로 잘라서 물에 담가 핏물을 뺀다.

2 핏물을 뺀 갈비는 기름덩어리와 질긴 부위를 제거하고, 약 0.5~0.7㎝ 정도의 너비로 칼집을 고루 깊게 넣는다.

3 파, 마늘 다지고 배는 강판에 갈아서 다른 조미료와 섞어서 양념장을 만든다.

4 준비된 갈비에 양념장을 고루 발라 30분 정도 재어 간이 배게 하여 둔다.

5 석쇠를 뜨겁게 한 뒤 석쇠에 기름을 발라 고기가 붙지 않게 하고 고기를 얹고 양면을 고루 익혀 더울 때 먹도록 한다.

- 갈비의 뼈 부분은 잘 익지 않으므로 불이 약한 곳에서 구워야 한다.

3) 돼지고기 양념구이(제육구이)

재료 및 분량

돼지고기 300g, 양파 ½개, 풋고추 3개, 마늘 4톨

양념 간장 1큰술, 고추장 3큰술, 참기름 1큰술, 깨소금 1큰술, 생강즙 1작은술, 파·마늘(다진 것) 각 1큰술, 후춧가루 약간

〈만드는 법〉

1 돼지고기는 등심이나 삼겹살로 준비하여 약간 도독하게(크기: 5×6×0.3㎝) 썰어 잔칼질을 하여 둔다.

2 양파는 길이대로 채 썰고, 풋고추는 둥글게 2㎝ 길이로 썰어 두고, 마늘은 납작하게 편으로 저며 둔다.

3 양념 재료를 섞어 양념고추장을 만든 후 돼지고기 양파에 넣고 주물러서 30분 정도 재워 둔다.

4 재워 두었던 고기에 잘라 둔 고추와 마늘을 넣고 중불로 고루 익혀서 상에 낸다.

- 돼지고기는 잘 익어야 하므로 불조절이 중요하다.
- 제육구이를 할 때는 고추장 대신 간장으로 양념해서 구워도 좋다.
- 너무 센 불에서 오래 구우면 겉만 타고 속이 익지 않으므로 불조절을 잘 해야 한다.
- 석쇠로 구울 때는 석쇠를 상하좌우로 움직이면서 굽는다.
- 제육구이는 고기가 완전히 익어야 하므로 양념장을 덧발라 가며 구우면 표면이 촉촉하다.

4) 닭구이

재료 및 분량

닭(중간 크기) ½마리

양념 간장 4큰술, 참기름 2큰술, 설탕 ½큰술, 깨소금 1큰술, 파·마늘(다진 것) 1큰술, 생강즙 1작은술, 후춧가루 약간, 물엿 2큰술

〈만드는 법〉

1 닭은 깨끗하게 씻어 다리, 날개, 가슴살 등을 떼어 내고 남은 부위는 토막을 치고, 자른 고기에 잔칼질을 넣어 둔다.

2 양념 재료를 섞어 양념장을 만들고 준비된 닭고기에 무쳐서 20~30분간 재워 둔다.

3 석쇠에 얹어서 중불로 굽는다.

- 오븐이나 생선 굽는 그릴에서 구워도 좋다.
- 냉동된 닭을 사용할 때는 해동시킨 후 양념하는 것이 좋다.

5) 방자구이

재료 및 분량

쇠고기(등심) 300g, 소금·후춧가루 적당량

파·상추생채 상추 200g, 파 100g, 간장 3큰술, 고춧가루 2큰술, 식초 2큰술, 설탕 1큰술, 깨소금 1큰술, 참기름 1큰술

기름장 소금 2작은술, 참기름 4작은술

〈만드는 법〉

1 쇠고기를 0.5㎝ 두께로 한입에 먹기 좋은 크기로 썰어 넓은 그릇에 펴서 담아 둔다.

- 요즘은 정육점에서 구입 할 때 원하는 크기로 주문할 수 있다.

2 파·상추생채는 파는 채로 썰어 찬물에 헹구어 매운맛을 빼고, 상추는 손으로 크게 뜯어서 이 두 가지를 상에 낸다.

3 식탁에서 고기를 구울 수 있도록 준비하여 소금과 후추를 뿌리면서 굽는다.

4 구운 고기를 기름장에 찍어 파상추 생채를 곁들여 먹는다.

- 방자구이는 옛날 하인들이 부엌에서 고기에 양념을 제대로 하지 못하고 아궁이나 모닥불에 구워 소금만 뿌려서 먹었다 하여 붙여진 공식이름이고, 근래 시중에서는 등심구이 또는 소금구이라 한다.

6) 조기 양념장구이

재료 및 분량

조기 2마리(작은 것) , 소금 ½큰술

양념 간장 2큰술, 파(다진 것) 1큰술, 마늘(다진 것) ½큰술, 생강즙 ½작은술, 술 ½큰술, 후춧가루 약간, 깨소금 ½큰술, 참기름 ½큰술, 실고추 약간

〈만드는 법〉

1 조기를 깨끗이 손질한 뒤 칼집을 2㎝ 간격으로 넣어 소금을 뿌려 둔다.

2 양념 재료를 섞어서 양념장을 만들고 조기에 양념장을 고루 발라 20분 정도 재워 둔다.

3 석쇠를 잘 달구어 기름을 바른 다음, 양념한 조기를 얹고 남은 양념장을 가끔 바르면서 고루 굽는다.

- 생선구이의 생선은 보통 자르지 않고 통째로 굽는다.
- 자주 뒤집으면 부서질 수가 있으니 충분히 익은 다음 뒤집는다.
- 생선을 손질할 때는 배가 터지지 않게 입이나 아가미로 내장을 빼낸 후 소금을 뿌려 둔다.
- 냉동 생선은 해동한 후 손질한다.

7) 병어 고추장구이

재료 및 분량

병어 1마리, 참기름 1큰술, 간장 1큰술,
소금 약간

양념 고추장 1큰술, 파(다진 것) 1큰술,
마늘(다진 것) 1큰술, 생강(다진 것) ½작은술,
참기름 ½큰술, 깨소금 ½큰술, 물엿 1큰술

〈만드는 법〉

1 병어는 내장을 아가미로 빼고 깨끗이 씻어 배에 칼집을 비스듬히 3번 넣고 소금을 뿌려 둔다.
  • 통째로 굽는 것이기 때문에 지느러미와 꼬리는 그대로 둔다.

2 양념 재료를 고루 섞어서 양념고추장을 만든다.

3 생선의 물기를 닦고 유장을 골고루 발라서 재워 둔다.

4 석쇠를 달구어 석쇠에 기름을 고루 바르고 병어를 얹고 애벌 굽다가 거의 익어갈 무렵에 준비된 양념고추장을 발라 타지 않도록 조심하여 굽는다.

5 접시에 담을 때는 머리가 왼쪽, 꼬리가 오른쪽, 배가 아래쪽으로 오도록 한다.
  • 병어는 살이 두꺼우므로 조기보다는 굽는 시간이 더 오래 걸린다.

8) 대합구이(개조개구이)

재료 및 분량

대합(개조개) 2개, 쇠고기 50g, 밀가루 3큰술, 달걀 2개, 두부 50g, 양파 ¼개, 깻잎 2잎, 붉은 고추·풋고추 각각 2개

양념 소금 1작은술, 설탕 1작은술, 파(다진 것) 2큰술, 마늘(다진 것) 1큰술, 깨소금 2작은술, 참기름 1작은술, 후춧가루 약간, 다진 생강 1작은술, 맛술 1큰술

〈만드는 법〉

1 대합은 소금물에 담가 해감을 뺀 뒤, 조갯살은 발라내고 검은 내장부분을 터뜨려 내고 잘 씻은 다음 곱게 다져 두고 껍질은 깨끗이 씻어 둔다.

2 풋고추 1개와 붉은 고추 1개, 양파와 쇠고기는 곱게 다지고, 두부도 꼭 짜서 물기를 없앤 뒤 곱게 으깨어 조갯살 다진 것과 합하여 준비된 양념 재료로 조미한다.

3 남은 풋고추와 붉은 고추는 씨를 빼낸 후 얇고 어슷하게 썰어 고명으로 둔다. 깻잎도 채를 썰어 섞는다.

4 대합껍질 안쪽에 기름을 얇게 발라 밀가루를 살짝 뿌린 후 2를 채워 넣는다.

5 윗면에 밀가루를 얇게 뿌리고 풀어 놓은 달걀을 바른 뒤 어슷하게 썬 붉은 고추와 풋고추로 장식한 뒤 윗부분을 엎어 팬에서 노른자만 익혀 낸다.

6 팬에 지진 대합을 석쇠 위에 엎어 속까지 익도록 굽는다.

7 상에 낼 때 초간장을 작은 그릇에 곁들여 낸다.

- 남부지역에서는 조갯살에 방아라는 잎을 넣어 조개 비린내를 없애고 향도 좋게 하기도 한다.
- 방아 대신 깻잎을 대용으로 사용하기도 한다.

9) 오징어구이(오징어 고추장 불고기)

재료 및 분량

오징어(大) 1마리

양념 고추장 2큰술, 간장 1큰술, 설탕 ½큰술, 파(다진 것) 1큰술, 마늘(다진 것) 1큰술, 생강(다진 것) ½작은술, 참기름 1큰술, 깨소금 ½큰술, 후춧가루 약간, 물엿 1큰술

〈만드는 법〉

1 오징어는 몸통을 가르고 내장을 제거한 후 깨끗이 씻은 다음 몸통과 다리의 껍질을 벗겨서 사선으로 칼집을 0.5㎝ 간격으로 넣어 둔다.

2 양념 재료를 섞어 양념고추장을 만들고 손질한 오징어에 발라서 20분 정도 두어 간이 배도록 한다.

3 석쇠에 양념된 오징어를 고루 구워서 한입 크기에 알맞게 썰어 그릇에 담는다.

- 마른 오징어를 충분히 불려서 양념하여 살짝 구워도 맛이 좋다.
- 양념에 고추장을 넣지 않고 간장으로 양념하여 구워도 좋다.

10) 오징어 볶음

재료 및 분량

오징어(中) 1마리, 양파 ½개,
풋고추·다홍고추 각각 1개, 대파 ½뿌리

양념 고추장 1큰술, 고춧가루 ½큰술,
진간장 1작은술, 설탕 1작은술,
마늘(다진 것) 1작은술, 생강(다진 것) ½작은술,
깨소금·참기름 적당량, 파(다진 것) 1큰술,
물엿 1큰술

〈만드는 법〉

1 오징어는 몸통을 가르고 내장을 제거한 후 껍질을 벗겨 깨끗이 씻어 안쪽에 가로,

세로로 0.3cm 간격으로 칼집을 넣어 길이 5cm, 너비 1.5cm로 썬다.

2 다홍고추, 풋고추는 0.8cm 두께로 어슷하게 썰어 씨를 빼고 대파도 어슷하게 썬다.

3 양파는 0.8cm 넓이로 썰고 마늘, 생강은 다진다.

4 양념 재료를 섞어 두고, 팬에 식용유를 붓고 다진 마늘, 생강을 살짝 볶다가 양파, 대파, 붉은 고추, 풋고추를 넣고 볶은 후 오징어를 넣고 볶다가 양념을 넣어 살짝 볶는다.

5 마지막에 참기름을 넣어 윤기를 낸다.

- 오징어는 안쪽으로 가로, 세로 사선으로 칼집을 잘 넣고 가로로 잘라서 모양이 일정하고 말려 오그라들지 않아야 한다.
- 식용유를 너무 많이 넣고 볶으면 나중에 양념장과 기름이 분리된다.
- 야채를 먼저 볶은 후 오징어를 넣고 짧은 시간에 볶아 내야 한다.
- 오징어 대신 낙지를 사용하여 볶을 수도 있고 오징어 볶음과 곁들여 국수를 삶아 내어 비빔국수로 먹을 수 있다.

11) 송이구이

재료 및 분량

송이10개

기름장 간장 2큰술, 참기름 1작은술

〈만드는 법〉

1 송이를 깨끗이 손질하여 3mm 두께로 송이버섯 모양대로 썬다.

2 간장과 참기름을 섞어 준비하고, 불에 석쇠를 얹어 송이버섯에 기름장을 바르면서 살짝 구워 상에 낸다.

- 송이는 향이 좋으므로 식탁에서 바로 굽는 것이 좋다. 또 송이를 지나치게 굽거나 장에 너무 오래 젖으면 맛이 없어지므로 단 시간에 해야 한다.
- 소금구이도 좋다.

12) 더덕구이

재료 및 분량

더덕 200g

기름장 간장 1큰술, 참기름 2큰술

양념고추장 고추장 2큰술, 설탕 ½큰술, 파(다진 것) 2큰술, 마늘(다진 것) 1작은술, 깨소금 1큰술, 물엿 1큰술

〈만드는 법〉

1 더덕은 껍질은 벗겨서 물에 우려 쓴맛을 뺀 뒤 길이로 반은 갈라서 방망이나 칼등으로 두들겨 편편하게 한다.

2 기름장을 만들어 준비된 더덕에 발라 석쇠 위에서 앞뒤로 뒤집어 가며 고루 굽는다.

3 양념고추장을 만들어 한번 구운 더덕에 발라서 다시 굽는다.

- 이때 타지 않도록 불을 약하게 하여 서서히 굽는다.

4 구운 더덕은 더덕의 모양을 살려서 접시에 담는다.

- 고추장 양념은 바른 후 불을 잘 조절해야 가장자리가 타지 않는다.
- 조리사 시험문제로 자주 출제된다.

13) 더덕구이 말이

재료 및 분량

더덕 200g, 돼지고기(등심) 100g, 팽이버섯 ½봉지, 실파 3줄기

불고기 양념 진간장 ½큰술, 후추·깨소금 약간, 파·마늘(다진 것) ½작은술, 참기름 ½작은술, 설탕¼ 작은술

고추장 양념 고추장 2큰술, 설탕 ½큰술, 마늘(다진 것) 1작은술, 물엿 1큰술, 참기름·깨소금 약간

〈만드는 법〉

1 돼지고기는 두께 1㎝, 길이 3㎝로 두툼하게 잘라서 불고기 양념을 해서 센불로 재빨리 볶다가 겉면을 익힌 다음 중불로 속을 익혀 둔다.
2 팽이버섯은 밑동을 잘라서 버리고 깨끗이 씻어서 반으로 잘라 둔다.
3 더덕은 껍질을 벗기고 씻은 다음 부드럽게 두들겨 펴 놓는다.
4 편 더덕은 팬에 식용유를 조금 두르고 굽는다. 구운 더덕은 고추장 양념을 입혀 한 번 더 굽는다.
5 앞뒤로 고추장 양념을 입혀 구운 더덕에 볶아 둔 돼지고기와 팽이버섯을 넣고 둘둘 말아 보기 좋게 접시에 담아 상에 낸다.
   • 실파를 송송 썰어 위에 뿌리면 더욱 좋다.

14) 뱅어포구이

재료 및 분량

뱅어포 3장

양념장 진간장 2큰술, 설탕 ½큰술, 고춧가루 ½큰술, 깨소금 ½큰술, 참기름 ½큰술, 물엿 1큰술

〈만드는 법〉

1 뱅어포의 잡티를 골라낸다. 석쇠에 앞뒤로 살짝 굽는다.
2 1에 양념장을 골고루 바르고 석쇠에 놓아 약한 불에서 타지 않도록 고루 구워 3×2.5㎝ 크기로 썰어서 접시에 담는다.
   • 고추장 양념으로 구울 수도 있다.
   • 구울 때 불조절을 잘 하여 타지 않도록 한다.

15) 북어구이

재료 및 분량

북어포 1마리

기름장 참기름 1큰술, 진간장 1큰술

고추장 양념 간장 2작은술, 참기름 1큰술, 고추장 3큰술, 설탕 ½큰술, 파(다진 것) 2작은술, 마늘(다진 것) 1작은술, 후춧가루 ½작은술, 깨소금 1작은술, 물엿 1큰술

〈만드는 법〉

1 마른 북어는 물에 불려 부드럽게 한 다음 뼈와 가시 및 다른 것들을 떼어 내어 손질한다.

2 손질한 북어를 6㎝ 크기의 길이로 자르고, 오그라들지 않도록 등껍질 쪽에 갈집을 넣고 기름장을 바른다.

3 고추장 양념 재료를 섞어 둔다.

4 석쇠를 달구어 기름장을 바른 북어를 구운 다음, 고추장 양념을 발라서 타지 않도록 구워 상에 낸다.

- 유장을 바른 북어를 잘 익혀야 고추장 양념을 발라도 타지 않고 잘 구워진다.
- 고추장 양념이 될 경우에 물이나 청주로 농도를 묽게 조절하며, 간장을 많이 넣으면 색이 곱지도 않고 짜다.

제6장

전류

우리나라는 튀김요리가 별로 발달하지 않은 반면 기름에 지지는 전류가 다양하게 발달하였다.

전은 생선, 조개, 채소, 육류 등을 얇게 썰거나 곱게 다져서 밀가루, 달걀 등을 묻혀 기름에 지진 전유어와 밀가루를 물에 개어 반죽하여 여기에 채소, 조개류 및 육류를 섞어 기름에 얇게 지지는 적 등이 있다.

① 전유어 전유어는 전유어, 전야, 전냐, 전 등으로 부르고 간, 육류, 어패류, 채소류 등을 얇게 저미거나 다져서 반대기를 지어 밀가루와 달걀옷을 입혀 팬에 지져 내는 음식이다.반상은 물론 면상, 주안상, 교자상 등에 오른다.

② 적 적은 크게 세 가지로 나눌 수 있는데 산적은 익히지 않은 재료를 양념하여 꽂이에 꿰어 석쇠에 굽거나 팬에 지지는 것이며, 물에 갠 밀가루에 재료를 섞어 지지는 밀적(파적, 미나리적, 김치적)과 재료를 꽂이에 꿰어서 밀가루 갠 것에 적셔 기름에 지지는 지짐 누름적(두릅적, 잡산적) 이 있다. 전자들의 적을 요즘은 전이라고하며 구분 없이 부른다.

- 누름적에는 재료를 익혀서 꽂이에 꽂는 누름적(화양적)과 재료를 꽂이에 꿰어서 밀가루에 적셔 기름에 지지는 지짐 누름적이 있다.

1) 완자전(육원전)

재료 및 분량

쇠고기 200g, 두부 50g, 달걀 2개,
밀가루·식용유 적당량

양념 파(다진 것) 1큰술, 마늘(다진 것) ½큰술,
소금 1작은술, 설탕 ½큰술, 참기름 2작은술,
깨소금 2작은술, 후춧가루 약간

초간장 간장 2큰술, 물 1큰술, 식초 1큰술,
잣가루 ½작은술

〈만드는 법〉

1 쇠고기를 곱게 다지고, 두부는 꼭 짜서 곱게 으깬다.

2 다진 쇠고기와 두부를 섞어 양념을 하여, 두께 0.7㎝, 지름 3~5㎝ 정도 크기로 동글납작하게 빚는다.

3 준비된 완자에 밀가루를 묻히고 달걀 푼 것에 담갔다가 달군 팬에 노릇노릇하게 지진다.

4 익은 것은 그릇에 보기 좋게 담아 초간장과 함께 상에 낸다.

- 다진 쇠고기와 두부를 끈기가 나도록 오래 치대야 빚을 때 가장자리가 깨지지 않는다.
- 전의 색을 곱게 하기 위해 노른자만을 사용하기도 한다.
- 팬의 기름양은 넉넉하게 하고 온도를 약하게 해야 완자전이 타지 않고 속까지 고루 익는다.
- 완자를 빚을 때 손에 기름을 조금 바르고 빚으면 손에 붙지 않는다.

2) 생선 전유어

재료 및 분량

흰살생선 200g, 소금 적당량, 후춧가루 약간, 밀가루 적당량, 달걀 2개, 식용유 적당량

초간장 간장 2큰술, 물 1큰술, 식초 1큰술, 잣가루 약간

〈만드는 법〉

1 흰살생선은 깨끗이 손질한 뒤 세 장 뜨기하여 껍질을 벗긴 다음 4×5×0.5㎝로 포를 떠서 소금과 후춧가루를 뿌려 둔다.

2 포를 뜬 생선살에 밀가루를 묻히고 달걀 푼 것에 담갔다가 팬에 기름을 두르고 양면을 노릇노릇하게 지져 낸다.

3 상에 낼 때 초간장을 곁들여 낸다.

- 팬에서 지져낼 때 팬의 찌꺼기를 자주 닦아 내 주어야 깨끗한 전을 부칠 수가 있다.
- 생선은 지느러미, 내장, 겹질, 뼈를 제거하고 깨끗이 손질한 후, 생선과 칼, 도마의 물기를 닦고 생선살이 부서지지 않도록 꼬리부터 포를 뜬다.
- 세 장 뜨기는 생선을 앞 뒤 생선살과 뼈로 분리시키는 것을 말한다.
- 밀가루는 고루 묻혀 털어 내고 노른자를 많이 넣어 가지고 옷을 입혀야 색이 곱고 전의 표면이 매끄럽다.

3) 새우전

재료 및 분량

새우(대) 12마리, 소금 적당량, 밀가루 적당량, 식용유 적당량, 흰 후춧가루 약간, 달걀 2개

〈만드는 법〉

1 새우는 깨끗이 씻어 꼬리 쪽만 남기고 모두 껍질을 벗긴 뒤 등 쪽의 내장을 꽂이로 발라내고 새우의 배 쪽이나 등 쪽에 길이로 칼집을 넣어 한 장으로 편다.

2 준비된 새우에 소금과 후춧가루를 뿌리고 밀가루가 꼬리에 묻지 않게 묻힌다.

3 새우 꼬리를 잡고 달걀 푼 것에 담갔다가 기름에 지져 낸다.

4) 굴전

재료 및 분량

생굴(大) 150g, 소금·후춧가루 적당량, 밀가루 적당량, 달걀 2개, 식용유 적당량

〈만드는 법〉

1 굴은 소금물에서 깍지를 떼어 내면서 씻어 물기를 뺀다.

2 굴에 소금과 후춧가루를 약간씩 뿌려서 밀가루를 고루 묻히고 달걀 푼 것에 담갔다가 건져 기름에 지져 낸다.

5) 해삼전

재료 및 분량

말린 해삼 5개, 쇠고기 50g, 두부 50g, 밀가루 적당량, 달걀 2개, 식용유 적당량

양념 간장 ½큰술, 설탕 1작은술, 파(다진 것) 1작은술, 마늘(다진 것) ½작은술, 참기름 ½작은술, 깨소금 ½작은술, 후춧가루 약간

〈만드는 법〉

1 냄비에 물을 넉넉히 붓고 끓여 불을 끄고 해삼을 넣어 불린다. 물이 식으면 해삼을 꺼낸 후 물을 다시 데우고 물이 끓으려 하면 다시 불을 끈다. 이 과정을 여러 번 반복하여 원래 크기의 10배 이상 부드럽게 불린다.
   - 마른 해삼은 되도록 작은 것으로 구입한다.

2 불린 해삼은 배를 갈라 내장을 빼고 깨끗이 씻어 3~4㎝ 정도의 길이로 썬다.

3 쇠고기는 곱게 다지고 두부는 꼭 짜서 으깨어 고기와 함께 섞어 양념으로 조미하여 해삼 안쪽에 밀가루를 바르고 속을 채운다.

4 해삼 속 채운 면에 밀가루를 바르고 풀어 놓은 달걀에 담갔다가 기름에 지져 낸다.

6) 간전

재료 및 분량

쇠간 200g, 소금 적당량, 후춧가루 약간, 밀가루 3큰술, 깨소금 1큰술, 식용유 적당량

〈만드는 법〉

1 쇠간은 얇은 막을 벗기고, 힘줄이나 기름을 떼어 내고 한입 크기로 0.6㎝ 정도의

두께로 포를 뜬다.

2 포 뜬 간에 소금을 고루 뿌려 주물러서 물에 헹구어 핏물을 뺀 후 물기를 없앤 다음 후춧가루를 뿌려 둔다.

3 밀가루와 깨소금을 섞어서 간에 고루 묻힌다.

4 팬에 기름을 두르고 양면이 완전히 익도록 지진다.

7) 달걀쌈

재료 및 분량

달걀 2개, 소금 ¼작은술, 쇠고기 50g, 식용유 적당량

양념 소금 1작은술, 설탕 ½작은술, 파(다진 것) 1작은술, 마늘(다진 것) ½작은술, 참기름 ½작은술, 깨소금 ½작은술, 후춧가루 약간

〈만드는 법〉

1 달걀은 황백으로 나누어 소금을 넣고 거품이 일지 않도록 잘 풀은 다음 체에 걸러 둔다.

2 쇠고기는 곱게 다져서 양념을 넣고 고루 무쳐서 지름 0.8㎝ 크기의 완자를 만들어 팬에 둥글게 굴리면서 지진다.

3 팬을 달구어 기름을 두르고 달걀 푼 것을 한 숟가락씩 떠서 너비 4㎝ 정도 크기의 타원형으로 부친다.

4 달걀이 완전히 익기 전에 고기완자를 중심에 놓고 반을 접어서 가장자리를 꼭꼭 눌러 붙여서 반달형으로 하여 뒤집어서 지져 낸다(이때 불은 약하게 하여야 타지 않고 속이 익는다).

- 기름을 적게 두르고 팬을 달군 후 기름을 닦아내고 약한 불에서 지단을 부쳐야 색이 곱고 모양이 일정하게 나온다.

• 지단이 완전히 굳기 전에 완자소를 윗부분에 올리고 반으로 접어 엄지손가락으로 꼭꼭 눌러 양 끝을 맞붙여야 입이 벌어지지 않는다.

8) 풋고추전

재료 및 분량

풋고추 10개, 쇠고기 50g, 두부 50g, 밀가루 적당량, 달걀 2개, 식용유 적당량

양념 소금 1작은술, 설탕 ½작은술, 파(다진 것) 1작은술, 마늘(다진 것) ½작은술, 참기름 ½작은술, 깨소금 ½작은술, 후춧가루 약간

〈만드는 법〉

1 풋고추는 작은 것으로 골라 길이로 반으로 잘라서 씨를 뺀 다음 끓는 소금물에 살짝 데친다.
   • 풋고추는 데치지 않고 안쪽에 소금을 약간 뿌려 두었다가 써도 좋다.
2 쇠고기는 곱게 다지고, 두부도 물기를 짜고 곱게 으깨어 양념을 넣고 고루 무친다.
3 다진 쇠고기와 두부를 끈기 있게 치대어 소를 만든다.
4 양념된 고기를 풋고추 안쪽에 밀가루를 뿌린 뒤 속을 채워 넣고 고기쪽 위쪽에 밀가루를 다시 뿌린다.
   • 풋고추의 소를 너무 많이 넣지 않아야 지져낸 후에 모양이 좋다.
5 달걀을 풀어 속 채운 고추를 담갔다가 기름을 두르고 노릇하게 지진다. 이때 불은 약하게 하여 고기로 속을 채운 부분을 오래 지지고 풋고추 부분이 변색되는 것에 주의하며 지질 때 눌러서 편편하게 지진다.
   • 지질 때 팬에 살짝 눌러서 지지고 파란 쪽으로 잠시 지졌다가 바로 뒤집어야 색이 곱게 된다.

9) 애호박전

재료 및 분량

애호박 ½개, 소금 적당량, 달걀 1개, 밀가루 적당량, 식용유 적당량

〈만드는 법〉

1 애호박은 0.5㎝ 정도의 두께로 둥글게 썰어 소금을 뿌린다.

2 썰은 애호박은 밀가루를 얇게 묻힌 다음에 풀어 놓은 달걀에 담갔다가 건져서 기름에 지진다. 상에 낼때는 초간장이나 초고추장을 같이 낸다.

- 양파전도 같은 조리법으로 한다.
- 호박의 씨 부분을 제거하고 고기를 다져 양념한 것을 채워 넣은 다음 밀가루, 달걀을 씌워 노릇하게 지져 낸다.

10) 표고전

재료 및 분량

표고버섯(소) 15개, 쇠고기 50g, 두부 50g, 밀가루 적당량, 달걀 2개, 식용유 적당량

양념 소금 ½큰술, 설탕 ½작은술, 파(다진 것) 1작은술, 마늘(다진 것) ½작은술, 참기름 ½작은술, 깨소금 ½작은술, 후춧가루 약간

〈만드는 법〉

1 표고는 작고 갓이 피지 않은 것으로 골라 준비한 다음 깨끗이 씻고 설탕, 간장, 참기름으로 밑간을 해 둔다.

2 쇠고기는 곱게 다지고 두부로 물기를 짠 뒤 곱게 으깨어 고기와 함께 양념으로 고루 무친 다음 끈기가 나도록 치댄다.

3 표고 안쪽에 밀가루를 묻히고 양념된 고기로 속을 채워 윗부분에 밀가루를 다시 얇게 묻혀서 달걀 푼 것에 적셨다가 기름에 지진다.

- 표고버섯 겉쪽에 꽃모양으로 칼집을 넣어 지져 내면 훨씬 보기에 아름답다.
- 표고의 표면은 깨끗하게 하며, 안쪽은 달걀노른자를 많이 묻혀야 색이 곱다.
- 고기완자를 너무 두껍게 붙이지 않아야 하고 표면을 깨끗하게 해서 지진다.

11) 깻잎전

재료 및 분량

깻잎 20장, 쇠고기 50g, 두부 50g, 양파 50g, 밀가루 2큰술, 달걀 2개,식용유 적당량

양념 간장 ½큰술, 설탕 ½큰술, 파(다진 것) 2작은술, 마늘(다진 것) 1작은술, 참기름 1작은술, 깨소금 ½작은술, 소금·후추 약간

〈만드는 법〉

1 깻잎은 작은 것으로 골라 씻어 꼭지를 딴다.

2 쇠고기는 곱게 다지고, 두부는 물기를 꼭 짜서 으깨고, 양파도 곱게 다져서 합하여 양념으로 고루 무친다.

3 준비한 2를 볶아서 물기가 생기면 밀가루를 고루 뿌려서 섞어 넓은 그릇에 펴서 식힌다.

4 깻잎의 한 면에 밀가루를 고루 묻힌 다음 볶은 고기를 한술 떠서 넣고 접어서 반달 모양으로 접어 밀가루를 고루 묻혀 달걀 푼 것에 적셨다가 기름에 지진다.

- 소로 넣을 재료로 쇠고기 대신 조갯살을 사용해도 맛이 좋다.
- 속은 익은 것이니 너무 오래 지지지 말고 깻잎이 파래지면 곧 꺼내도록 한다.

12) 미나리전

재료 및 분량

미나리 200g, 잔새우살 100g, 밀가루 ½컵, 소금 약간, 물 ½컵, 달걀1개

초고추장 고추장 3큰술, 식초 1½큰술, 물 1큰술, 설탕 ½큰술, 파(다진 것) 1큰술, 마늘 다진 것 ½큰술, 깨소금 ½큰술, 소금 약간

〈만드는 법〉

1 미나리는 깨끗이 다듬어 씻고 줄기와 잎을 다 사용한다. 미나리는 길이가 3~4㎝ 정도 잘라 둔다.

2 잔 새우살은 소금물에 깨끗이 씻어 건져서 물기를 뺀 다음 몇 마리를 빼고 좀 굵게 다져 미나리 썬 것과 함께 그릇에 담는다.

3 밀가루에 달걀 푼 것을 넣고 소금간을 한 다음 물을 붓고 밀가루를 저은 뒤 2를 합하여 잘 섞는다.

4 달군 팬에 3을 한 숟가락씩 떠서 놓은 후 그 위에 남겨 둔 새우를 한 마리씩 놓고 둥글게 지진다.

5 초고추장을 만들어 같이 상에 낸다.

- 잔새우살은 염장이 되어있는지 확인하고 소금간을 한다.

13) 연근전

재료 및 분량

연근 200g, 달걀 3개, 밀가루 ½컵, 소금 약간

초간장 간장 2큰술, 식초 1큰술, 물 1큰술, 설탕 1작은술, 깨소금(또는 잣가루) 약간

〈만드는 법〉

1 연근은 껍질을 깎거나 깨끗하게 씻는다.

2 껍질을 깐 연근을 가로 두께 0.5㎝로 잘라 소금물에 담가 둔다.

3 연근이 잠길 정도의 물을 붓고 물을 끓인다. 물이 끓으면 약간의 소금과 식초를 넣고 잘라 둔 연근을 넣고 3분간 삶아서 찬물로 씻어 둔다.

4 삶은 연근에 마른 밀가루를 고루 묻힌 다음 달걀을 깨고 소금을 넣고 잘 저은 달걀

푼 것에 적신다.

5 팬을 가열한 뒤 식용유를 붓고 달걀물을 적신 연근을 굽는다.

6 다 구운 연근전은 초간장을 만들어 같이 상에 낸다.

14) 달래적

재료 및 분량

달래 100g, 조갯살 200g, 밀가루 1컵, 소금 1작은술, 물 ½컵, 달걀 1개

〈만드는 법〉

1 달래는 깨끗이 다듬어 둥근 머리 부분을 잘게 썰고 잎부분은 2㎝ 정도 길이로 썬다.

2 조갯살은 소금물에 깨끗이 씻어 건져서 물기를 뺀 다음 달래 썬 것과 함께 그릇에 담는다.

3 밀가루를 잘 풀어 달걀 푼 것을 넣고 소금간을 한 다음 2를 합하여 잘 섞는다.

4 팬을 달구어 3을 한 숟가락 씩 떠서 둥글게 지진다. 초고추장과 같이 상에 낸다.

15) 파적(파전)

재료 및 분량

밀가루 1컵, 쌀가루 ½컵, 물 1컵, 달걀 1개, 소금 ½큰술, 실파 100g, 쇠고기 100g, 조갯살 50g, 굴 50g, 식용유 적당량

고기 양념 간장 ½큰술, 설탕 1작은술, 파(다진 것) 2작은술, 마늘(다진 것) 1작은술, 참기름 1작은술, 깨소금 ½작은술, 소금·후추 약간

〈만드는 법〉

1 달걀을 잘 풀어 소금, 밀가루와 쌀가루를 넣고 물을 부어서 잘 저어 둔다.

2 실파는 다듬어 두고 쇠고기는 곱게 다져서 고기 양념을 해 둔다.

3 조갯살과 굴은 소금물에 잘 씻어 물기를 빼 둔다.

4 양념한 고기와 조갯살, 굴을 웃기로 얹을 재료만 조금씩 남기고, 나머지는 밀가루

갠 것에 넣어 가볍게 섞는다.

5 팬에 기름을 두르고 준비된 파를 가지런히 놓고 그 위에 밀가루 갠 것을 부어 구우면서 남겨놓은 재료들은 위에 얹어 양면을 노릇하게 지진다.

6 상에 낼 때는 그냥 내도 좋고 먹기 좋은 크기로 잘라서 낸다. 이때 초고추장을 곁들인다.

16) 고추장떡

재료 및 분량

부추 100g, 청양고추 6개, 밀가루 1컵, 소금 1작은술, 물 ½컵, 고추장 2큰술, 식용유 약간

〈만드는 법〉

1 부추는 깨끗이 다듬고 씻어 물기를 뺀 다음, 2㎝ 정도 길이로 썬다.

2 풋고추는 어슷하게 잘게 잘라 둔다.

3 밀가루를 잘 풀어 고추장을 풀어 넣고 소금간을 한 다음 준비된 부추와 고추를 합하여 잘 섞는다.

- 간은 조금 세게 해야 장떡이라고 할 수 있다.

4 팬을 달구어 3을 먹기 좋은 크기로 숟가락으로 조금씩 떠서 둥글게 지진다.

- 팬에 맞게 크게 부치기도 한다.

17) 누리대 부침(누룩치 부침)

재료 및 분량

누리대 200g, 고추장 2큰술, 밀가루1컵, 소금 약간, 물 ½컵, 식용유 약간

〈만드는 법〉

1 누리대는 깨끗이 씻어 손질하여 껍질을 벗겨 다지거나 먹기 좋은 크기로 썬 다음 소금을 뿌려 밑간을 해 둔다.

2 밀가루는 물을 넣고 저어 반죽한다. 반죽한 밀가루에 고추장을 넣고 푼 뒤 잘라 둔

누리대를 넣고 잘 섞어 준다.

3 팬을 가열한 다음 식용유를 두르고 준비된 반죽을 적당한 크기로 넣고 지진다.

4 익으면 뒤집고, 앞뒤가 노릇노릇하게 될 때까지 구워서 상에 낸다.

- 누리대(누룩치)는 독특한 냄새가 나는 산나물로 강원도 지역에서 많이 채취하여 먹는 나물이다. 요즘은 농가에서 재배하여 앞으로 자주 접하는 산나물류가 될 수도 있다.

18) 파산적

재료 및 분량

움파(또는 실파) 100g, 쇠고기(등심) 200g

양념 간장 2큰술, 설탕 1큰술, 파(다진 것) 1큰술, 마늘(다진 것) ½큰술, 깨소금 2작은술, 참기름 2작은술, 후춧가루 약간, 산적꽂이 10개

〈만드는 법〉

1 파는 다듬어 씻어 7㎝ 길이로 자르고 참기름과 소금으로 무쳐 둔다.

2 쇠고기는 근섬유와 직각 방향으로 길이를 움파 길이보다 조금 더 길게(8㎝), 너비 1.5㎝, 두께가 0.5㎝ 정도의 막대 모양으로 썰어 둔다.

3 양념 재료를 함께 섞은 뒤 준비한 고기를 넣고 고루 버무린다.

4 산적꽂이에 고기와 파를 번갈아 꿰어 잠시 두었다가 석쇠나 팬에서 구워 낸다.

- 파가 주재료이므로 꽂이에 끼울 때 양 끝에 파의 뿌리부분을 끼워야 한다.

5 접시에 담기 전에 파산적의 길이를 정리한다(적어도 길이는 7㎝, 너비는 8㎝가 되어야 한다).

- 고기는 익으면 줄어들므로 파 길이보다 길게 한다.
- 파는 뿌리부분을 꽂이 가장자리에 꽂아 뜨거운 팬에서 파의 색깔을 살리면서 고기가 익도록 지져 낸다.

19) 두릅산적

재료 및 분량

쇠고기 200g, 두릅 200g, 산적꽂이 10개

양념 간장 3큰술, 참기름 2큰술, 설탕 1큰술, 파(다진 것) 1큰술, 마늘(다진 것) 1큰술, 후춧가루 1큰술

〈만드는 법〉

1 두릅은 약간 핀것으로 길이가 12~15㎝ 정도인 것을 구입하여 다듬어 끓는 물에 소금을 넣고 파랗게 데쳐 냉수에 물기를 빼 둔다.

2 쇠고기는 두릅 길이보다 1㎝ 정도 약간 길게 썰어 양념을 해 둔다.

3 두릅과 양념한 고기로 꽂이에 번갈아 꿰어서 잠시 재워 둔 후 굽거나 팬에 지진다.

- 살짝 데친 두릅에 밀가루 갠 것만 적셔서 적을 부쳐 초고추장과 같이 먹어도 맛이 좋다.

20) 떡산적

재료 및 분량

흰가래떡 1가닥(200g), 쇠고기(등심) 200g, 산적꽂이 10개

기름장 간장·참기름 각각 1큰술

양념 간장 2큰술, 설탕 1큰술, 깨소금 2작은술, 파(다진 것) 4작은술, 마늘(다진 것) 2작은술, 참기름 2작은술, 후춧가루 약간

〈만드는 법〉

1 흰가래떡은 6㎝로 토막을 내서 길이로 4등분하여 기름장을 발라 둔다.

- 떡이 너무 딱딱하면 끓는 물에 삶아 부드럽게 한다.

2 쇠고기는 두께 0.5㎝, 너비 1㎝ 정도, 길이는 떡 길이 보다 조금 길게 썰어서 양념을 넣고 버무린다.

3 산적꽂이에 떡, 쇠고기를 번갈아 꿰어 잠시 재었다가 팬을 달구고 양면을 지져서 익힌다(꽂이 양 끝이 1㎝ 남도록 한다).

- 실파는 움파를 사용해도 되고 떡산적에 넣기도 한다.
- 고기는 떡보다 길게 자르고 떡산적이므로 떡, 고기순으로 떡은 3번, 고기는 2번 꿴다.
- 팬에 구울 때는 떡이 잘 눌러 붙으므로 고기를 지지는 동안에는 떡을 젓가락으로 위로 들어가며 지지도록 한다.

21) 화양적

재료 및 분량

쇠고기(우둔살) 150g, 표고버섯(大) 4개, 통 도라지 100g, 당근 100g(길게 준비), 오이 1개, 달걀 3개, 소금·참기름 적당량, 파·마늘(나신 것) 적당량, 잣 1작은술, 산적꽂이 10개

양념 간장 2큰술, 설탕 1큰술, 파(다진 것) 1큰술, 마늘(다진 것) ½큰술, 깨소금 2작은술, 참기름 2작은술, 후춧가루 약간

〈만드는 법〉

1 쇠고기는 살로 두께 0.5㎝ 정도로 크게 포를 뜬 후 잔칼질을 많이 넣어 양념 재료의 반 분량으로 무쳐서 재워 두었다가 팬에 지져 내어 길이 6㎝, 너비 1㎝의 막대 모양으로 썬다.

2 표고버섯은 지름이 6㎝ 되는 것을 골라 물에 씻은 다음 너비가 1㎝ 되게 썰어 양념의 나머지로 무쳐서 팬에 볶는다.

3 통 도라지와 당근은 같은 크기로 썰어 소금물에 데쳐 내고, 오이도 같은 크기로 토막을 내어 막대 모양으로 썰어 소금에 절였다가 물기를 꼭 짠 뒤, 각각 소금, 참기름, 다진 마늘로 양념하여 볶아서 식힌다.

4 달걀은 황백으로 나누어 풀고 소금간을 한 뒤 0.6㎝ 두께로 두껍게 지단을 부쳐 다른 재료 크기로 썬다.

5 준비된 재료들은 보기 좋게 산적꽂이에 꿰어서 접시에 담고 위에 잣가루를 얹어 상에 낸다(꽂이에 꿸 때 같은 순서로 해야 그릇에 담아도 보기 좋다).

- 쇠고기는 통째로 익히는 방법 외에 두께 0.5㎝, 너비 1㎝, 길이 7㎝ 정도로 썰은 후 잔칼질을 하여 양념한 다음 익혀서 사용해도 좋다.
- 각 재료는 크기와 두께를 일정하게 하고 재료의 색이 선명하도록 지져 낸다.
- 잣은 고깔을 떼어 내고 종이 위에서 곱게 다져서 잣가루를 만든다.

22) 섭산적구이

재료 및 분량

쇠고기 200g, 잣가루 조금

양념 간장 2큰술, 설탕 ½큰술, 파(다진 것) 1큰술, 마늘(다진 것) ½큰술, 깨소금 ½큰술, 참기름, ½큰술, 후춧가루 약간

〈만드는 법〉

1 고기는 곱게 다져 양념을 한다.

2 양념된 고기를 도마 위에 놓고 두께 0.7㎝, 길이와 너비 8×8㎝ 크기의 큼직한 네모로 만들어 가로, 세로로 잔칼질을 곱게 하여 석쇠에서 굽는다.

- 석쇠에 기름을 바르고 먼저 가열한 다음 고기를 얹고 굽는다.

3 구운 고기는 적당한 크기로 썰어 담고 그 위에 잣가루를 뿌려서 낸다.

- 불조절을 잘 하여야 타지 않는다.
- 다진 쇠고기와 으깬 두부는 끈기가 나도록 많이 치대야 표면이 매끈하고 부서지지 않는다.
- 파, 마늘은 곱게 다져서 사용되어야 한다.
- 구울 때 석쇠를 움직여 가면서 달라붙은 껍질이 떨어지지 않게 하고 색이 고루 나도록 굽는다.
- 완전히 식은 다음 잘라야 모양이 부서지지 않는다.

23) 녹두 빈대떡

재료 및 분량

녹두(거피한 것) 3컵, 멥쌀 3큰술,
돼지고기100g, 숙주 50g, 배추김치 100g,
고사리 100g, 대파 50g, 실파 약간,
소금 ½큰술, 후추 약간, 참기름 ½큰술,
식용유 적당량, 물 2컵

고기 양념 간장 1큰술, 파(다진 것) 1작은술,
마늘(다진 것) ½작은술,
참기름·깨소금 각 ½작은술, 후춧가루 약간

〈만드는 법〉

1 거피한 녹두를 5시간 물에 불려 둔다. 불린 녹두는 믹서에 물 2컵 정도로 넣어서 두세 번에 나누어 곱게 간다.
   - 물의 양을 2컵 이상 넣으면 묽어서 안 되므로 물의 양을 조심해야 한다.

2 돼지고기는 채를 썰어 고기 양념을 해 두고, 배추김치는 잘게 썰어 국물을 꼭 짠다.

3 숙주는 끓는 소금물에 살짝 데치고, 대파는 어슷하게 썰고 삶은 고사리도 다듬어 물기를 꼭 짜서 썰어 둔다.

4 준비된 재료들은 큰 그릇에 담고 소금, 후추, 참기름을 넣고 잘 섞은 뒤 녹두 간 것에 준비된 재료들을 넣고 고루 섞어 둔다.

5 팬을 달구어 기름을 넉넉히 두르고 한 국자씩 떠놓고 위에 실파와 풋고추를 얹어 양면을 노릇하게 지진다.
   - 녹두를 씻을 때 돌을 잘 가려야 믹서에 갈아도 돌이 씹히지 않는다.
   - 바로 구울 때는 재료를 다 섞어 구워도 좋으나, 오래 두고 구울 때는 재료들을 따로 보관했다가 굽기 전에 섞고 구워야 녹두 간 물이 삭지 않는다.

24) 잡누름적

재료 및 분량

쇠고기 100g, 전복 1개, 건해삼 1개, 표고버섯(大) 2개, 당근 100g, 통도라지 100g, 오이 1개, 등골 100g, 달걀 1개, 식용유 약간, 밀가루 약간, 꽂이 10개

양념1 간장 3큰술, 설탕 1큰술, 파(다진 것) 2큰술, 마늘(다진 것) 1큰술, 깨소금 1작은술, 참기름 2작은술, 후춧가루·소금 약간

양념2 소금 2작은술, 파(다진 것) 4작은술, 마늘(다진 것) 2작은술, 참기름·깨소금 각각 1작은술, 후춧가루 약간

〈만드는 법〉

1 쇠고기는 굵기 0.7~1㎝, 길이 6㎝의 막대 모양으로 썬다.

2 전복은 깨끗이 손질하여 살만 떼고, 해삼은 불린 후 잘 씻어서 쇠고기와 같이 잘라 둔다.

3 양념1을 잘 섞어 양념장을 만들어 쇠고기, 전복, 해삼, 표고에 나누어 고루 무쳐서 각각 볶는다.

- 고기가 오므라들지 않고 반듯하게 익도록 주의한다.

4 통도라지와 당근도 고기와 같은 크기로 잘라서 소금물에 데쳐 낸다.

5 오이도 고기와 같은 크기로 썰어 소금에 절였다가 물기를 꼭 짜서 둔다.

6 등골도 갈라 펴서 양념2로 무친 다음, 밀가루를 묻히고 달걀 푼 것에 담갔다가 전을 부쳐 고기와 같은 크기로 썬다.

7 준비된 재료들을 꽂이에 색을 맞추어 꿰어서 접시에 담고 잣가루를 뿌린다.

- 미리 익히지 않고 꽂이에 꿰어서 석쇠에 굽기도 하고 팬에 지지기도 한다.

25) 장산적

재료 및 분량

쇠고기 200g, 참기름 ½작은술, 깨소금 ¼작은술, 후춧가루 약간, 잣가루 1큰술

양념1 간장 ½큰술, 설탕 ½큰술, 파(다진 것) 1작은술, 마늘(다진 것) ½작은술

양념2 간장 2큰술, 설탕 2큰술, 물 3큰술

〈만드는 법〉

1 쇠고기는 곱게 다져서 양념1로 조미하여 도마 위에 놓고 편편하게 펴 두께 0.7~1㎝ 정도의 네모 모양을 만들고 가로세로 잔칼질을 해 둔다.

2 석쇠에 은박지를 깔고 기름을 바른 뒤 고기를 옮겨 굽는다.

3 구운 것을 사방 2.5㎝ 정도로 잘라서 냄비에 담고 양념2를 넣고 가열하여 고기가 단단해지고 국물이 자작해질 때까지 조린다.

4 상에 낼 때는 잣가루를 뿌려서 낸다.

- 파·마늘을 곱게 다져야 구울 때 갈라지지 않고, 양념한 고기를 많이 치대야 표면이 매끈하고 부서지지 않는다.
- 구울 때 석쇠를 움직여 가며 구워서 색이 고루 나도록 한다.

26) 김치적

재료 및 분량

배추김치 ½포기, 깨소금 적당량, 참기름 적당량, 대파 1뿌리, 쇠고기 100g, 표고버섯 5장, 달걀 1개, 밀가루 적당량, 식용유 적당량, 꽂이 8개

고기 양념 진간장 1큰술, 설탕 ½큰술, 파(다진 것) 2작은술, 마늘(다진 것) 1작은술, 깨소금1작은술, 후춧가루 ¼작은술, 참기름 1작은술

〈만드는 법〉

1 배추김치는 속을 털어 내고 물기 없이 꼭 짠 후 너비 1.5㎝, 길이 6㎝로 썰어 깨소금, 참기름을 치고 대파도 손질해서 배추김치와 같은 크기로 썬다.

2 쇠고기는 두께 0.5㎝로 넓게 포를 떠서 잔칼질을 한 후 너비 2㎝, 길이 7㎝로 썰고 불린 표고버섯도 같은 크기로 썰어 각각 고기 양념을 해 둔다.

3 꽂이에 김치, 파, 쇠고기, 표고버섯, 김치 순으로 재료를 끼운 다음 밀가루와 달걀물을 씌워 노릇노릇하게 지진다.

- 기름을 넉넉히 두르고 중간불에서 지져야 맛이 좋다.

27) 사슬적

재료 및 분량

생선살(민어, 광어, 동태) 200g, 고기(간 것) 50g, 두부 ⅙모, 잣가루 약간, 밀가루 1큰술, 꽂이

생선 양념 간장 ½큰술, 참기름 1작은술, 깨소금 ½작은술, 파(다진 것) ½큰술, 마늘(다진 것) 1작은술, 후춧가루 약간

고기 양념 소금 ½작은술, 설탕 ½작은술, 파(다진 것) 1작은술, 마늘(다진 것) ½작은술, 깨소금 1작은술, 참기름 ½작은술, 후춧가루 약간

〈만드는 법〉

1 쇠고기는 곱게 다지고 두부도 으깬 후 물기를 짜고 다진 쇠고기와 합한 뒤 고기 양념으로 조미하여 둔다.

2 생선살은 한입 크기로 썰어 생선 양념으로 무쳐 둔다.

3 양념한 생선살의 한 면에 밀가루를 묻히고, 양념한 고기와 두부를 꼭 붙여 다독거려 둔다. 팬에 기름을 두르고 굽는다.

4 상에 낼 때는 잣가루를 뿌리고 초간장을 곁들여 낸다.

- 파·마늘을 곱게 다져야 구울 때 갈라지지 않고, 양념한 고기를 많이 치대야 표면이 매끈하고 부서지지 않는다.
- 구울 때 석쇠를 움직여 가며 구워서 색이 고루 나도록 한다.

28) 두릅튀김

재료 및 분량

두릅(작은 것) 200g, 날치알 50g,
녹말가루 4큰술, 밀가루 4큰술,
파(다진 것) 1큰술, 마늘(다진 것) 1작은술,
홍고추 ½개, 소금 약간, 튀김용 식용유

〈만드는 법〉

1 두릅의 연하고 어린 싹을 깨끗이 씻어 물기를 뺀 후 두꺼운 것은 고루 튀겨지도록 아랫부분에 십자모양의 칼집을 넣어 끓는 소금물에 데쳐서 찬물로 씻어 둔다.

2 홍고추는 씨를 빼고 조금 굵게 다져 둔다.

3 녹말가루와 밀가루를 각각 같은 분량으로 섞고 다진 홍고추, 다진 파, 마늘 등을 넣고 물을 붓고 걸쭉하게 반죽한다.

4 3에 날치알을 넣고 소금으로 간을 한다.

5 기름을 170~180℃로 달군 후 물기를 뺀 두릅에 튀김옷을 고루 입혀 한 개씩 넣고 튀긴다.

- 초고추장이나 초간장을 곁들여 낸다.
- 날치알 대신 다진 쇠고기를 사용해도 좋다.

29) 닭가슴살 튀김

재료 및 분량

닭가슴살 200g, 치즈 2장, 햄 50g, 밀가루 약간, 양파 ½개, 김치 100g, 깻잎 1묶음,
피자치즈 100g, 빵가루 약간, 달걀 1개, 튀김용 식용유

〈만드는 법〉

1 닭가슴살을 얇게 포를 떠서 넓게 만든다. 여기에 소금과 후추를 뿌려 둔다.

2 햄을 채를 썰어 두고 치즈는 ½등분하여 둔다. 김치는 다지고 양파도 다져서 볶아 소금과 후추로 간을 해 둔다.

3 준비한 닭 가슴살의 반에는 햄을 깔고 그 위에 치즈를 얹은 뒤 가슴살을 말은 후 밀가루, 달걀 푼 것을 입힌 뒤 빵가루를 묻혀 끓는 기름에 넣고 튀겨서 낸다.

4 나머지 닭 가슴살에는 깻잎을 깔고 볶아 둔 김치와 피자치즈를 얹어서 말은 후 밀가루와 달걀 푼 것을 입힌 뒤 빵가루를 묻혀 튀긴다.

5 튀긴 고기는 보기 좋게 잘라서 상에 낸다.

30) 꽁치 강정

재료 및 분량

냉동꽁치 3마리, 생강즙 약간, 녹말가루 1컵, 카레가루 2큰술, 튀김용 기름, 청고추·홍고추 각각 1개, 마늘 3쪽, 통깨 약간, 소금·후추 약간,

강정 양념 간장 1큰술, 고춧가루 ½큰술, 정종 1큰술, 고추장 1큰술, 다시마물 2큰술, 소금·후추·참기름 약간, 물엿 3큰술

〈만드는 법〉

1 꽁치는 세장 뜨기를 해서 뼈를 발라내고 깨끗하게 손질해 물기를 닦은 다음 1㎝ 두께로 썰어 소금, 후추, 생강즙으로 밑간을 한다.

2 밑간이 되면 카레가루를 넣고 뒤적인다.

- 꽁치는 마트에서 사올 때 구이용으로 내장만 제거해서 구입해 온다.

3 밑간과 카레가루를 묻힌 꽁치에 녹말가루를 묻혀 튀김기름 온도 170℃에서 바삭하게 두 번 튀긴다.

4 청홍고추는 사방 0.4㎝ 사각으로 썰고 마늘은 편으로 납작하게 썰어 둔다.

5 냄비에 강정 양념을 만들어 넣고 끓인다. 양념이 끓으면 편으로 썬 마늘과 다진 청홍고추를 넣고 끓인다.

6 끓는 강정 양념 냄비에 튀긴 꽁치를 넣고 버무린 다음 불을 끄고 통깨를 뿌려 그릇에 담아낸다.

- 꽁치를 잘 튀겨야 제 맛이 난다.
- 꽁치 구입하여 많이 손을 대면 비린내가 많이 나므로 주의하고, 구입 시 소금간을 하지 말고 구입한다.

31) 닭강정

재료 및 분량

닭 ½마리, 생강즙 1작은술, 마늘즙 ½큰술, 청주 1큰술, 풋고추·다홍고추 1개,
소금·후추 약간, 땅콩 ⅓컵, 튀김용 기름

소스 간장 3큰술, 설탕 2큰술, 청주 2큰술, 생강즙 1작은술, 물엿 2큰술, 통마늘 4 쪽

〈만드는 법〉

1 닭은 깨끗이 손질하여 4~5㎝ 정도로 큼직하게 토막을 쳐 둔다. 생강즙, 마늘즙, 청주, 소금, 후추를 섞어 양념장을 만들어 닭고기를 재워 둔다.

2 땅콩은 껍질을 까고 2~3토막을 내 둔다.

3 마늘은 편으로 잘라 두고, 풋고추, 다홍고추는 반으로 잘라 씨를 빼고 2㎝ 크기로 썰어 둔다.

4 준비된 닭고기는 물기를 뺀 뒤 끓는 기름에 넣고 2번 튀겨 낸다.

5 소스는 준비된 재료를 다 넣고 끓으면 썰어 둔 고추와 튀긴 닭고기를 넣고 잘 버무리고 조금 조리다가 땅콩을 넣고 끓어오르면 불을 끄고 그릇에 담아낸다.

- 닭을 토막칠 때 껍질은 제거하고 자른다.
- 닭강정에 윤기가 적으면 엿을 조금 더 넣으면 윤기가 난다.

제7장

회와 편육

I 회(膾)

회(膾)는 육류, 어패류, 채소류를 날로 또는 익혀서 회즙(초간장, 초고추장, 겨자장, 기름장 등)에 찍어 먹는 음식이다.

회는 조리법에 따라 생회와 숙회가 있다.

생회는 날로 먹는 것으로 쇠고기 육회와 간, 천엽, 양 갑회 등의 내장류와 민어, 광어 등의 신선한 생선 그리고 굴, 해삼 등 어패류가 있다.

숙회는 다양한 어패류와 실파, 미나리, 두릅 등의 채소를 익혀서 회즙(초간장, 초고추장, 겨자장 등)에 찍어 먹는다.

1) 육회

재료 및 분량

쇠고기(우둔살, 홍두깨살) 200g, 마늘 4쪽, 배 ½개, 잣가루 2큰술, 달걀 1개

양념간장 간장 3큰술, 마늘(다진 것) 1큰술, 설탕 1½큰술, 깨소금 ½큰술, 파(다진 것) 1큰술, 참기름 1½큰술

〈만드는 법〉

1 쇠고기는 기름이나 힘줄을 빼고 결의 직각방향으로 가늘게 채 썬다.

2 양념 재료를 고루 섞어 양념간장을 만든다.

3 배는 껍질을 벗기고 두께와 너비가 0.3㎝ 되게 가늘게 채 썰어 설탕물에 잠깐 담그고 마늘은 얇게 편으로 저민다.

4 채 친 쇠고기를 양념간장으로 무쳐서 채 썬 배와 마늘을 섞어 접시에 담고, 달걀 노른자를 얹고 잣 가루를 뿌려 낸다.

- 배는 갈변방지를 위해 소금물이나 설탕물에 담갔다가 사용한다.
- 육회를 조리할 때는 조리도구를 더욱 청결히 해야 한다.
- 육회양념은 보통 쇠고기 양념보다 마늘과 참기름, 설탕을 많이 쓴다.
- 고기의 핏물은 닦고 간장을 조금 적게 사용해야 고기의 색깔이 산다.
- 지역에 따라 고추장이나 고춧가루를 넣기도 한다.

2) 생선회

재료 및 분량

흰살생선(민어, 광어, 도미 등) 400g, 깻잎 100g, 상추 100g, 풋고추·다홍고추 각각 2개

초고추장 고추장 4큰술, 식초 2큰술, 설탕 2큰술, 물 1큰술, 간장 ½큰술, 마늘(다진 것) 2작은술, 술 ½큰술, 생강즙 1작은술

〈만드는 법〉

1 생선은 싱싱한 것을 구입하여 깨끗이 장만한 뒤 포를 떠서 젖은 행주로 덮어 냉장

고에 차게 둔다.

2 양념 재료를 섞어 초고추장을 만든다.

3 상추와 깻잎을 씻어서 물기를 빼고 고추는 어슷하게 썰어 씨를 뺀다.

4 상에 내기 전에 생선살을 얇게 썰어 접시에 담고 상추와 깻잎, 고추 썬 것을 담고 초고추장을 따로 담는다.

- 신선한 어패류의 회는 같은 방법으로 준비한다.
- 회를 조리할 때는 조리도구를 더욱 청결히 해야 한다.
- 초간장 또는 쌈장을 찍어 먹기도 한다.

3) 미나리강회

재료 및 분량

미나리 200g, 다홍고추 1개, 달걀 1개, 양지머리편육(햄) 100g

초고추장 고추장 2큰술, 설탕 1큰술, 청주 ½작은술, 마늘즙 ½큰술, 식초 1큰술, 생강즙 ¼작은술

〈만드는 법〉

1 미나리는 다듬어 깨끗이 씻어 끓는 소금물에 살짝 데쳐 찬물에 헹구어 건져 둔다.

2 고기편육은 길이 4㎝, 너비 0.3~0.5㎝의 막대 모양으로 썬다.

3 달걀은 황백지단을 부쳐 편육크기로 썰고, 다홍고추도 씨를 빼고 너비 0.3㎝, 길이 3㎝ 크기로 썬다.

4 준비된 양념들을 섞어 초고추장을 만든다.

5 데친 미나리를 서너 가닥 쥐고 편육, 황백지단, 고추를 끝에 잡아 손가락 두 개에 말고 빼서 가운데를 묶듯이 한다.

6 접시에 가지런히 담고 초고추장은 따로 낸다.

- 파강회도 같은 방법으로 한다. 미나리 강회는 봄에, 파강회는 늦가을에 맛이 좋다.
- 데친 미나리는 굵기가 일정한 것으로 준비하여 굵을 때는 2~4등분으로 쪼개어 사용한다.
- 편육은 삶아서 식은 후에 썰어야 부서지지 않는다.
- 재료들을 포개어 미나리로 감을 때 시작과 끝부분은 맨 아래 편육 뒤에서 꼬챙이로 마무리한다.

4) 어채

재료 및 분량

흰살생선(민어, 광어, 동태 등) 300g, 오이 ½개, 다홍고추 2개, 소금 약간, 녹말가루 약간, 표고버섯 3장, 식용유 약간, 달걀 2개, 잣가루 1작은술

초고추장 고추장 2큰술, 설탕 1큰술, 간장 2작은술, 마늘(다진 것) 2작은술, 청주 1작은술, 생강즙 ¼작은술, 식초 1큰술

〈만드는 법〉

1 생선은 신선한 것으로 장만하여 넓게 포를 떠서 한입 크기로 자르고, 소금과 후추를 약간 뿌려 둔다.

2 달걀은 황백지단을 부쳐서 너비 3㎝, 길이 4㎝로 썬다.

3 오이와 다홍고추를 지단과 같은 크기로 썰고 표고버섯도 깨끗이 손질하여 같은 크기로 썬다.

4 냄비에 물을 끓여 소금을 약간 넣고 준비한 재료들을 녹말가루에 묻혀서 데쳐 내어 찬물에 헹구어 건진다.

5 양념 재료를 섞어 초고추장을 만든다.

6 데쳐 낸 것들을 접시에 색스럽게 담고 잣가루를 뿌린 후 초고추장과 같이 낸다.

- 생선 숙회이다.

5) 간회

재료 및 분량

쇠간 100g, 천엽 100g, 양 250g, 잣 2큰술

기름장 참기름 4큰술, 소금 ½큰술, 깨소금 1큰술, 후춧가루 약간

〈만드는 법〉

1 쇠간은 얇은 막을 벗기고 힘줄을 떼어 내고 얇게 떠서 너비 2㎝, 길이 4㎝ 정도로 저며 잣을 가운데 놓고 돌돌 말아서 접시에 가지런히 담는다.

- 신선한 간을 구입하여 조리해야 한다.

2 천엽은 얇은 막만을 떼어서 소금을 뿌려 주물러 씻어 간과 같은 크기로 썰어 잣을 넣고 말아 간 옆에 담는다.

3 양은 소금을 뿌려 주물러서 씻고 끓는 물에 데쳐서 칼등으로 검은 막을 긁어 깨끗이 손질하여 얇게 저며서 다른 것과 같이 한다.

4 준비된 것을 접시에 담고 기름장을 따로 낸다.

6) 홍어회

재료 및 분량

홍어 300g, 식초 4큰술, 오이 ½개, 미나리 100g, 무100g

양념장 붉은 고추간 것 ⅔컵, 파(다진 것) 2큰술, 깨소금 1½큰술, 마늘(다진 것) 1큰술, 설탕 1큰술, 생강(다진 것) ½큰술, 참기름 ½큰술, 식초 3큰술

〈만드는 법〉

1 홍어는 참홍어로 작은 것을 골라 깨끗한 행주로 표면을 대강 닦고 홍어의 양눈 아래쪽에 껍질을 벗기기 쉽도록 칼집을 낸 후 한 손으로 홍어를 잡고 벗겨 낸다.

2 등 쪽 껍질을 벗긴 후 뒤집어서 배 쪽에 칼집을 넣어 내장을 빼고 깨끗이 씻어 물기를 뺀다.

3 머리와 꼬리를 떼어 내고 길이 5㎝, 너비 1㎝ 크기로 결 반대방향으로 썬 다음 분

량의 식초를 넣고 버무려 30분 정도 절인다.

4 홍어가 절여져서 살이 불투명해지고 꼬들꼬들해지면 베보자기에 싸서 물기를 꼭 짠다.

5 오이는 깨끗이 씻어 길이로 반 자르고 어슷하게 썰어서 소금에 절였다가 꼭 짠다.

6 미나리는 깨끗이 다듬어 씻은 다음 5㎝ 길이로 썬다. 무는 5㎝ 길이로 굵게 채 썰어 소금에 절였다가 물기를 꼭 짜 둔다.

7 붉은 고추는 꼭지를 떼고 깨끗이 씻어서 2~4등분하여 씨를 턴 다음 물을 조금씩 부어가며 믹서기에 곱게 간다.

8 양념장을 만들고, 준비된 홍어, 무채, 미나리, 오이 등을 한데 합친 후 넣고 골고루 무친다.

- 우리나라 잔치 음식에서 빠져서는 안 되는 음식으로 조리 시 위생에 주의해야 한다.

7) 오징어 숙회

재료 및 분량

물오징어 2마리, 오이1개, 상추 3잎,

초고추장 고추장 3큰술, 설탕 1큰술, 식초1큰술, 파(다진 것) 2작은술, 마늘 1작은술, 깨소금 1작은술, 참기름 ½작은술

〈만드는 법〉

1 오징어는 내장을 제거하고 껍질을 벗기고 깨끗이 씻어 안쪽에 가로, 세로로 0.3㎝ 간격으로 칼집을 넣고, 가로 1.5㎝, 세로 5㎝ 정도로 썰어 끓는 소금물에 살짝 데친다.

2 오이는 소금으로 문질러 씻어서 길이로 절반 잘라 어슷하게 썬다.

3 오징어와 오이를 초고추장으로 무친 다음 상추를 깔고 예쁘게 담아낸다.

- 오징어를 통째로 내장을 제거하고 삶아서 둥글게 링으로 썰어서 무치지 않고 접시에 담고 초고추장을 곁들여 내기도 한다.

II 편육 및 수육류

숙육(熟肉)은 수육이라고 하고 고기를 물에 삶아 익혀 먹는 음식을 말하며, 이것을 뜨거울 때 보자기에 싸서 눌러 얇게 썰어 먹는 것을 편육이라 하나 현재는 수육과 편육은 동의어로 쓰인다. 편육의 재료로 적당한 부위는 쇠고기 중에는 양지머리, 사태, 업진, 우설, 우랑, 우신, 유통, 쇠머리 등이 알맞고, 돼지고기는 삼겹살과 머리부위가 적당하다. 특히 돼지고기 편육은 새우젓과 함께 배추김치에 싸서 먹으면 맛이 좋다. 족편은 소의 다리, 가죽, 꼬리 등을 장시간 고아서 육류의 교원질인 콜라겐을 젤라틴화하여 석이지단, 지단채, 실고추 등을 고명으로 얹어 굳힌 음식이다.

1) 양지머리 편육

재료 및 분량

양지머리 800g, 대파 1뿌리, 물 2컵, 마늘 5쪽, 소금 2큰술

초간장 간장 4큰술, 식초 2큰술, 설탕 ¼작은술, 물 2큰술, 작은술 1작은술

〈만드는 법〉

1 양지머리는 덩어리째 씻어 찬물에 담가 핏물을 뺀다.
2 냄비에 물이 끓으면 고기를 넣고 삶는다.
3 국물이 다시 끓으면 파, 마늘을 저며 넣고 불을 줄이고 거품들을 걷어 내면서 삶는다.
4 1시간 정도 삶아서 고기가 익으면 소금을 넣어 잠시 더 끓여서 꺼내 젖은 베보자기에 싸고 위에 판판한 것으로 눌러 모양을 반듯하게 한다.
5 눌러 낸 고기를 고기결의 수직방향으로 얇게 썰어서 그릇에 담고 초간장으로 따로 담아낸다.

• 사태편육도 같은 방법으로 만든다.

2) 우설 편육

재료 및 분량

우설(쇠혀) 1개, 마늘 5쪽, 물 20컵, 생강 50g(1쪽) , 대파 1뿌리, 통후추 ½작은술, 겨자 2큰술, 소금 2큰술

초간장 간장 2큰술, 설탕 1작은술, 식초 2큰술, 잣가루 1작은술, 물 2큰술

〈만드는 법〉

1 우설은 기름과 핏줄을 떼어 내고 칼등으로 긁어내고 소금으로 비벼서 깨끗이 씻어 찬물에 담가 핏물을 뺀다.

2 대파는 크게 썰고 마늘, 생강은 납작하게 썬다.

3 물을 끓이다가 우설을 넣고 다시 끓으면 대파, 생강, 마늘, 통후추 등을 넣고 끓이면서 거품을 걷어 낸다.

4 한 시간 정도 끓여서 꺼내어 흰색의 두꺼운 막을 벗겨 내고 보자기에 싸서 도마 등으로 눌러 모양을 반듯하게 하여 식힌다.

5 얇게 썰어 그릇에 담는다.

- 우설은 삶을 때 너무 오래 끓이거나 물이 너무 많으면 맛이 덜하므로 우설이 잠길 정도로만 물을 넣는 것이 좋다.

3) 제육편육

재료 및 분량

돼지 삼겹살 1㎏, 생강 1쪽, 된장 1큰술, 마늘 1통

새우젓국장 새우젓국 4큰술, 고춧가루 1작은술, 물 1큰술, 깨소금 ½작은술

〈만드는 법〉

1 돼지고기 삼겹살은 기름이 적은 것을 골라서 덩어리째 물에 담가 핏물을 뺀다.

2 생각은 어슷하게 잘라 두고 마늘은 껍질을 까고 씻어 둔다.

3 냄비에 고기가 잠길 정도의 물을 붓고 물이 끓으면 된장을 풀고 준비해 둔 생강,

마늘과 고기를 넣는다.

4 한 시간 정도 끓여서 고기가 충분히 무르면 꺼내 베보자기에 싸서 도마로 눌러 식힌다.

5 고기를 얇게 썰어 접시에 담고 새우젓국장을 곁들여 낸다.

- 돼지고기는 고추장이나 쌈장과도 어울리고 김치에 싸서 먹으면 맛이 좋다.
- 보자기에 싸서 누르지 않으면 수육이다.

4) 족편

재료 및 분량

쇠족 1개(1㎏), 달걀 1개, 사태 300g, 석이버섯 5g, 생강 1쪽(50g), 실고추 약간, 마늘 1통, 겨자 2큰술, 파 2뿌리

양념 소금 1큰술, 간장 1큰술, 마늘(다진 것) 1큰술, 후춧가루 약간

초간장 간장 4큰술, 식초 2큰술, 파(다진 것) 1작은술, 물 1큰술, 마늘(다진 것) 1작은술, 설탕 ¼작은술, 잣가루 1작은술

〈만드는 법〉

1 쇠족은 털을 말끔히 깎아 내고 솔로 문질러 깨끗이 씻어 토막을 내어 핏물을 뺀다.

2 냄비에 물을 넉넉히 붓고 쇠족을 넣어서 끓으면 건져 내고 다시 깨끗이 씻는다.

3 데친 쇠족을 냄비에 넣어 다시 물을 잠기도록 붓고 끓으면 파, 생강, 마늘을 저며 넣고 끓인다.

- 거품이 생기면 걷어 낸다.

4 사태는 쇠족이 어느 정도 물러졌을 때에 넣어 함께 끓인다.

5 쇠족의 뼈가 쉽게 빠질 정도까지 끓여서 뼈를 추려내고 체에 걸러서 국물을 받고 고기 건지는 곱게 채를 썬다.

6 채 친 고기와 국물을 도로 냄비에 담고 양념을 넣어 약한 불에서 끓인다.

7 달걀을 황백으로 나누어 지단을 부쳐 가늘게 채 썰고, 석이버섯은 깨끗이 손질하여 가늘게 채 썰고, 실고추는 길이 3㎝ 정도로 잘라 둔다.

8 네모진 쟁반이나 그릇에 물을 고루 바르고 끓인 족의 국물을 붓고 식히다가 윗면

이 식어서 약간 굳으면 준비된 고명들을 고루 얹어서 랩으로 덮어 냉장고에 넣어 굳힌다.

9 잘 굳은 족편은 납작하게 썰어 접시에 담고 초간장과 겨자 갠 것을 따로 담아 상에 낸다.

- 맛이 오돌오돌하며 겨울철에 많이 하는 음식이다.
- 족편을 깨끗하게 만들기 위하여 양지머리나 사태를 3~4시간 고아 그 국물에 10~20% 첨가하여 굳히기도 한다.

제8장

밑반찬류와 저장식품류

I 밑반찬류

밑반찬은 밥을 먹는 반상 차림의 반찬으로 제철에 만들어 두는 일종의 단기 저장식품이다. 밑반찬류는 고기나 생선을 양념하여 말린 포, 여러 가지 건어물을 손질해 양념장으로 무친 것, 채소류나 말린 어패류를 바싹 볶은 것, 고기류를 바싹 조린 것 등과 오이나 무 등으로 볶아 만든 숙장아찌, 소금이나 장류 등에 절인 절임 장아찌 등이 있다.

1. 자반과 마른반찬

자반은 고등어자반, 암치자반처럼 생선을 소금에 절이거나 채소 또는 해산물을 간장이나 찹쌀 풀을 발라 말려서 기름에 튀기는 것 등 밥의 반찬이 되는 짭짤한 밑반찬 등을 두루 이르는 말로 쓴다.

마른 반찬은 북어나 오징어, 멸치, 김 등의 마른식품을 무치거나 볶아서 밑반찬으로 두고 먹을 수 있는 것을 말하며 튀각은 미역, 다시마 등을 기름에 바싹 튀긴 것을 말한다.

1) 김자반

재료 및 분량

김 10장, 통깨 1큰술

양념 간장 3큰술, 파(다진 것) 2작은술, 설탕 1큰술, 마늘(다진 것) 1작은술, 고춧가루 ½작은술, 참기름 ½작은술

〈만드는 법〉

1 김은 티를 골라낸다.

2 **양념** 재료를 고루 섞어 양념장을 만든다.

3 쟁반 위에 김을 한 장씩 놓고 숟가락으로 양념장을 떠서 구석구석 고루 바르고 양념을 바른 김 여러 장을 겹쳐서 꼭꼭 눌러 준다.

4 김에 간이 배면 채반에 한 장씩 펴서 겹치지 않게 널고 위에 통깨를 고루 뿌린 다음 말린다.

- 가끔 위치를 옮겨 가며 채반에 김이 붙는 것을 방지한다.

5 바싹 마르면 석쇠에 얹어 살짝 굽고 작게 잘라서 뚜껑 있는 그릇에 담아 두고 밑반찬으로 사용한다.

2) 다시마 매듭자반

재료 및 분량

다시마20㎝, 식용유 약간, 잣 1작은술, 설탕 1큰술, 통후추 ½작은술

〈만드는 법〉

1 다시마는 두꺼운 것으로 사서 젖은 행주로 깨끗이 닦아 내어 너비 1.2㎝, 길이 12㎝ 정도로 자른다.

2 썰은 다시마를 한 가닥씩 들고 매듭을 매고 매듭 속에 잣과 통후추를 한 알씩 넣어 빠지지 않게 당긴다.

3 기름을 150도 정도로 가열한 뒤 다시마를 바싹 튀겨 낸다.

4 튀긴 다시마는 기름을 빼고 설탕을 뿌려서 낸다.

- 죽의 반찬으로 좋다.
- 불의 온도가 너무 세면 탄다.

3) 고추장볶이

재료 및 분량

쇠고기 100g, 고추장 300g, 설탕 4큰술, 물 3큰술, 참기름 3큰술, 잣1큰술

고기 양념 간장 1큰술, 참기름 ½큰술, 후춧가루 약간

〈만드는 법〉

1 쇠고기를 곱게 다져서 고기 양념을 하고 기름에 볶고, 식으면 뭉친 고기를 다시 곱게 다져 둔다.

2 고추장에 물을 합하여 고루 섞은 후 볶은 쇠고기를 넣고 약한 불에 올려서 나무주걱으로 저으면서 서서히 볶는다.

3 고추장이 진해지면 설탕을 넣고 볶다가 마지막으로 참기름을 넣고 잣을 섞어 그릇에 담는다.

- 불조절을 잘 해야 타지 않는다.
- 만들어서 쌈을 쌀 때 쌈장으로 혹은 비빔밥에 고추장 대신에 넣기도 한다.
- 쇠고기 대신 돼지고기를 사용해도 좋다.

4) 장똑똑이

재료 및 분량

쇠고기 150g, 간장 1큰술, 물 2큰술, 파 10㎝, 마늘 3쪽, 생강 약간, 깨소금 1큰술, 참기름 1큰술, 설탕 ½큰술

양념1 국간장 ½큰술, 참기름 ½큰술, 후춧가루 약간

〈만드는 법〉

1 쇠고기는 기름기 없는 것으로 골라서 고깃결대로 가늘게 채 썬다.
2 파는 3㎝ 길이로 채 썰고 마늘, 생강도 곱게 채 썬다.
3 채 썬 고기는 양념1로 무쳐서 볶는다.
4 고기가 익으면 간장, 설탕, 물을 넣고 조리다가 채 썬 것들을 넣고 서서히 조린다.
5 장물이 자작해지면 참기름, 깨소금을 넣어 고루 뒤적인 후 불을 끈다.
   • 쌈을 쌀 때 쌈장대신으로 내기도 하고 밑반찬으로 좋다.

5) 북어 보푸라기(삼색 북어 무침)

재료 및 분량

북어포 1마리

양념1 간장 2작은술, 설탕 ½작은술, 깨소금 ½작은술, 참기름 ½작은술, 후춧가루 약간

양념2 소금 ½작은술, 설탕 ½작은술, 깨소금 ½작은술, 참기름 ½작은술, 후춧가루 약간

양념3 소금 ½작은술, 설탕 ½작은술, 깨소금 ½작은술, 참기름 ½작은술, 고운 고춧가루 1작은술, 후춧가루 약간

〈만드는 법〉

1 북어는 황태로 골라 젖은 행주로 깨끗이 닦은 다음 숟가락이나 포크로 살살 긁어서 결대로 부풀린다.
   • 강판을 이용해도 좋다.
2 솜처럼 부풀린 북어를 3등분하여 양념1, 양념2, 양념3으로 각각 고루 무친다.
   • 간장으로 무치는 것은 북어의 양을 조금 많이 하여 간장 때문에 부피가 줄어들어도 양이 같도록 준비한다.

3 한 그릇에 세 가지 무침을 담아낸다.

- 보푸라기를 곱게 하려면 부풀린 것을 베보자기에 싸서 다시 비비면 곱게 된다.
- 간장색의 보푸라기를 만들 때 간장을 넣고 고루고루 무쳐야 질척해지지 않는다.
- 고춧가루로 양념할 때는 잘 비벼서 고춧가루가 뭉치지 않게 한다.

6) 잔 멸치 볶음

재료 및 분량

잔 멸치 100g, 풋고추·다홍고추 각각 1개, 식용유 약간

양념 간장 1큰술, 설탕 1큰술, 물엿 1큰술, 물 1큰술, 참기름 2작은술, 통깨 2작은술

〈만드는 법〉

1 잔 멸치의 티나 먼지를 골라낸 후 체에 흔들어 멸치의 잔가루를 뺀다.

2 팬에 기름을 두르고 달구어서 멸치를 먼저 살짝 볶아 낸다.

3 풋고추, 다홍고추는 어슷하게 썰어 씨를 뺀다.

4 팬에 양념 재료를 넣고 끓으면 썰어 놓은 고추를 넣어 고루 섞고, 고추가 익으면 볶아 놓은 멸치를 넣고 양념이 고루 묻게 볶는다. 마지막으로 참기름과 통깨를 넣고 고루 섞는다.

- 새우 및 다른 볶음도 이처럼 한다. 고추장 양념을 사용할 때는 타지 않게 주의한다.

7) 김무침

재료 및 분량

김 10장, 쇠고기 50g

양념1 간장 1작은술, 마늘(다진 것) ¼작은술, 설탕 ¼작은술, 후춧가루 약간, 대파(다진 것) ½작은술

양념2 진간장 2큰술, 파·마늘(다진 것) 각각 1작은 술, 참기름 ½큰술, 깨소금 1큰술, 설탕 ½큰술

〈만드는 법〉

1 김은 티를 골라내고 석쇠에 구워서 잘게 부순다.

2 쇠고기는 곱게 다져서 양념1로 무쳐서 볶은 다시 곱게 다진다.

3 부순 김에 양념2의 참기름을 넣고 고루 무친 후 볶은 쇠고기를 넣고 나머지 양념2를 넣어 무친다.

- 바로 먹기 위해 무칠 때는 미나리나 쪽파를 데쳐 4㎝ 길이로 썰어 같이 무친다.

II 포와 부각

1. 포

포는 쇠고기나 생선의 살을 넓게 포로 떠서 간을 하여 말리는 저장식품이다. 쇠고기로 만드는 육포는 간장으로 조미한다. 쇠고기의 육포는 우둔살이나 홍두깨살을 결대로 얇게 떠서, 간장, 설탕, 후춧가루 등으로 조미하여 채반에 널어 말리는데 장포라 하여 가장 흔히 한다.

생선포는 대개 흰살의 민어나 숭어 등을 얇게 포를 떠서 소금으로 간을 하여 말린다. 생선을 통째로 말릴 때는 북어는 간을 하지 않고 말리지만 민어나 대구는 등 쪽을 가르고 소금을 뿌려서 말린다. 이렇게 말리는 포는 자반 또는 절육이라고도 한다.

1) 육포

재료 및 분량

쇠고기(우둔살) 500g, 참기름·잣가루 적당량

양념 진간장 5큰술, 꿀 1큰술, 국간장 3큰술, 생강즙 ½큰술, 설탕 2큰술, 후춧가루 약간, 배즙 3큰술

〈만드는 법〉

1 기름기 없는 쇠고기를 구입하여 근섬유결의 방향대로 두께 0.4cm 정도로 얇고 넓게 포를 떠서 둔다.

2 양념은 모두 섞어 포감을 한 장씩 양념장에 담가서 앞뒤를 고루 적셔 전체를 고루 주물러 간이 충분히 배도록 1시간 정도 둔다.

3 육포감을 채반에 겹치지 않게 펴 통풍이 잘되고 햇빛이 나는 곳에서 이틀 정도 말린다.

4 겉면이 대강 마르면 뒤집어서 뒷면도 고루 말린다.

5 적당히 마르면(쪽째 모아서 고기섬유가 털처럼 일어날 만큼) 바삭 마르기 전에 걷어서 한지에 싸서 도마나 판자를 놓고 무거운 것으로 눌러서 하루쯤 두어 판판하게 한다.

6 말린 포는 공기에 접촉하지 않도록 밀봉시켜 냉장고나 냉동실에 보관하다가 필요할 때 육포의 양면에 참기름을 고루 발라서 석쇠에 얹어 앞뒤를 살짝 구워서 적당한 크기로 잘라 잣가루를 뿌려 찬이나 안주로 쓴다.

- 염포는 쇠고기에 간장대신에 소금을 사용하여 만든 포이다.

2) 칠보편포

재료 및 분량

쇠고기(우둔살) 500g, 잣 3큰술

양념 간장 5큰술, 꿀 1큰술, 설탕 2큰술, 후춧가루 약간 생강즙 ½큰술, 배즙 2큰술

〈만드는 법〉

1 기름기 없는 쇠고기를 골라서 곱게 다진다.

2 다진 고기에 양념들을 넣고 고루 주물러서 간이 충분히 배도록 1시간 정도 둔다.

3 양념한 고기를 직경 4cm 두께 1cm로 둥글납작하게 빚어 중심에 잣 한 알을 박고 가장자리에 여섯 알씩 깊게 박아서 채반에 넣어 말린다.

4 말리는 과정은 육포와 같으며 먹을 때는 참기름을 바르고 석쇠에 살짝 구워서 술안주, 마른 찬으로 낸다.

2. 부각

부각은 감자, 풋고추, 깻잎, 참죽나물잎 등의 채소와 김, 다시마 등의 해초류에 찹쌀풀을 발라서 말려 두었다가 필요할 때 기름에 튀겨서 찬이나 술안주로 한다.

1) 김부각

재료 및 분량

김 10장, 통깨 1큰술, 튀김기름 약간

찹쌀풀 찹쌀가루 1컵, 물 2컵, 소금 2작은술

〈만드는 법〉

1 김은 티를 골라 둔다.
2 찹쌀가루에 물을 붓고 소금으로 간을 맞추어 불에 올려 풀을 쑤어 다른 그릇에 쏟아서 식힌다.
3 도마 위에 김을 펴고 찹쌀풀을 고루 바르고 위에 또 한장을 덮고 다시 풀을 바르고 통깨를 군데군데 뿌려서 채반에 널어 말린다.
4 바싹 마르면 밀폐된 용기에 담아서 보관하다가 먹을 때는 기름에 튀겨서 낸다.
   • 다시마, 깻잎, 부각도 같은 방법으로 만든다.

2) 참죽부각

재료 및 분량

참죽 500g, 튀김기름 약간, 소금 약간

찹쌀풀 찹쌀가루 1컵, 물 1½컵, 고추장 2큰술, 통깨 1큰술, 소금 약간

〈만드는 법〉

1 연한 참죽잎을 끓는 물에 살짝 데쳐서 채반에 꾸덕꾸덕하게 말린다.
2 찹쌀가루에 고추장을 풀어 풀을 쑤어 식힌다.

3 식은 찹쌀풀에 통깨를 섞어서 참죽 두세 잎씩 찹쌀풀에 담갔다가 손으로 대강 훑어 내렸다가 채반에 넣어 통풍이 잘되는 곳에서 말린다.

4 거의 말랐으면 4cm 길이로 밀폐용기에 담아서 보관한다.

5 필요할 때 기름에 튀겨서 상에 낸다.

- 고추장 대신 고춧가루와 소금을 넣고 만들기도 한다.

3) 깻잎부각

재료 및 분량

깻잎 50장, 튀김기름 약간

찹쌀풀 찹쌀가루 1컵, 물 2컵, 소금 2작은술, 통깨 1큰술

〈만드는 법〉

1 깻잎은 작고 싱싱한 것으로 골라서 씻어 건져 물기를 없앤다.

2 찹쌀가루에 물을 붓고 소금간을 맞추어서 불에 올려 찹쌀풀을 쑤어 식힌다.

3 식은 찹쌀 풀에 통깨를 섞어서 채반에 깻잎을 한 장씩 펴고 찹쌀풀을 솔로 고루 발라서 한 장을 겹치고 다시 풀을 발라서 채반에 겹치지 않게 펴서 통풍이 잘되고 햇빛이 잘 드는 곳에서 말린다.

4 바싹 말려서 밀폐용기나 비닐봉지에 담아서 보관한다.

5 필요할 때 기름에 튀겨서 상에 낸다.

III 장과와 장아찌

불로 익혀서 만든 장아찌를 숙장과라 하고, 제철에 흔한 채소를 소금물, 간장, 고추장, 된장 등에 넣어 장시간 저장하는 것을 장아찌라 한다.

1. 숙장과

오이, 무, 배추, 열무 등의 채소를 소금에 절인 후 물기를 적게 하여 볶거나 간장 물에 조려서 만든 찬품으로 간이 센 편이어서 다른 반찬보다 장시간 보관할 수 있다.

1) 삼합장과

재료 및 분량

홍합 200g, 생전복 1개, 불린 해삼 2개, 쇠고기(우둔살) 100g, 대파(흰부분) 15㎝, 마늘 2쪽, 생강 1쪽, 참기름 1큰술, 잣가루 1큰술

양념1 간장 1큰술, 설탕 ½큰술, 후춧가루 약간

양념2 간장 4큰술, 물 4큰술, 설탕 2큰술, 후춧가루 약간

〈만드는 법〉

1 쇠고기는 납작하게 저며 양념1로 조미한다.

2 홍합은 털과 얇은 막을 떼어 내고 끓는 물에 데쳐 낸다.
 - 큰 것은 2~3등분한다.

3 전복은 살을 분리하여 소금으로 문질러 씻고 살짝 쪄서 얇게 저민다.

4 불린 해삼은 내장을 빼고 씻어 어슷하게 저며 썬다.

5 대파는 길이 3㎝로 토막 내고 마늘과 생강은 얇게 저며 썬다.

6 양념2를 섞어서 불에 올려 끓어오르면 먼저 양념한 쇠고기를 넣어 조린다.

7 쇠고기가 익으면 후춧가루를 뿌리고 준비한 해물들을 넣어 서서히 조리면서 가끔 뒤섞어 준다.

8 국물이 거의 졸아들면 참기름을 넣어 고루 섞어 그릇에 담고 잣가루를 뿌려 낸다.

2) 오이갑장과(오이숙장아찌)

재료 및 분량

오이 2개, 소금 2큰술, 쇠고기(우둔살) 50g, 표고버섯 2장, 식용유 약간

양념1 간장 2작은술, 설탕 1작은술, 대파(다진 것) 2작은술, 마늘(다진 것) 1작은술, 후춧가루 약간, 참기름 약간

양념2 참기름 1큰술, 깨소금 ½큰술, 실고추 약간

〈만드는 법〉

1 오이는 5㎝로 토막을 내서 길이대로 6~8등분하여 씨 부분을 도려내고 껍질 쪽이 도톰하게 0.5㎝ 정도 두께의 막대 모양으로 썰어서 소금물에 20분 정도 절인다.

2 쇠고기는 곱게 채를 썰고 표고버섯도 가늘게 채 썰어 양념1로 고루 무친다.

3 절인 오이는 물에 헹구어 물기를 꼭 짠다.

4 양념한 쇠고기를 먼저 볶다가 익으면 한쪽으로 모아 놓고 오이를 넣어 센 불에서 살짝 볶아서 식힌다.

5 4에 양념2를 넣고 잠시 가볍게 버무린 후 그릇에 담는다.

- 오이를 절일 때 소금에 절여도 된다. 오이의 물기를 짤 때는 멍이 들지 않게 살짝 짠다.
- 오이를 센 불에서 살짝 볶아 넓게 펴서 식혀야 물기도 안 생기고 색깔이 곱고 아삭거린다.

3) 무갑장과(무숙장아찌)

재료 및 분량

무 200g, 간장 2큰술, 미나리 40g,
쇠고기 40g, 식용유 적당량, 실고추 적당량
참기름 약간

고기 양념 간장 ½큰술, 설탕 1작은술,
파·마늘(다진 것) ½작은술, 후춧가루 약간,
깨소금 ½작은술, 참기름 1작은술,

〈만드는 법〉

1 무는 5㎝ 길이와 0.6㎝ 정도의 너비와 두께로 썰어 간장에 절이고 간이 고루 배도록 가끔 뒤적여 놓는다.

2 쇠고기는 길이 4~5㎝, 너비 0.3㎝의 크기로 썰어 고기 양념한다.

3 미나리는 줄기부분을 4~5㎝로 자르고 실고추 3㎝ 길이로 잘라 둔다.

4 팬에 기름을 두르고 쇠고기를 볶다가 간장에 절인 무를 넣고 볶으면서 간장 물로 색을 맞추어 미나리를 넣고 살짝 볶는다.

5 다 되었으면 실고추와 참기름을 넣고 살짝 버무려 상에 낸다.

- 무를 간장에 절였다가 물기를 짠 다음 햇볕에 꾸덕꾸덕하게 말려서 쓰기도 한다.
- 미나리, 실고추를 넣어 오래 볶으면 색이 곱지 않으므로 불을 끈 후에 넣어 남아 있는 열을 이용하여 익힌다.
- 장과류에 들어가는 쇠고기는 고깃결대로 써는 것이 좋다.
- 무의 크기를 일정하게 썰어야 간장물이 고르게 든다.

4) 미나리장과

재료 및 분량

미나리 300g, 소금 약간, 쇠고기(우둔살) 100g, 다홍고추 1개, 식용유 약간

양념1 간장1큰술, 설탕 ½큰술, 파(다진 것) 2작은술, 마늘(다진 것) 1작은술

양념2 참기름 1큰술, 깨소금 ½큰술, 간장 1큰술

〈만드는 법〉

1 미나리는 다듬어서 5㎝ 길이로 잘라서 끓는 소금물에 살짝 데쳐 내어 찬물에 헹구어 건져 놓는다.
2 쇠고기는 곱게 채 썰고, 다홍고추는 가늘게 채로 썬다.
3 양념1로 채 썬 쇠고기를 조미한다.
4 양념한 쇠고기를 볶아 익으면 채 썬 고추를 넣어 잠시 더 볶아서 접시에 꺼내어 식힌다.
5 데친 미나리를 양념2로 조미하여 살짝 볶다가 4를 넣고 섞어서 그릇에 담는다.

2. 장아찌

여러 가지 채소들이 제철에 많이 날 때 소금물, 간장, 된장, 고추장, 식초 등에 채소들을 절여서 박아 두는 저장식품이다. 장아찌류는 먹기 전에 작게 썰어 참기름, 설탕, 깨소금 등으로 다시 조미하여 먹는다.

장아찌를 담글 때는 다음을 유의한다.

① 장아찌를 박는 장은 따로 작은 항아리에 덜어서 쓴다.

② 재료는 깨끗이 씻고 물기를 제거한 뒤 절이거나 말려서 수분의 함량을 줄여서 사용해야 장기보존이 가능하다.

③ 깻잎, 고추 등의 크기가 작은 재료를 박을 때는 거즈나 베주머니에 넣어야 꺼내기 쉽고 무칠 때 깔끔하다.

④ 장아찌는 짠맛, 신맛, 단맛을 따로따로 즐기기도 하나, 요즘은 시고 단맛이 나는 장아찌류를 많이 만든다.

1) 통마늘 장아찌

재료 및 분량

통마늘 50개

양념1 소금 1컵, 물 10컵

양념2 식초 2컵, 설탕 1컵, 소금 ¼컵, 물 5컵

〈만드는 법〉

1 새 마늘이 나올 때 연한 통마늘을 구하여 껍질을 한 켜 벗기고 통째로 양념1의 소금물에 넣어 일주일 정도 담가 두어 삭힌다.

2 삭힌 마늘을 건져서 물기를 닦고 항아리나 병에 차곡차곡 담는다.

3 양념2를 끓여 식혀서 마늘 담은 항아리에 붓고 떠오르지 않게 위를 돌이나 무거운 것으로 눌러 준다.

4 1주일마다 국물을 따라내고 끓여 식혀서 다시 붓기를 반복한다.

5 두 달 정도 되면 꺼내서 양 끝을 잘라내고 세로 2~3등분으로 잘라 마늘의 단면이 나오게 담는다.

- 소금 대신 간장을 넣어 검게 담기도 한다.

2) 무말랭이 장아찌

재료 및 분량

무말랭이 5컵, 고춧잎(마른 것) ½컵

찹쌀풀 물 4컵, 찹쌀가루 1컵, 물엿 ½컵

양념1 고춧가루 1컵, 멸치젓국 ½컵

양념2 마늘(다진 것) 3컵, 생강(다진 것) 1컵, 통깨 1큰술, 소금 약간

〈만드는 법〉

1 무를 길이 4㎝, 굵기 1㎝정도의 막대 모양으로 썰어서 채반에 널어 바싹 말려 무말

랭이를 만든다.

2 고춧잎은 연하고 부드러운 것을 골라 끓는 소금물에 살짝 데쳐서 채반에 널어 바싹 말린다.

3 찹쌀풀을 쑤어서 물엿을 넣어 고루 섞어 불에서 내려 식힌다.

4 무말랭이와 고춧잎은 물에 잠깐 불렸다가 물기를 꼭 짠다.

5 식은 찹쌀풀에 양념1을 넣어 고루 섞은 후에 무말랭이와 고춧잎을 넣고 양념2를 넣어 고루 버무려서 간을 보아 부족하면 소금을 맞추고 항아리에 꼭꼭 눌러 담는다.

6 한 달 후 맛이 들면 먹을 때 조금씩 꺼내어 참기름, 설탕, 다진 파·마늘을 넣어 무쳐서 먹는다.

- 무말랭이는 9월경에 나는 무로 하는 것이 좋고 무말랭이 장아찌는 김장 때나 봄에 담근다. 오래 두고 먹을 때는 찹쌀풀을 넣지 않고 간장을 끓여 식혔다가 부어서 담기도 한다.
- 무말랭이에는 물엿이 들어가야 맛이 좋다.

3) 풋고추 장아찌

재료 및 분량

풋고추 600g, 소금 60g, 물 3컵, 고추장 2컵

〈만드는 법〉

1 풋고추는 크고 상처가 없는 것으로 골라 씻어 소금물에 담가 2주일 정도 삭힌다.

- 고추가 떠오르지 않게 위를 무거운 것으로 눌러 준다.

2 잘 삭은 고추는 건져서 물기를 빼고 고추장에 박아서 2주일 이상 둔다.

3 먹을 때는 고추를 잘게 썰어서 참기름, 설탕, 다진 파·마늘, 참기름 등을 넣어 무친다.

- 삭힌 고추를 된장, 간장이나 젓국에 박기도 한다.
- 삭힌 고추를 단촛물에 담가 먹기도 한다.

4) 더덕 장아찌

재료 및 분량

더덕 500g, 고추장 300g

〈만드는 법〉

1 더덕은 껍질을 벗기고 칼등으로 두들겨서 납작하게 만들어 햇볕에 꾸덕꾸덕하게 말린다.

2 말린 더덕에 고추장이나 된장을 발라 차곡차곡 그릇에 담고 남은 장으로 위를 덮은 후 서늘한 곳에 보관한다.

3 익은 더덕은 하나씩 꺼내 길이대로 찢어서 갖은 양념을 해서 먹는다.

5) 깻잎장아찌

재료 및 분량

깻잎 20묶음

양념간장 진간장 2컵, 마늘(채 썬 것) 1통, 실고추 5g, 통깨 5큰술

〈만드는 법〉

1 깻잎을 깨끗이 씻고 물기를 제거한 뒤 5장씩 묶어 놓는다.

2 마늘은 곱게 채 썰고 실고추는 3㎝ 길이로 잘라 둔다.

3 그릇에 진간장, 마늘 채 썬 것, 통깨, 실고추를 넣고 양념간장을 만들어 놓는다.

4 항아리에 1을 한 켜 깔고 그 위에 준비된 양념간장을 고루 뿌리고 다시 깻잎을 놓고 양념간장을 뿌리고를 반복하여 담근다.

5 다 담은 뒤에는 남은 양념간장을 모두 붓고 돌로 눌러 익힌다.

- 깻잎을 간장에 먼저 삭힌 후 양념을 해서 먹기도 한다.

Ⅳ 젓갈류

젓갈은 어패류를 절여서 염장하여 발효시켜 만드는 저장식품으로 한자로는 식해(食醢)라 한다. 젓갈은 어패류의 단백질 성분이 분해되고 발효되어 특유한 향과 감칠맛을 낸다.

젓갈류는 김치에 넣는 젓갈류와 밑반찬으로 쓰이는 젓갈로 나눌 수 있다.

① 김치용 젓갈류: 새우젓, 멸치젓, 황석어젓, 갈치속젓 등

② 찬품용 젓갈류: 명란젓, 오징어젓, 창난젓, 어리굴젓, 조개젓, 대구모젓, 진석하젓, 전어밤젓, 해삼 창자젓, 성게알젓 등

식해는 어패류를 엿기름과 익힌 곡물을 한데 섞어서 고춧가루, 파, 마늘, 소금 등으로 조미하여 삭혀서 먹는 음식으로 역사가 오래되었다. 가자미식해, 도루묵식해, 연만식해, 마른 북어식해 등이 남아서 전해진다.

1) 조기젓(황석어젓)

조기젓은 조기가 많이 잡히는 5월에서 6월 중순경에 담가서 10월경에 먹는다.

재료 및 분량

조기 1㎏, 천일염 1¼컵

소금물 물 2컵, 천일염 ½컵

〈만드는 법〉

1 조기는 싱싱한 것으로 구입하여 소금물에 담갔다가 흔들어 씻어서 채반에 건져 물기를 뺀다.

2 조기의 아가미, 입을 벌려서 소금을 가득 채운 후 항아리에 천일염을 한켜 깔고 그 위에 조기를 깔고 다시 호렴 한켜 깔고 조기가 겹치지 않게 까는 것을 반복하여 차곡차곡 담고 맨 위에 조기가 보이지 않을 정도로 소금을 넣는다.

- 소금을 넉넉히 뿌려야 상하지 않는다.

3 준비된 소금물을 끓여 식혀서 항아리에 붓고 무거운 돌로 눌러서 뚜껑을 잘 덮어 시원한 곳에서 삭힌다.

4 석달 이상 두어 충분히 삭으면 발라서 갖은 양념으로 무쳐 반찬으로 한다.

- 김치에는 달여서 넣고 반찬으로 먹을 때는 살을 발라 참기름을 바르고 구워먹기도 한다.

2) 멸치젓

멸치젓은 새우젓과 더불어 김치나 반찬의 조미료로 가장 많이 쓰인다.
5~6월에 멸치가 많이 나 이때 멸치젓을 담그면 김장때 사용하기가 알맞다.

재료 및 분량

멸치 1.5kg, 천일염 1.5~2kg

소금물 물 4리터, 천일염 2컵

〈만드는 법〉

1 만드는 법은 조기젓과 같다.

- 김치에 사용할 때는 멸치젓 10컵에 물 10컵의 비율로 함께 넣고 달여서 소쿠리에 베보자기를 두세 겹으로 깔고 국물을 받쳐 맑은 국물을 만들어 사용하며, 반찬으로 사용할 때는 잘게 썰어 갖은 양념으로 무쳐 먹는다.

3) 어리굴젓

재료 및 분량

생굴 400g, 무 100g, 천일염 약간

양념 소금 3큰술, 고운 고춧가루 4큰술, 대파 30g, 마늘 20g, 생강 10g

〈만드는 법〉

1 굴은 싱싱하고 작은 것으로 골라서 소금물에 씻어서 물기를 뺀다.

2 무는 사방 1.5cm의 네모로 납작하게 썰어 소금에 절여 둔다.

3 파, 마늘, 생강은 곱게 채 썬다.

4 먼저 소금에 절인 무에 고춧가루를 넣고 버무린 후 나머지 양념을 굴과 같이 넣고 버무려서 항아리에 담아 서늘한 곳에 이삼일 두었다가 먹는다.

- 어리굴젓은 부재료를 많이 넣고 싱겁게 간을 하여 먹는 것이므로 조금씩 담아 냉장고에 보관하여 단기간에 바로 먹는다.

4) 오징어젓

재료 및 분량

물오징어 3마리, 소금 3큰술, 무 300g

양념 고운 고춧가루 6큰술, 대파(채 친 것) 60g, 마늘(채 친 것) 30g, 생강(채 친 것) 20g, 소금 1큰술

〈만드는 법〉

1 오징어는 싱싱한 것으로 구입하여 내장을 떼어 내고 몸통과 다리를 갈라서 소금을 뿌려 1시간 정도 둔다.

2 오징어는 굵게 채를 썰고 다리도 5㎝ 길이로 썬다.

3 무는 4㎝로 토막을 내서 굵은 채로 썰어 소금에 절여 두었다가 물기를 꼭 짠다.

4 양념을 모두 섞어서 오징어 썬 것과 절인 무와 합하여 고루 버무려 옹기에 담아 서늘한 곳에 일주일 정도 두었다가 먹기 시작한다.

5) 양념 꽃게장

재료 및 분량

꽃게 3마리, 간장 ½컵, 다홍고추 1개, 풋고추 2개, 실파 30g

양념 고추장 3큰술, 마늘(다진 것) 1큰술, 생강(다진 것) ½큰술, 설탕 ½큰술, 통깨 ½큰술, 물엿2큰술, 고춧가루 2큰술

〈만드는 법〉

1 꽃게는 묵직하고 발이 모두 붙어 있는 산 것으로 구입하여 솔로 문질러 닦는다.

2 양념 재료는 함께 섞어 둔다.

3 게딱지를 열고 딱지 안의 장을 그릇에 모으고 아가미와 모래주머니는 떼어 내고 다리의 끝마디는 잘라 낸다.

4 몸통은 반 가르고 발을 붙인 채로 세 토막 정도로 나누고 냉동실에 1~2시간 정도 넣었다가 꺼낸 뒤 간장을 부어 가끔 뒤적이면서 한 시간 정도 절인다.

5 고추는 어슷하게 썰어 씨를 빼고 실파는 4cm 길이로 썬다.

6 간이 밴 게에 섞어 둔 양념을 넣어 버무린 다음 고추와 실파를 잘 섞어 딱지 안의 장을 넣어 고루 무쳐서 담는다.

- 바로 먹기도 하고 하루쯤 두었다가 먹기도 한다.
- 꽃게장으로 고추장을 사용하지 않고 간장이나 소금으로 담그는 꽃게장도 맛이 좋다.

6) 가자미 식해

재료 및 분량

가자미 10마리(1㎏), 소금 ½컵, 메조 1컵, 엿기름가루 1컵, 무 400g

양념 고춧가루 1컵, 파(다진 것) 4큰술, 마늘(다진 것) 2큰술, 생강(다진 것) 1큰술, 소금 1큰술

〈만드는 법〉

1 손바닥 크기의 노란색 참가자미로 싱싱한 것을 구입하여 내장을 빼고 비늘을 긁어 내고 씻은 다음 소금을 뿌려 절여서 채반에 넣어 꾸덕꾸덕하게 말린다.

2 가지미를 머리와 꼬리를 잘라 내고 3cm 정도로 토막을 낸다.

3 메조는 일어서 조밥을 되게 짓는다.

4 엿기름가루를 3배의 물에 주물러 가라앉혀서 고운체에 엿기름물을 걸러 냄비에 부어 끓여서 식힌다.

5 무는 길이 5cm의 굵은 채로 썰어서 소금에 절여서 물기를 뺀다.

6 큰 그릇에 조밥을 담아 고춧가루를 넣고 고루 버무린 후 가자미와 절인 무를 합하여 나머지 양념과 엿기름물을 넣어 고루 버무려서 항아리에 꼭꼭 눌러 담아 돌이나 무거운 것으로 눌러 넣는다.

- 1주일 정도 익혀서 꺼내 먹는다.

V 장류

우리나라에서 장을 담근 역사는 콩 재배의 기원과 관계가 깊으며, 고대로부터 전해 내려온 간장과 된장은 콩으로 만든 고유의 발효 식품으로 음식의 맛을 내는 우리나라 음식의 가장 기본이 되는 조미료이다. 장류에는 간장, 된장, 고추장, 청국장, 즙장(집장), 담북장, 막장 등이 있다.

1) 장

재료 및 분량

메주 메주콩 1말(16㎏), 물 30ℓ

소금 계절에 따라 다름
2월경: 물 10ℓ에 소금 3ℓ(1½되)
3월경: 물 10ℓ에 소금 4ℓ(2되)
4월경: 물 10ℓ에 소금 5ℓ(2½되)

〈담그는 법〉

1 메주는 음력 10월경에 콩을 골라서 하룻밤 정도 불린 후 무르게 삶아 찧어서 네모지게 모양을 빚어 따뜻한 곳에 매달아 2~3달 동안 잘 띄워서 바짝 말려 둔다.
2 잘 말린 메주를 장 담그기 2일 전에 물로 메주 겉을 깨끗이 씻어 말린다.
3 장 담그기 전날 분량의 물에 소금을 잘 섞어 녹여서 가라앉힌다.
4 독에 메주를 서로 엇갈리게 포개어 담고 그 위로 소금물을 부어 띄운 다음 뚜껑을 닫아서 3~4일 두었다가 그 후부터 뚜껑을 열어 햇볕을 쪼인다.
5 40~50일 후면 맛이 우러나며 까맣게 되므로 장을 뜨는데, 메주를 건지고 액체를 고운 보에 밭친다.
6 밭친 장을 솥에 넣어 30분 이상 달인 다음 식혀서 독에 부어 저장한다(저장 중에도 햇볕을 뚜껑을 열어 자주 쬐어 준다).

- 장은 2~3월 안에 담는 것이 좋다.

2) 찹쌀고추장

재료 및 분량

찹쌀가루 500g, 고운 고춧가루 1.2㎏, 메줏가루 600g, 엿기름가루 900g, 소금(3~4월경) 500g, 물(끓여서 식힌물) 5ℓ

〈담그는 법〉

1 엿기름을 주머니에 넣고 팔팔 끓여서 식힌 물 5ℓ에 바락바락 주물러서 하룻밤쯤 담가 두었다가 건진다.

2 찹쌀가루로 경단처럼 반죽하여 큼직하고 얄팍하게 빚어서 끓는 물에 삶아 건진 것에다 메주가루와 엿기름물을 넣고 농도를 맞추어 잘 으깨어 갠다.
- 농도를 조절할 때는 경단 삶은 물을 이용한다.

3 잘 섞어 2~3시간 후에 소금으로 간을 맞추어 항아리에 담고 2~3일에 한번씩 햇볕을 쬐여 준다.
- 찹쌀가루 경단 대신 찰밥을 지어 사용하기도 한다.

3) 청국장

재료 및 분량

메주콩 3㎏, 소금 ½컵, 고춧가루 400g

〈담그는 법〉

1 콩을 10~12시간 더운물에 불린 후 건져서 푹 끓여 익힌다.

2 다 무르면 두껍고 오목한 그릇에 펴서 40℃ 정도의 온도가 유지되도록 더운 곳에 둔다.

3 2~3일 후에는 곰팡이가 희게 슬고 진이 생기게 되는데 이때 절구에 넣고 찧는다.
- 소금과 고춧가루는 취향에 따라 넣고 먹는다.

4 청국장은 1회 분량으로 나누어 냉동실에 보관하면서 먹는다.

제9장

김치류

김치는 채소를 소금에 절여 여러 가지 양념을 넣고 발효시켜 먹는 음식으로 찬품 중에 가장 기본이 되고, 발효하는 동안에 유산균에 의해 생긴 신맛과 고추의 매운맛과 젓갈의 짜고 구수한 맛이 어우러져 독특한 맛과 향을 내어 식욕을 증진시키고 소화작용도 돕는다.

〈표 2-2〉 우리나라 김치의 시대별 발달과정

삼국시대	신라·고려시대	조선시대 전기	조선시대 후기
· 밥의 주식화 · 장·젓갈·절임·술 등의 기본 식품 발달	· 숭불사조에서 육식을 절제 · 농업의 발달환경에서 채소의 재배발달	· 고기음식에 대한 선호 증대 · 술안주 음식의 발달 · 고추의 유입·보급(중기)	· 채소의 품종개발 특히 통배추의 재배 · 음식의 세분화·섬세화

김치는 제철에 많이 나는 채소들로 그때그때 만들어 먹었으며, 겨울에는 채소를 구하기 어려워 가을에 김장김치를 담가 겨울 내내 먹었다. 김치의 종류에는 배추통김치, 비늘김치, 나박김치, 장김치, 파김치, 동치미, 깍두기 등 여러 가지가 있다. 또한, 김치는 지방에 따라 특색이 있는데 북쪽의 추운지방일수록 소금간이 약하고

고추도 많이 넣지 않았고 김칫국물이 많으며, 날씨가 따뜻한 남쪽지방은 간이 세며 매우 맵고 특히 경상도, 전라도는 젓갈을 많이 써서 김치의 맛이 매우 진하다.

1) 배추통김치

재료 및 분량

배추 1통, 천일염 1컵

소금물 천일염 1컵, 물 5컵

김칫소 무 200g, 미나리 100g, 실파 약간, 갓 100g, 대파 100g, 마늘(다진 것) 30g, 생강 10g, 생새우 100g, 생굴 100g, 고춧가루 1컵, 새우젓 ¼컵, 멸치젓국 ¼컵, 설탕 1큰술,

찹쌀풀 찹쌀가루 ¼컵, 물 1컵, 소금 1작은술

〈김치담그기〉

(1) 배추 절이기

1 배추는 겉잎을 떼어 내고 다듬어서 배추 밑둥에서 칼집을 반만 넣어 양쪽으로 갈라서 포기를 나눈 다음 소금물에 담갔다가 건져서 배추 켜켜에 소금을 뿌려 차곡차곡 담아 절여 두었다가 서너 시간 후에 위아래를 바꾸어 고루 절인다.

2 배추가 잘 절여졌으면 깨끗이 씻어서 큰 채반에 엎어서 물기를 뺀다.

(2) 김칫소 준비

1 무는 0.3㎝ 굵기 정도의 채를 썬다.

2 미나리, 실파, 갓은 4㎝ 길이로 썬다.

3 대파는 채를 썰고, 마늘과 생강은 곱게 다진다.

4 생굴과 새우는 소금물에 씻어 건져 물기를 뺀다.

5 찹쌀가루 ¼컵을 물 한 컵에 풀고 찹쌀풀을 쑤어서 식힌다.

(3) 김칫소 버무려 넣기

1 식힌 찹쌀풀에 고춧가루를 풀고 무채에 고춧가루 섞은 찹쌀풀을 넣어 고루 버무려서 고춧물을 들인 후 미나리, 갓, 실파, 파를 넣어 섞는다.

2 1에 다진 마늘과 생강, 젓갈, 설탕을 넣어 섞고 간을 보아 싱거우면 소금으로 맞추고 생굴, 생새우를 넣어 잘 버무려 섞는다.

3 속을 넓은 그릇에 덜어서 절인 배추를 놓고 배춧잎 사이사이에 고르게 김칫소를 채워서 바깥 잎으로 전체를 감싸서 항아리에 차곡차곡 담는다.

4 항아리 제일 위에는 배추 우거지 절인 것으로 덮고 깨끗한 돌로 눌러 놓는다.

- 김치에 소를 버무려 넣을 때는 무엇보다도 물리적인 힘을 여러 번 가하지 않는 것이 필요하다.

2) 맛김치

재료 및 분량

통배추 ½통(1㎏), 배 ¼개, 쪽파 10뿌리, 마른 통고추 5개, 미나리 10줄기, 무 100g

배추 절임 물 3컵에 굵은 소금 ½컵 비율로 준비

양념 고춧가루 5큰술, 찹쌀풀 ½컵, 다시마물 2큰술, 마늘(다진 것) 4큰술, 다진 생강 2작은술, 멸치액젓 2큰술, 까나리액젓 2큰술, 새우젓 국물 1큰술, 설탕 약간

마무리 양념 통깨 약간

다시마물(1컵 분량) 다시마 2조각(5×5㎝), 물 1컵

찹쌀풀(1컵 분량) 찹쌀가루 2큰술, 물 ½컵

〈만드는 법〉

(1) 다시마물 만들기

1 다시마 조각은 젖은 행주로 닦아 하얀 분과 불순물을 없앤다.

2 분량의 찬물에 다시마 조각을 넣은 다음 끓인다.

3 20분 정도 지나 다시마 국물이 적당히 우러나면 건져 내고 국물은 식힌다.

2) 찹쌀풀 만들기

1 물 ½컵에 찹쌀가루를 넣어 잘 갠다.

2 찹쌀가루 갠 것으로 죽을 쑨다.

3 순가락으로 떠서 주르륵 흐를 정도로 쒀서 식힌다.

(3) 김치 담그기

1 배추는 이파리를 한 장씩 떼어 낸 다음 흐르는 물에 한 번 씻어 4~5㎝ 크기로 자른다.

2 분량의 물에 소금을 넣어 녹이고 배추가 자박자박 잠기도록 담가 절인다.

3 아삭한 맛이 살아 있도록 살짝 절인 다음 흐르는 물에 두 번 씻어서 건져 물기를 뺀다.
- 통으로 절이는 배추는 완전히 절이는 데 시간이 많이 걸리므로 여건에 따라 배추를 통으로 절이거나 잘라서 절이는 법을 선택하는 것이 좋다.

4 배는 껍질을 벗기고 씨를 도려낸 다음 채 썬다.

5 쪽파와 미나리는 다듬어 깨끗이 씻어서 배 채와 같은 길이로 썬다.

6 무는 가늘게 채 썬 후 고춧가루를 약간 넣어 붉은 물을 들여 둔다. 나머지 고춧가루는 찹쌀풀에 섞어 불린다.

7 마른 고추는 꼭지를 따고 가위로 3등분한 다음 씨를 털고 물에 씻어서 20분쯤 두어 불린다. 믹서에 물을 조금 넣고 준비한 고추를 넣어 간다.

8 분량의 양념 재료에 간 고추와 젓갈을 섞은 다음 찹쌀풀에 불린 고춧가루를 넣고 섞어 둔다.

9 손질한 배추에 미리 버무려 둔 양념을 넣어 무치다가 무채, 배채, 쪽파, 미나리를 넣고 마지막에 통깨를 넣고 버무려서 그릇에 담는다.

3) 보쌈김치

재료 및 분량

배추 1포기, 무 ½개, 실파 100g, 갓100g, 미나리 50g, 생굴 50g, 낙지 ½마리, 석이버섯 5g, 밤 3개, 잣 ½큰술, 실고추 약간

김치양념 파(채 친 것) 5큰술, 마늘(채 친 것) 2큰술, 생강(채 친 것) ½큰술, 새우젓 ¼컵, 황석어젓 ¼컵, 고춧가루 1컵, 소금 적당량, 설탕 ½큰술

김칫국물 물 3컵, 소금 ½큰술, 황석어젓국 ½큰술

〈만드는 법〉

1 배추는 잎이 넓고 많은 것으로 골라 다듬어서 연한 바깥 잎들은 떼어 소금물에 절이고, 속의 배추는 2~3㎝ 길이로 잘라 소금에 절인다.

2 무는 네모로 배추 크기로 얄팍하게 썰어 소금을 뿌려 절인다.

3 배는 껍질을 깎아서 무와 같은 크기로 썰고 실파와 갓, 미나리는 3㎝ 길이로 썬다.

4 생굴은 소금물에 씻어 깨끗이 헹구어 물기를 빼고, 낙지도 껍질을 벗기고 깨끗이 씻어 3~4㎝ 길이로 썬다.

5 석이버석은 깨끗이 손질하여 굵은 채로 썰고 밤은 납작납작하게 썬다.

6 절였던 배춧잎, 속들을 찬물에 헹구어 물기를 빼고, 준비된 재료와 김치양념들을 큰 그릇에 넣어 고루 버무린다.

7 절였던 배춧잎은 김치보시기에 펴 놓고 버무린 김치를 안에 담고 위에 석이, 밤, 잣, 실고추 등의 고명을 얹어서 배춧잎으로 싸서 둥글게 만들어 김치통에 차곡차곡 넣는다.

8 김칫국물 재료들을 섞어서 간을 맞춘 뒤 끓여서 김치통에 부어 익힌다.

4) 백김치

재료 및 분량

배추 1포기, 무 ½개, 미나리 50g, 갓 50g, 실파 50g, 대파(흰부분) 50g, 마늘 1통(12쪽), 생강 1쪽, 실고추 5g 배 ½개, 밤 5개, 대추 5개, 석이버섯 3개, 소금 적당량

김칫국물 배 ½개, 물 5컵, 소금 3큰술

〈만드는 법〉

1 배추는 배추통김치와 같은 요령으로 소금물에 절인다.

2 배추가 절여졌으면 씻어 다듬어서 채반에 건져 물기를 뺀다.

3 무와는 배 0.3㎝ 정도 굵기로 채 썬다.

4 미나리, 실파, 갓은 4㎝, 파는 4㎝ 길이로 채를 썰고, 마늘과 생강, 밤, 대추 고운채로 썬다.

5 석이버섯은 손질하여 채 썰고, 실고추는 3㎝로 자른다.

6 넓은 그릇에 채 썬 무, 배, 밤, 대추를 담고 실고추를 넣어 버무리고, 이어서 미나리, 갓, 실파와 그 외 재료들을 함께 넣어 살살 버무려서 소금으로 간한다.

7 절인 배추에 준비된 김칫소를 사이사이에 채워서 겉의 잎으로 전체를 싸서 김치통에 차곡차곡 담는다.

8 김칫국물은 배를 강판에 갈아 즙을 걸러 한 번 끓인 다음 소금물과 합하여 김치통에 부어서 뚜껑을 닫아 익힌다.

5) 깍두기

재료 및 분량

무 1개

양념 실파 100g, 갓 100g, 미나리 100g, 생굴 100g, 마늘(다진 것) 3큰술, 생강(다진 것) ½큰술, 새우젓 ¼컵, 멸치젓 ¼컵, 고춧가루 ½컵, 소금 적당량, 설탕 1큰술

〈만드는 법〉

1 무는 씻어서 껍질을 살짝 벗긴 후 너비 2.5㎝의 정사각형으로 깍둑썰기한다.

2 실파, 갓, 미나리는 다듬어서 3㎝ 길이로 썬다.

3 생굴은 소금물에 흔들어 씻어 건진다.

- 생굴이 나지 않을 때는 사용하지 않는다.

4 마늘, 생강은 곱게 다지고, 새우젓 건지도 대강 다진다.

5 큰 그릇에 무 썬 것에 고춧가루를 넣어 고루 버무려 색을 곱게 들인다.

6 준비된 재료들을 고춧물 들인 무와 같이 버무려서 소금으로 간을 맞춘다.

7 김치통에 양념에 버무린 깍두기를 꼭꼭 눌러서 담고 뚜껑을 잘 덮어 익힌다.

- 깍두기에 무청을 썰어 섞어 담아도 좋으며, 금방 먹을 깍두기에 굴을 넣어 담으면 국물이 시원하고 맛있다.

6) 열무김치

재료 및 분량

열무 1단, 소금 적당량

양념 파 50g, 마늘 2통, 생강 ½쪽, 풋고추 4개, 다홍고추 2개, 고춧가루 4큰술

김칫국물 물 2컵, 밀가루 2큰술, 소금 2큰술

〈만드는 법〉

1 열무는 다듬어 5㎝ 길이로 잘라서 소금물에 절인 후 물에 헹구어 물기를 뺀다.

2 파는 어슷하게 썰고, 마늘, 생강은 곱게 다져 둔다.

3 풋고추, 다홍고추는 어슷하게 썰어 씨를 뺀다.

4 김칫국물은 밀가루 풀을 끓여 식혀 소금간을 하여 둔다.

5 절인 열무에 고춧가루, 파, 마늘, 생강, 고추 썬 것을 살짝 버무려서 항아리나 용기에 담고 만들어 둔 김칫국물을 붓고 익힌다.

- 연한 솎음 배추를 섞어 담기도 한다.
- 멸치 액젓을 사용하기도 한다.

7) 오이 소박이

재료 및 분량

오이 5개, 소금 적당량

양념 부추 100g, 파(다진 것) 4큰술, 마늘(다진 것) 2큰술, 생강(다진 것) ½큰술, 고춧가루 ⅓컵, 설탕 ½큰술 새우젓 ¼컵

〈만드는 법〉

1 오이는 껍질을 소금으로 문질러 씻어 길이 5㎝로 잘라 한가운데 서로 교차되게 칼집을 넣어 소금물에 절인다.

2 부추는 0.5㎝ 너비로 썰고 다진 양념과 고춧가루, 설탕, 새우젓을 넣어서 고루 버무려서 속을 만든다.

- 싱거우면 소금간을 한다.

3 소금에 절인 오이는 씻어 건져 물기를 뺀 다음 준비된 속을 칼집을 낸 사이에 넣어 김치통에 차곡차곡 담고 밀봉하여 익힌다.

- 오이소박이는 금방 익으므로 보관에 주의한다.

4 상에 낼 때는 길이를 반으로 잘라 가지런히 담아낸다.

- 오이를 소금으로 충분히 절이지 않으면 속을 넣을 때 끝이 터지므로 잘 절여야 한다.
- 오이에 소를 넣을 때는 위와 아래를 손가락으로 꾹 눌러 틈이 생기면 오이 표면에 부추가 빠져나오지 않도록 칼집사이에 소를 고루 채우고 몸통 표면은 부추를 뺀 고춧가루 양념을 골고루 묻힌다.

8) 동치미

재료 및 분량

동치미 무 10개, 소금 1컵, 배1개, 실파 100g, 갓 100g, 청각 20g, 소금에 삭힌 고추 100g, 다홍고추 5개, 마늘 40g, 생강 20g

국물 소금 1컵, 물 5ℓ

〈만드는 법〉

1 무는 작고 단단한 것을 골라서 잔뿌리를 떼고 솔로 깨끗이 씻어서 소금에 굴려서 항아리에 담고 남은 소금은 뿌려서 하룻밤을 절인다.

2 실파와 갓은 깨끗이 씻어 소금을 뿌려 절여서 두세 가닥씩 말아서 같이 묶는다.

3 청각은 물에 불리고 깨끗이 씻어서 물기를 짜고 삭힌 고추와 다홍고추는 씻어서 물기를 뺀다.

4 배는 씻어서 반을 가르고, 마늘과 생강은 얇게 저며 면보에 넣는다.

5 소금을 물에 풀어 소금물을 만들어 고운체에 밭친다.

6 항아리 제일 밑에 양념주머니를 놓고 위에 절인 무를 깔고 준비한 부재료들을 넣고 다시 무를 깔고 맨 위에 갓을 놓고 떠오르지 못하도록 돌로 눌러 놓는다.

7 준비된 소금물을 부어서 뚜껑을 닫아 익힌다.

8 상에 낼 때는 무를 반달 모양 또는 막대 모양으로 썰고 부재료도 썰어서 담는다.

9) 나박김치

재료 및 분량

무 ½개(500g), 배추속대 300g
소금 적당량, 파 2뿌리, 마늘 1통,
생강 1쪽, 다홍고추 2개,
고춧가루 2큰술 설탕 1큰술, 미나리50g

소금물 소금 4큰술, 물 15컵

〈만드는 법〉

1 무는 사방 2.5×2.5㎝, 두께 0.2㎝ 정도의 납작한 모양으로 썰어 소금을 뿌려 절인다.

2 배추는 흰 속대만 모아서 잎을 길이로 2등분하여 넓이 2.5㎝로 썰어서 소금에 절여 둔다.

3 파는 2.5㎝ 길이로 잘라 채를 썰고, 미나리도 2.5㎝ 길이로 자르고 다홍고추는 씨를 빼고 파와 같은 길이로 채 썬다. 이때 실고추를 이용해도 좋다.

4 소금에 절인 무와 배추를 물에 헹구어 물기를 빼고, 준비한 재료를 모두 넣고 버무려 항아리에 담는다.

5 소금물을 만들어 고춧가루를 면보에 싸서 흔들어 붉은 빛이 우러나게 하여 항아리에 부어 익힌다.

- 나박김치의 주재료가 물러지지 않고 아삭거리도록 빨리 익히려면 김칫국물로 소금물을 끓인 뒤, 한 김 나간 뜨거운 채로 붓고 뚜껑을 닫고 익힌다.
- 오이나 당근을 생으로 같이 넣기도 하는데 이때 오이나 당근에 있는 아스코르비나제(ascorbinase)에 의하여 무의 비타민C가 파괴되므로 주의하여야 한다.
- 국물과 김치건더기의 비율이 적당해야 한다.

10) 장김치

재료 및 분량

배추속대 500g, 무 500g, 간장 1컵, 배 1개, 밤 1개, 잣 1큰술, 미나리50g, 갓 50g, 석이버섯 4장, 표고버섯 2장, 실고추 3g, 파 30g, 마늘 20g 생강 10g

설탕물 설탕 2큰술, 물 3컵

〈만드는 법〉

1 배추는 노란 속대만 씻어서 3cm 너비로 썰어 진간장을 부어서 절인다.

2 무는 길이 4cm, 너비 3cm, 두께 0.7cm 크기로 나박 썰기하여 배추가 어느 정도 숨이 죽으면 배추에 합하여 절인다.

3 배는 껍질을 깎아서 무와 같은 크기로 썰고 밤은 납작하게 썰고, 실고추는 3cm 길이로 자른다.

4 미나리, 갓은 3cm 길이로 썰고, 표고버섯, 석이버섯도 가늘게 채 썬다.

5 파는 3cm 길이로 채 썰고, 마늘, 생강도 가늘게 채 썬다.

6 무, 배추가 절여졌으면 간장물을 따라 내어 설탕물을 합하고 싱거우면 소금간을 하여 국물을 만든다.

7 절인 무, 배추에 준비한 고명과 양념을 넣어 살살 버무려서 김치통에 담고 간을 맞춘 장국을 부어서 익힌다.

- 예전에는 장김치를 추운 계절에 많이 담가 먹었으나 요즘은 김치 냉장고가 있어 사철 언제나 담가 먹어도 좋다.
- 매운 것을 못 먹는 어린이, 노인, 외국인들에게 좋은 김치이다.

11) 오이지

재료 및 분량

오이(小) 50개, 소금 1컵

소금물 소금 4컵, 물 15컵

〈만드는 법〉

1 오이는 껍질을 소금으로 문질러 씻어서 항아리에 차곡차곡 담고 위에 무거운 것으로 눌러 둔다.

2 냄비에 소금과 물을 붓고 끓어오르면 뜨거운 한 김이 나간 뜨거운 채로 항아리에 붓는다.

3 이틀 후 쯤에 소금물을 따라내어 다시 끓여서 식혀 붓는다.

• 담근 후 일주일 정도 지나면 맛이 든다.

4 먹을 때는 둥근 모양으로 얇게 썰거나 3㎝ 길이로 잘라 세로로 4등분하여 냉수에 띄워 낸다.

• 잘게 썬 실파와 고춧가루를 약간 뿌려서 먹을 수 있다.

12) 고들빼기 김치

재료 및 분량

고들빼기 1㎏, 실파 200g, 밤 10개, 멸치젓국 ½컵, 고춧가루 1컵, 마늘(다진 것) 4큰술, 생강(다진 것) 1큰술, 설탕 1작은술, 물엿 5큰술, 통깨 1큰술,

삭히는 소금물 소금 ¼컵, 물 3컵

〈만드는 법〉

1 고들빼기는 뿌리가 굵고 잎이 연한 것으로 골라 다듬고 깨끗이 씻어 건져서 물기를 뺀 다음 항아리에 소금물을 부어서 떠오르지 않게 무거운 것을 눌러 1주일간 삭힌다.

2 삭힌 고들빼기는 깨끗이 씻어서 소쿠리에 건져 물기를 뺀다.

3 실파는 다듬어서 길이를 반으로 자르고 밤은 채로 썬다.

4 그릇에 멸치젓국을 담고 고춧가루를 넣어 섞어서 고춧가루가 젓국을 먹고 불어나

면 다진 마늘, 생강, 설탕, 물엿, 통깨를 넣어 고루 섞어 양념을 만든다.

5 섞어 놓은 양념에 고들빼기, 실파, 밤을 넣어 버무려 김치통에 담는다.

- 밤 대신 생고구마를 넣기도 한다.
- 고들빼기김치는 김장 때 담가 겨우내 입맛을 돋우는 김치로 먹을 수 있으며 음력설 이후에 별미로 먹는 전라도 지방의 김치이나 지금은 가을부터 시작하여 전국 어디에서나 먹을 수 있는 김치가 되었다.
- 어린 고들빼기는 쓴맛이 강하지 않아 하루 정도 소금물에 담갔다가 김치를 담아 먹기도 한다.

13) 총각김치

재료 및 분량

총각무 1㎏, 굵은소금 1컵, 실파 100g, 갓 100g, 파(어슷썬 것) 4큰술, 마늘(다진 것) 2큰술, 생강 1큰술, 멸치젓 ½컵, 새우젓 3큰술, 고춧가루 ½컵, 설탕 1큰술, 소금 적당량

〈만드는 법〉

1 총각무는 잔털을 떼고 다듬어서 깨끗이 씻은 다음 무가 큰 것은 반으로 잘라 칼집을 넣고 소금물에 절여 놓는다.

- 소금물 비율은 물 1컵에 소금 2큰술이 적당하다.

2 새우젓의 건더기는 건져서 잘게 다져 두고 젓국물은 멸치젓국과 섞어 둔다.

3 실파와 갓은 씻어서 두고, 마늘, 생강은 다지고 파는 어슷 썰어 둔다.

4 준비된 젓국에 고춧가루를 넣어 고루 섞은 후 찹쌀풀을 넣어 잘 저어 놓고 다진 마늘과 생강, 새우젓과 어슷하게 썰은 파를 넣고 고루 저어 섞는다.

5 절인 총각무를 건져서 준비한 양념을 넣고 실파와 갓도 함께 버무린 후 소금으로 간을 맞춘다.

6 버무린 총각무와 갓, 실파를 몇 가닥씩 한데 모아 묶어서 항아리에 꼭꼭 눌러 담아 익힌다.

14) 고추소박이

고추소박이는 풋고추를 절여 무채에 양념을 하고 소를 넣어 심심하게 국물을 넣고 익힌 김치로 맛이 칼칼하여 별미이다.

재료 및 분량

풋고추 400g, 무 100g, 실파 100g, 멸치젓 ½컵, 맑은 젓국 2큰술, 통깨 3큰술

고추 양념 마늘 1통, 생강 1쪽, 고춧가루 ½컵, 설탕 1큰술

절이는 소금물 소금 ⅔컵, 물 3컵

〈만드는 법〉

1 풋고추는 살이 부드럽고 통통한 것을 골라 꼭지를 짧게 자르고 배를 갈라 씨를 뺀 후 소금물에 절여 놓는다.

2 무는 3㎝ 길이로 곱게 채 썰고 실파도 같은 길이로 썰어 놓는다.

3 마늘, 생강은 다져 놓는다.

4 멸치젓에 동량의 물을 넣고 달여 한지에 받쳐 맑은 멸치젓국을 얻는다. 여기에 고춧가루를 넣어 불려 놓고 준비한 양념을 섞어 고추 양념을 만들어 놓는다.

5 준비한 고추 양념에 무채와 실파를 넣고 골고루 버무려 부족한 간은 소금으로 간을 맞추고 통깨를 넣어 양념소를 만든다.

6 절인 고추는 물기를 빼고 그 속에 준비한 양념소를 꼭꼭 채워 넣고 항아리에 차곡차곡 담은 맑은 젓국에 심심하게 물을 타서 붓고 며칠 동안 두고 익혀 먹는다.

- 고추씨를 뺄 때 고추가 부러지지 않도록 조심스럽게 다루며, 고추를 절일 때는 위에 무거운 것을 올려놓는다.
- 무채는 곱고, 가늘게 썰어 고추의 속을 꽉 차게 채운다.
- 소의 재료로 오징어 젓갈이나 싱싱한 생 오징어를 채 쳐서 같이 넣어도 맛이 있다.
- 멸치액젓을 사용하면 멸치젓을 달일 필요가 없다.

15) 감김치

재료 및 분량

배추 1포기, 무 ½개, 단감 5개, 파 2뿌리, 마늘 ½통, 생강 1쪽, 멸치액젓 ½컵, 고춧가루 ½컵, 소금 3큰술

〈만드는 법〉

1 배추와 무는 깨끗이 씻어 나박 썰기 하여 소금에 절여 둔다.

2 단감도 같은 크기로 썰어 소금에 절여 떫은맛을 제거한다.

3 파, 마늘과 생강은 다지고 멸치액젓에 고춧가루를 넣어 걸쭉하게 불려 놓는다.

4 큰 그릇에 위의 재료를 모두 넣고 버무려 김치 단지에 담아 익힌다.

- 김치에 달짝지근한 감이 들어가 씹힐 때마다 별미를 느낄 수 있는 황해도 지방의 김치이다.

제10장

떡류

떡을 만들기 시작한 시기는 확실하지 않지만 한반도에서 신석기 후기에 잡곡 농사를 시작하였고, 이 시대에 곡식을 갈고 부수는 데 사용된 갈돌, 확돌의 유물이 출토되었으며, 청동기시대에는 곡물을 찌는 시루가 출토되어 이 시기에 떡을 만들었을 것으로 생각할 수 있다. 이처럼 떡은 죽과 함께 우리 민족의 역사와 같이 발달한 음식이다. 상고시대부터 떡은 상용식으로 출발하여 명절과 제례와 의례음식으로 쓰였으며 지금까지 떡은 제사음식, 통과의례, 생업의례, 무속의례, 명절음식 등 여러 가지로 쓰이고 있다.

떡의 재료는 쌀, 찹쌀 등이 주재료이고, 고물로는 콩, 팥, 녹두, 깨 등을 사용하며 고명으로 대추, 밤, 잣 등이 쓰인다.

① 찌는 떡: 곡류의 가루를 시루에 찌는 떡을 말한다.

시루떡: 쌀가루나 찹쌀가루를 시루에 안치고 솥 위에 얹어 증기로 쪄내는 떡을 말하며 증병(甑餠)이라고도 한다.

설기떡: 쌀가루에 물을 내려 켜를 만들지 않고 한 덩어리가 되게 찐 떡으로 무리떡이라고도 한다.

(종류) 백설기, 콩설기, 쑥설기, 밤설기, 잡과병, 당귀병 등

켜떡: 쌀가루, 찹쌀가루를 한켜 깔고 고물을 한켜 까는 것을 반복하여 시루에 찌는 떡이다.

(종류) 거피팥 시루떡, 녹두 시루떡, 상추떡, 두텁떡 등.

② 지지는 떡: 찹쌀가루를 반죽하여 여러 모양으로 빚어 기름에 지지는 떡을 말한다.

전병: 지지는 떡은 전병(煎餠)이라 하며 반죽으로 모양을 빚어서 기름에 지져 낸다.

화전: 찹쌀가루를 익반죽하여 둥글납작하게 빚어 팬에 기름을 두르고 지져 내는 웃기떡이다. 계절에 따라 진달래꽃, 장미꽃, 국화꽃을 얹어 계절의 정취를 즐기는 떡이다.

주악: 찹쌀가루를 익반죽하여 깨나 대추를 꿀로 반죽한 소를 넣고 송편 모양으로 작게 빚어 기름에 튀겨 꿀에 재우는 웃기떡이다.

부꾸미: 찹쌀가루나 찰수수 가루를 익반죽하여 납작하게 빚어서 기름으로 지지다가 소를 넣고 반을 접어 붙인 떡이다.

③ 빚는 떡: 쌀가루, 찹쌀가루 등을 익반죽하여 빚어 찌거나 끓는 물에 삶아 건져 낸 후 다시 쳐서 만든 떡이다.

경단: 찹쌀가루를 물로 반죽하여 작고 둥글게 빚어서 끓는 물에 삶아 건진 다음 고물 및 고명을 묻히는 떡이다.

단자: 찹쌀가루에 섞을 재료를 같이 섞어 반죽하여 반대기를 지어 끓는 물에 삶아 건져서 방망이로 치대어 작고 둥글게 만들어 잣가루 등을 묻히는 떡이다.

송편: 멥쌀가루를 익반죽하여 소를 넣고 조개 모양으로 빚어서 시루에 찌는 것을 말한다.

④ 치는 떡: 찹쌀이나 멥쌀을 쪄 낸 후 쳐서 만드는 떡을 말한다.

도병: 찹쌀가루, 멥쌀가루 등을 시루에 쪄서 익힌 것을 절구, 안반 등에서 매우 곱게 쳐서 만든 떡이다.

(종류) 인절미, 흰떡, 절편, 개피떡

⑤ 기타

- 약식: 찹쌀을 불려서 일단 쪄내어 참기름, 간장, 설탕, 계핏가루 등을 넣고 버무려 밤, 잣, 대추 등을 섞어서 다시 찐다.
- 증편: 쌀가루에 술을 넣어 발효시켜 부풀려 찐 떡으로 술떡 또는 가루떡이라고도 한다.

1) 백편

재료 및 분량

멥쌀가루 4컵, 밤 3개, 설탕 ½컵, 대추 3개, 석이버섯 3장, 잣 1작은술

〈만드는 법〉

1 쌀을 불려서 소금을 넣고 가루를 빻아서 고운체에 내린다.
2 석이버섯은 깨끗이 씻어 가늘게 채 썰고, 대추도 씨를 발라내어 밤과 같이 곱게 채 썬다.
3 잣은 고깔을 떼고 길이대로 반을 잘라서 비늘 잣을 만든다.
4 체에 내린 쌀가루에 설탕을 넣고 잘 섞어 물 4큰술을 넣고 잘 비벼서 체에 내린다.
5 시루나 찜통의 밑에 구멍이 난 기름종이를 깔고 쌀가루를 고루 펴서 담은 후 준비한 석이버섯, 대추, 밤과 비늘 잣을 고루 뿌린다.
6 5의 위에 기름종이를 덮고 살짝 눌러서 약 15분 정도 찐다.
7 잘 쪄지면 한 김 식힌 후 기름종이를 떼고 적당한 크기로 썰어 낸다.

2) 쑥편

재료 및 분량

멥쌀 5컵, 소금 2작은술, 쑥 400g, 설탕(취향에 따른 양), 물 ½컵

고물 거피팥고물 3컵, 소금 1큰술

〈만드는 법〉

1 쌀을 씻어 충분히 불려 소금을 넣고 가루로 빻아서 고운체에 내린다. 설탕은 취향에 맞게 넣고 잘 섞어 둔다.

2 쑥은 연한 잎으로 골라 씻은 후 물기를 없이 한 다음 쌀가루와 잘 섞는다.

3 거피팥은 충분히 불려서 껍질을 깨끗이 하여 찜통에 무르도록 푹 쪄서 체에 걸러 고물을 만들고 소금을 넣어 고루 섞는다.

4 시루 맨 밑에 거피팥고물을 고루 뿌린 후 쑥을 섞은 가루를 4㎝ 정도의 두께로 깔고 위에 팥고물을 고루 얹는다. 이것을 반복하여 맨 위에는 팥고물이 오게 한다.

5 솥에 물을 끓여서 시루를 똑바로 안치고 시루번을 바른 후 약 30분 정도 찐다.

- 시루번은 밀가루를 물에 개서 된 반죽을 만든 것으로 시루와 솥의 사이의 틈을 막아 수증기가 빠져나가지 못하게 하는 용도로 사용한다.

6 뾰족한 것으로 찔러서 흰 가루가 묻어나지 않으면 익은 것이니 판이나 도마에 쏟아서 한 김 식힌 후에 적당한 크기로 썰어 낸다.

3) 팥시루떡

재료 및 분량

멥쌀 5컵, 소금 약간, 팥 3컵

〈만드는 법〉

1 쌀을 씻어서 충분히 불려 소금을 넣고 가루로 빻아 고운체에 내린다.

2 팥은 씻어서 물을 넉넉히 붓고 팥의 껍질이 터지지 않을 정도로 삶아 더울 때 절구에 소금을 넣고 대강 찧어 어레미 체에 내려서 팥고물을 만든다.

3 쌀가루에 물 ½컵을 고루 뿌려서 손으로 고루 비벼 체에 내린다.

4 시루에 시루밑을 깔고 맨 밑에 팥고물을 고루 뿌린 후 준비된 떡가루를 4㎝ 정도의 두께로 깔아 위에 팥고물을 고루 얹고 이어서 떡가루를 엊는 것을 반복하여 맨 위에 팥고물이 오도록 한다.

5 시루의 크기에 맞는 솥에 물을 끓여 시루를 바르게 안쳐서 시루번을 바르고 약 30분 정도 찐다.

6 다 익었으면 모판이나 도마에 쏟아서 한 김 식힌 후에 적당한 크기로 썰어 낸다.

4) 백설기(흰무리)

재료 및 분량

멥쌀 5컵, 설탕 1컵, 소금 1큰술, 물 ⅔컵

〈만드는 법〉

1 쌀을 씻어서 충분히 불려 소금을 넣고 가루로 빻아 고운체에 내린다.

2 쌀가루에 물을 섞어 고루 비벼서 체에 내린 뒤 설탕을 넣고 고루 섞는다.

3 시루나 찜통에 발이나 베보자기를 깔고 고루 펴서 담고 위를 편편하게 하여 베보자기를 덮고 불에 올려 찐다. 시루 위에 김이 오르면 뚜껑을 덮고 30분 정도 찐다.

4 다 익었으면 불을 끄고 모판이나 도마 위에 쏟아서 한 김 식힌 후에 큼직하고 네모지게 썬다.

- 아기의 백일, 돌, 생일에는 순백색처럼 순수하고 무구하기를 기원하면서 반드시 만들어 주는 떡이다.
- 설탕은 취향에 따라 가감할 수 있다.

5) 색편(무지개떡)

재료 및 분량

멥쌀 5컵, 소금 1큰술

설탕물 설탕 1컵, 물 ½컵

식용색소 빨강, 노랑, 녹색 약간씩, 코코아 가루 1큰술

〈만드는 법〉

1 쌀을 씻어서 충분히 불려 소금을 넣고 가루를 빻아 고운체에 내린다.

2 쌀가루에 설탕물을 부어서 손으로 비벼 고루 섞고 고운체에 내려 5등분한다.

3 5등분한 쌀가루 중 한 가지는 그대로 두고 또 하나는 코코아 가루를 고루 섞는다.

4 식용색소를 각각 물 1큰술에 풀어서 남은 떡가루에 고루 비벼 체에 내린다.

5 시루나 찜통에 기름종이를 깔고 맨 밑에 코코아를 섞은 가루를 넣어 위를 편편하게

하고 이어서 노란색, 녹색, 분홍색, 흰색의 순으로 하여 위에 베보자기를 덮어서 찐다. 시루 윗 부분에서 김이 오르면 뚜껑을 덮어 약 30분 정도 찐다.

6 다 익었으면 불을 끄고 목판이나 도마 위에 쏟아 한 김 식힌 후에 색이 잘 나타나게 썰어 낸다.

- 천연색소를 이용하여 색깔을 내서 떡을 만들기도 한다.

6) 쇠머리떡

재료 및 분량

찹쌀 5컵, 대추 10개, 소금 1큰술, 곶감 2개, 설탕 1½컵, 검은콩 ½컵, 밤 10개

〈만드는 법〉

1 찹쌀은 씻어서 6시간 이상 충분히 불린 후 소금을 넣고 가루를 빻아서 고운체에 내린다.

2 밤은 껍질을 벗기고, 대추는 씨를 발라내어 6등분한다.

3 검은콩은 씻어 불린 후 물을 넉넉히 넣고 삶아 건져서 물기를 뺀 후에 설탕 ½컵을 넣고 고루 버무린다.

4 찹쌀가루에 설탕 1컵을 고루 넣고 준비된 재료를 함께 섞는다.

5 시루나 찜통에 젖은 베보자기를 깔고 준비된 가루를 3㎝ 두께로 고루 펴서 깐 후 위를 고르게 하여 베보자기를 덮고 불에 올려서 약 30분 정도 찐다.

6 다 익은 떡은 넓은 쟁반에 쏟고, 다시 떡가루를 앉혀서 익혀 먼저 쪄낸 떡에 겹쳐서 굳힌다.

7 떡이 완전히 식어서 굳으면 적당한 크기로 편육처럼 썰어 그릇에 담는다.

- 찹쌀은 두께가 두꺼우면 잘 익지 않는다.

7) 콩찰떡

재료 및 분량

찹쌀 5컵, 검은콩 1컵, 소금 1큰술, 호박오가리 200g, 설탕 1컵

〈만드는 법〉

1 찹쌀을 씻어서 6시간 이상 불려 소금을 넣고 가루를 빻아 체에 내린다.
2 검은콩을 씻어 불린 후 물을 넉넉히 붓고 삶아 건져 물기를 뺀다.
3 호박오가리는 물에 불려서 4㎝ 길이로 썬다.
4 찹쌀가루에 설탕을 섞고 나서 검은콩과 호박오가리를 합하여 고루 섞는다.
5 시루나 찜통에 젖은 행주를 깔고 4를 3㎝ 두께로 고루 펴서 담아 위에 베보자기를 덮고 30분 정도 찐다.
6 떡이 익었으면 넓은 쟁반에 쏟고, 나머지를 같은 방법으로 쪄내어 먼저 쪄 낸 떡에 겹쳐서 굳힌다.
7 떡이 식으면 잘라서 상에 낸다.

8) 두텁떡(봉우리떡)

재료 및 분량

찹쌀 5컵, 진간장 2큰술, 잣 2큰술, 유자껍질 1개분, 설탕 1컵, 거피팥 5컵, 밤 10개, 대추 10개

거피팥용 양념 진간장 ½컵, 설탕 2컵 계핏가루 2작은술

소 꿀 2큰술, 유자청 2큰술, 계핏가루 ½작은술

〈만드는 법〉

1 찹쌀을 충분히 불려 가루를 빻아 체에 내린 후 간장, 설탕을 넣어서 고루 섞은후 다시 내린다.
2 거피팥은 충분히 불려 찜통에서 푹 무르게 찐다.
3 무르게 익은 팥은 방망이로 대강 찧어 으깬 후 간장, 설탕, 계핏가루 등을 넣어 고루 섞는다.
4 양념한 팥은 두꺼운 팬에 두세 번에 나누어서 기름을 두르지 않고 주걱으로 뒤집으면서 보슬보슬해질 때까지 볶아 식힌 후 어레미 체에 쳐서 둔다.
5 밤은 껍질을 벗겨 6조각 정도로 썰며, 대추도 씨를 발라내어 밤과 같이 썰고, 잣은 고깔을 떼고, 설탕에 재웠던 유자껍질을 건져서 곱게 다진다.

6 볶은 팥고물 중에 2컵을 덜어 소 재료를 넣고 고루 섞어 밤, 대추, 잣을 박아서 직경 2㎝의 둥글납작한 모양으로 속을 빚는다.

7 찜통, 시루에 젖은 베보자기를 깔고 고물을 한 켜 넉넉히 고르게 깔고 양념한 떡가루를 한 수저씩 드문드문 놓은 가운데에 준비된 소를 하나씩 놓고 다시 그 위에 떡가루를 한 수저씩 얹어 마지막으로 다시 볶은 팥가루를 위에 살살 뿌린다.

8 다음 켜는 움푹 패인 자리에 떡가루를 그 위에 덮고 팥고물을 뿌린다. 이 같은 요령으로 서너 켜를 앉혀서 불에 올린 후 30분 정도 찐다.

9 대 꽂이를 찔러서 흰 가루가 묻어나지 않으면 익었으므로 불을 끄고 한 김 식힌 후에 보자기째 쟁반에 들어내어 쪄진 떡을 하나씩 수저로 그릇에 담는다.

9) 개피떡(바람떡)

재료 및 분량

멥쌀 10컵, 쑥(데친 것) 200g, 소금 2큰술, 참기름 적당량

소 거피팥 2컵, 꿀 2큰술, 소금 1작은술, 계핏가루 ½작은술, 설탕 ½컵, 꿀 약간

〈만드는 법〉

1 쌀은 깨끗이 씻어서 충분히 불려 소금을 넣고 가루를 빻아서 고운체로 내린다.

2 떡가루에 물을 뿌려 멍울멍울하게 되면 찜통이나 시루에 충분히 찐다.

3 쪄낸 떡을 둘로 나누어 반을 절구나 안반에서 차지게 될 때까지 치고, 나머지는 쑥 데친 것을 섞어서 녹색이 고루 들도록 찧는다.

4 거피팥은 물에 불려 쪄서 소금을 넣고 방망이로 으깨어 어레미 체에 내려 고물을 만들어 설탕꿀과 계핏가루를 넣고 밤톨만 하게 소를 빚는다.

5 3의 떡을 도마 위에 놓고 방망이로 얇게 밀어 한쪽에 소를 넣어 떡자락으로 덮고 보시기를 반달모양이 되도록 눌러서 끊인다.

6 다 된 떡에 참기름을 바르고 그릇에 담아낸다.

10) 인절미

재료 및 분량

찹쌀 3컵, 콩가루 1컵, 소금 ½큰술, 설탕 1큰술, 물 ¼컵

〈만드는 법〉

1 찹쌀을 씻어 충분히 불려 물기를 뺀 뒤 시루나 찜통에 베보자기를 깔고 물을 부어 1시간 정도 무르게 찐다. 도중에 소금물을 고루 뿌려 위아래를 고루 섞어서 찐다.

2 콩가루에 설탕을 섞어 둔다.

3 잘 쪄진 찹쌀을 절구나 안반에 쏟아서 콩이나 떡메에 소금물을 적시면서 쌀알이 없어질 때까지 찧는다.

4 넓은 쟁반에 콩가루를 깔고 흰떡을 길게 막대 모양으로 하여 얹고 굴려 콩가루를 고루 묻힌 후 적당한 크기로 썰어 다시 콩가루를 묻혀 그릇에 담는다.

- 흰떡을 손으로 둥글게 빚어서 콩고물을 묻히기도 한다.
- 쑥인절미는 인절미와 만드는 방법은 같으나 찐 찹쌀을 칠 때 데친 쑥을 같이 넣고 치면 된다. 쑥인절미의 고물은 거피팥고물을 사용해도 맛이 좋다.

11) 삼색경단

재료 및 분량

찹쌀가루 3컵, 노란 콩가루 ½컵, 소금 ½작은술, 파란 콩가루 ½컵, 더운물 약 ½컵, 흑임자가루 ½컵

〈만드는 법〉

1 찹쌀을 물에 충분히 불려 가루를 빻아 고운체에 내려 더운 소금물을 넣고 치대어 익반죽하여 직경 2㎝ 정도의 경단으로 동그랗게 빚는다.

2 흑임자는 씻어서 볶아 가루로 곱게 빻아 소금을 넣어 체에 거른다.

3 냄비에 물을 넉넉히 부어, 끓어오르면 빚은 경단을 넣어 삶는다.

4 경단이 익어서 떠오르면 건져 찬물에 재빨리 헹구어 물기를 뺀 다음 고물을 묻힌다.

5 다 된 경단은 세 가지를 한 그릇에 담아낸다.

- 삼색은 다른 고물로도 가능하다.

12) 수수경단

재료 및 분량

찰수수 2컵, 더운물 약 ½컵, 소금 1작은술, 팥 1컵

〈만드는 법〉

1 수수를 세 시간 이상 불려서 가루를 빻는다.

2 팥은 물을 넉넉히 붓고 무르게 삶아서 소금 1작은술을 넣고 찧어 어레미체로 쳐서 고물을 만든다.

3 수수가루에 뜨거운 소금물을 붓고 익반죽하여 고루 치대어 직경 2㎝의 경단을 빚는다.

4 끓는 물에 넣어 익으면 찬물에 헹구어 물기를 뺀다.

5 팥고물을 고루 묻혀서 그릇에 담는다.

- 어린아이의 백일, 돌, 생일에 액운을 면하게 해 준다고 하여 지금까지도 만들어 준다.

13) 송편

재료 및 분량

멥쌀 5컵, 소금 1큰술, 쑥(데친 것) 100g 식용색소(홍) 약간, 솔잎 약간

팥소 거피팥 ½컵, 소금 ½작은술, 꿀 2큰술, 계핏가루 ¼작은술

콩소 풋콩 ½컵, 소금 ½작은술

깨소 깨 ¼컵, 꿀 1큰술, 참기름 1큰술

〈만드는 법〉

1 멥쌀은 물에 불려 빻아 체에 쳐서 3등분한다.

2 쑥은 연한 잎으로 골라 데쳐서 절구에 곱게 찧는다.

3 떡가루 하나는 끓는 물에 그대로 넣어 흰색으로 익반죽하고, 또 하나는 끓는 물에 식용색소를 타서 분홍색으로, 나머지는 데친 쑥과 끓는 물을 넣어 쑥색으로 익반

죽을 하여 젖은 행주로 덮어 둔다.

4 거피팥은 물에 불려 쪄서 어레미체에 내고, 나머지 재료들을 넣고 잘 섞어 2㎝ 정도의 팥소를 빚는다.

5 풋콩은 삶아서 소금을 뿌려 둔다.

6 깨는 볶아서 빻아 꿀로 버무려 깨소를 만든다.

7 떡 반죽 한 것을 3~4㎝ 크기로 떼어 둥글게 빚은 다음 가운데 우물을 파서 그 속에 준비한 소를 넣고 조개처럼 예쁘게 빚는다.

8 시루나 찜통에 솔잎을 펴고 빚은 송편이 서로 닿지 않게 한 켜 놓고 그 위에 솔잎을 한 켜 놓는 것을 반복하여 30분 정도 찐다.

9 다 익은 송편을 냉수에 얼른 씻어서 솔잎을 떼고 소쿠리에 건져 물기를 빼고 참기름을 발라서 낸다.

14) 삼색단자

재료 및 분량

찹쌀가루 3컵, 대추 10개, 석이버섯 5g, 밤 10개, 잣가루 ½컵, 꿀 ½컵

〈만드는 법〉

1 찹쌀을 물에 불려 빻아서 체에 내린 후 3등분한다.

2 석이버섯은 깨끗이 손질하여 물기를 뺀 후 곱게 다져 찹쌀가루에 섞어 물을 뿌려 비벼 둔다.

3 대추는 깨끗이 씻어 2등분하여 반을 곱게 다진 후 찹쌀가루를 섞어 물을 뿌려 비벼두고, 나머지 대추는 씨를 빼고 곱게 채 친다.

4 밤은 속껍질을 벗겨서 곱게 채 썰어 둔다.

5 석이버섯 섞은 찹쌀가루, 대추 섞은 찹쌀가루, 흰 찹쌀가루를 각각 찜통에 쪄서 치거나 치대어 대추알 정도의 크기로 떼어서 꿀에 무친다.

6 석이버섯이 든 것은 잣가루를 무치고 대추가 든 떡은 꿀에 무쳐 대추채를, 흰떡은 꿀에 무쳐 밤 채 친 것을 고루 묻힌다.

15) 주악

재료 및 분량

찹쌀가루 3컵, 은행 15개, 석이 10g, 대추 15개, 식용유 2컵, 꿀 ½컵

소 대추 5개, 계핏가루 ½작은술, 꿀 2작은술

〈만드는 법〉

1 찹쌀을 물에 불려 가루를 내어 체에 내린다. 은행, 석이, 대추는 깨끗이 준비한 뒤 곱게 다져 둔다.

2 찹쌀가루를 3등분하여 각각 다져 둔 은행, 석이, 대추를 섞어 각각 끓는 물을 붓고 익반죽한다.

3 속은 대추를 곱게 다져서 꿀과 계핏가루를 섞어서 콩알만하게 빚어 소를 만든다.

4 찹쌀 반죽은 새알 만큼씩 떼어 둥글게 만들어 송편 만들듯이 빚어 소를 넣고 잘 아무려 둔다.

5 식용유를 140℃로 덥혀서 빚은 떡을 넣고 튀겨 뜨거울 때 꿀에 담갔다가 그릇에 담는다(편을 고을 때 웃기떡으로 사용된다) .

- 튀기지 않고 기름을 조금 많이 넣고 지져 내도 좋다.

16) 화전

재료 및 분량

찹쌀가루 2컵, 식용유 약간, 소금 1작은술, 진달래꽃 30개, 뜨거운 물 ½컵, 대추 4개, 쑥갓 20g, 꿀 ½컵

〈만드는 법〉

1 찹쌀은 물에 충분히 불려 빻아서 체에 내린다.

2 찹쌀가루는 뜨거운 소금물로 익반죽하여 고루 치대어 직경 6㎝ 정도로 둥글고 납작하게 빚는다.

3 진달래는 꽃술을 떼고 물에 씻어 물기를 닦고, 대추는 씨를 빼고 가늘게 채 썰며,

쑥갓도 잎을 작게 뜯어 둔다.

- 진달래가 없을 때는 대추나 황국, 맨드라미꽃 등을 사용한다.

4 팬에 기름을 두르고 찹쌀 빚은 것을 놓아 숟가락으로 누르면서 지진다.

5 위아래가 다 익으면 뒤집어서, 위에 진달래꽃, 대추, 쑥갓 또는 감국 잎으로 문양을 만들고 잘 익혀서 낸다.

6 다 익은 화전에 꿀을 고루 무친다. 꿀이 없으면 시럽을 만들어 사용하거나 설탕을 뿌려도 된다.

- 찹쌀가루는 익반죽해서 오래 끈기있게 치대어 둥글게 모양을 잡아야 가장자리가 갈라지지 않는다.
- 팬에서 지질 때 기름을 넉넉히 두르고 약한 불에서 익힌다. 너무 지나치게 익히면 모양이 늘어져 예쁘지 않다.
- 시럽을 만들 때는 농도에 주의한다.

17) 약밥(약식)

재료 및 분량

찹쌀(불린 것) 3컵, 계핏가루 ¼작은술, 설탕 ½컵, 밤 5개, 참기름 3큰술, 대추 3개, 간장 2큰술, 잣 1큰술

캐러멜소스 설탕 3큰술, 꿀 1½큰술, 더운물 1½큰술

〈만드는 법〉

1 찹쌀은 잘 씻어 충분히 불린 후 베보자기를 깔고 40분 정도 찐다.

2 설탕과 물을 냄비에 붓고 불에 올려 그대로 두다가 끓어오르면서 큰거품이 생기고 가장자리부터 타기 시작하면 불을 약하게 하고 나무주걱으로 고루 저어 전체가 진한 갈색이 되면 바로 더운물을 넣고 섞어서 묽게 한다.

3 밤, 대추는 각각 두셋으로 자르고, 잣은 고깔을 떼 놓는다.

4 찐 찹쌀은 뜨거울 때 설탕을 넣어 고루 섞은 다음 참기름, 간장, 캐러멜소스를 차례로 넣어 고루 섞고 나서 밤, 대추를 섞고 계핏가루를 뿌려 30분 정도 둔다.

5 찹쌀에 간이 충분히 스며들면 찜통에 베보자기를 깔고 약 1시간 정도 쪄서 잣을 섞어 그릇에 담는다.

- 압력밥솥과 전자레인지를 이용하면 짧은 시간에 만들 수도 있다.
- 압력밥솥 이용 시 불린 찹쌀 5컵, 흑설탕 1컵, 참기름 2큰술, 진간장 2큰술, 계핏가루 1큰술, 물 1컵 반, 밤, 대추, 잣 등으로 재료를 달리하여 만든다. 잣은 밥이 다 된 뒤에 넣는다.
- 설탕과 재료들을 잘 섞어 흑설탕을 녹인 뒤 솥에 넣고 찹쌀과 섞어 준다. 그래야 솥바닥이 타지 않는다.
- 화력의 조정은 솥의 추가 돌 때 까지는 센 불로 끓이다가, 5분은 중불, 10분 약불, 10분은 뜸을 들인 후에 내용물을 섞어 식힌다.

18) 증편

재료 및 분량

멥쌀 5컵, 더운물 3컵, 소금 2작은술, 대추 5개, 막걸리 2컵, 석이버섯 5장, 설탕 ½컵

〈만드는 법〉

1 쌀은 씻어서 충분히 불려 소금을 넣고 빻아서 고운체에 내린다.
2 막걸리, 설탕을 붓고 중탕을 하여 60도 정도의 더운물을 섞는다.
3 준비된 쌀가루에 막걸리를 부어서 묽게 반죽한다.
4 반죽은 따뜻한 곳에 두어 원래의 3배 정도 부풀어 오르면 발효가 충분히 된 것이므로 2~3㎝ 두께로 증편틀이나 찜기에 베보자기를 깔고 붓는다.
5 깨끗이 손질한 석이버섯과 대추는 가늘게 채 쳐서 4의 위에 고루 뿌린다.
6 물에서 더운 김이 날 때 준비된 증편틀이나 찜기를 올려서 20분 이상 쪄 익힌다.
7 한 김 식힌 후에 귀가 나게 썰어 낸다.

- 술을 넣어서 다른 떡에 비해 쉬지 않으므로 여름철에 많이 만드는 떡이며 떡 만드는 이의 노련한 숙련도가 있어야 만들 수 있는 떡이다.
- 기도가 쉽게 막힐 수 있는 노인이나 어린이들에게 안심하고 먹일 수 있는 떡이다.

제11장

한과류와 음청류

I 한과류

한과는 우리 고유의 과자류로 곡물가루에 꿀, 설탕, 엿 등을 넣고 반죽하여 꽃모양, 물고기 모양 등의 판에 박아 낸 다음 기름에 지지거나 튀겨서 만든 과자이다. 한과를 만들기 시작한 시기는 정확하지 않으나 불교가 융성했던 신라, 고려시대에서 유밀과와 다식이 의례음식으로 숭상되었으며 그 이후에도 제례, 혼례, 연회 등의 필수 음식으로 올렸다.

한과류는 크게 유과, 유밀과, 다식, 정과, 숙실과, 과편, 엿강정 등으로 나뉜다.

① 유과: 모양이나 고물에 따라 강정, 산자, 과줄, 연사과, 빈사과 등으로 불리고 찹쌀가루를 콩물과 술을 넣어 반죽하여 삶아 낸 떡을 얇게 밀어 말렸다가 기름에 튀겨 고물을 묻힌 것이다.

② 유밀과: 밀가루에 꿀과 참기름, 꿀, 술 등을 넣어 반죽하여 모양을 만들어 기름에 튀겨 내어 꿀에 집청한다.

③ 정과: 생강, 도라지, 연근, 인삼, 유자 등에 꿀, 조청, 설탕 등을 넣어 조린 것이다.

④ 다식: 곡식가루, 한약재, 꽃가루 같은 것을 꿀에 반죽하여 다식판에 넣어 여러 모양으로 박아 낸 것이다.

⑤ 숙실과: 과실을 익혀서 꿀에 조린 것과 익혀서 다져 다시 꿀로 반죽하는 것들이 있다.

⑥ 과편: 과편은 신맛이 나는 앵두, 오미자, 살구 등의 과육에 꿀을 넣고 조려서 그릇에 부어 묵처럼 굳힌 것이다.

⑦ 엿강정: 견과류를 엿으로 버무려 단단하게 굳혀서 만든 것이다.

1) 약과

재료 및 분량

밀가루 200g, 참기름 3큰술, 소금 ½작은술, 식용유 약간, 후춧가루 약간, 잣가루 2큰술

집청용 설탕1컵, 계핏가루 ½작은술, 물 1컵, 생강즙 1작은술, 꿀 2큰술

반죽용 생강즙 2큰술, 꿀 2큰술, 청주 3큰술

〈만드는 법〉

1 밀가루에 소금, 후춧가루를 넣고 체에 내려서 참기름을 넣고 고루 비벼 섞는다.

2 기름 먹인 밀가루에 반죽용 양념을 섞어 넣고 잘 반죽하여 덩어리가 되도록 만든다.

3 약과 틀에 기름을 바르거나 얇은 랩지를 깔아 반죽을 넣고 꾹꾹 눌러서 박아 내고 뒷면에 구멍을 몇 개씩 낸다.

4 집청용 재료 중 설탕, 물을 냄비에 담아 중간 불에서 시럽을 만든다.

5 4를 식힌 후에 꿀을 섞고 계핏가루, 생강즙을 넣고 고루 섞는다.

6 준비된 반죽은 130℃ 정도의 낮은 온도의 기름에서 서서히 튀긴다.

- 옅은 갈색이 날 때까지 튀긴다.

7 튀겨낸 약과는 뜨거울 때 집청꿀에 담가서 꿀이 배어들면 그릇에 담고 잣가루를 고루 뿌린다.

- 반죽의 참기름의 양과 튀기는 기름 온도가 맞지 않으면 반죽이 풀어진다.

2) 매작과

재료 및 분량

생강 2쪽, 밀가루 1컵, 소금 1작은술, 물 4큰술, 식용유 적당량, 잣 10알, 종이 적당량

시럽 설탕 ½컵, 물 ½컵

〈만드는 법〉

1 생강을 갈아 즙(4큰술)을 낸 후 밀가루에 소금과 함께 넣고 되직하게 반죽하여 젖은 면보를 덮어 둔다.

2 설탕시럽은 물과 설탕을 동량으로 넣어 중불에서 서서히 끓인다.

- 처음 분량의 반 정도가 될 때까지 조린다.

3 반죽을 방망이로 밀어서 두께 0.3cm, 너비 2cm, 길이 5cm로 잘라 중심에 내 천(川)자 모양의 칼집을 내고 맨 가운데로 한 번만 뒤집는다.

4 기름이 150℃ 정도가 되면 매작과를 넣어 젓가락으로 모양을 잡아 주며 노릇하게 튀긴다.

5 튀긴 매작과를 시럽에 담갔다 건져 접시에 담고 잣가루를 뿌린다.

- 튀길 때 보통튀김 온도보다 약간 낮은 온도(140~150℃)에서 젓가락으로 틈이 벌어지지 않도록 하여 모양을 잡아가며 튀긴다.
- 시럽농도가 알맞아야 한다(거품이 일고 반 정도로 윤기나게 졸인다).
- 밀가루와 물은 3:1의 비율로 되직하게 반죽하여 젖은 면보로 싸 두면 귓불 정도로 말랑하게 된다.

3) 만두과

재료 및 분량

밀가루 200g, 소금 ½작은술, 후춧가루 약간, 식용유 약간, 잣가루 2큰술

반죽용 생강즙 2큰술, 꿀 2큰술, 청주 4큰술

소 대추100g, 꿀 2큰술, 계핏가루 ½작은술

집청꿀 설탕 1컵, 물 1컵, 꿀 2큰술, 계핏가루 ½작은술, 생강즙 1작은술

〈만드는 법〉

1 밀가루에 소금과 후춧가루를 넣고 체에 내려서 참기름을 넣어 고루 비벼 둔다.
2 기름에 비빈 밀가루에 반죽용 재료를 잘 섞어 넣고 반죽을 한다.
3 대추는 씨를 발라내고 곱게 다진 후 꿀과 계핏가루를 넣고 반죽하여 조그맣게 소를 만든다.
4 약과 반죽을 작게 떼어 송편 만드는 것처럼 빚어 소를 넣고 아무려서 가장자리를 새끼처럼 꼬아서 빚는다.
5 설탕에 물을 붓고 시럽을 만든 뒤 식혀서 꿀, 계핏가루, 생강즙을 섞어 집청꿀을 만든다.
6 빚은 반죽을 130℃ 정도의 낮은 온도에서 튀겨 옅은 갈색이 날 때 꺼낸다.
7 집청꿀에 담갔다가 건져서 잣가루를 고루 뿌린다.

4) 각색정과

재료 및 분량

생강정과 생강 400g, 설탕 ¼컵, 물 ½컵, 꿀 2큰술

연근정과 연근 100g, 설탕 ⅓컵, 물 ½컵, 꿀 2큰술

도라지 정과 도라지 200g, 설탕 ⅓컵, 물 ½컵, 꿀 2큰술

〈만드는 법〉

1 생강은 껍질을 벗겨 얇게 저며서 끓는 물에 소금을 넣어 살짝 데친 후 찬물에 헹궈 둔다.
2 준비한 생강을 냄비에 담아 설탕, 물을 넣고 함께 끓인다.
3 처음에는 센 불로 가열하다가 끓기 시작하면 불을 약하게 줄여 뚜껑을 열어 놓은 채 조린다.
   • 조리면서 거품은 걷어 낸다.
4 설탕물이 거의 졸아들면 꿀을 넣어 잘 섞어서 잠시 더 윤기가 나도록 한다.
5 연근은 끓는 소금물에 식초를 조금 넣고 데친다.
6 도라지와 당근은 소금에 데쳐서 찬물에 헹군다.
7 데친 재료들은 각각 생강정과와 같이 조린다.
8 충분히 조린 정과는 하나씩 건져서 떼어 놓고 식혀서 그릇에 담는다.
   • 인삼정과도 같은 방법으로 한다.

5) 송화다식

재료 및 분량

송홧가루 1컵, 꿀 3큰술, 참기름 적당량

〈만드는 법〉

1 송홧가루에 꿀을 넣어 고루 섞어서 한 덩이가 되도록 반죽을 한다.
2 다식판에 참기름을 엷게 바른 후 송화반죽을 떼어 넣어 꼭꼭 눌러서 박아 낸다.
   • 녹말다식도 같은 방법으로 만든다.

6) 깨다식

재료 및 분량

흰깨 1컵, 흑임자 1컵, 물엿 3큰술, 설탕 2작은술, 물 1큰술, 꿀 3큰술

〈만드는 법〉

1 흰깨는 물에 불려 껍질을 벗기고 볶아서 절구에 곱게 빻고, 검정깨도 씻어 건져 볶아서 절구에 곱게 빻는다.

2 물엿, 설탕, 물을 넣고 끓으면 꿀을 섞는다.

3 빻은 흰깨와 검은깨에 끓인 엿을 나누어 넣고 고루 섞어서 사기 그릇에 담아서 찜통에서 찐다.

4 절구에 넣고 기름이 나와 반질하게 윤이 날 때까지 쳐서 각각 깨 반죽을 떼어서 다식판에 박아 낸다.

7) 밤초

재료 및 분량

밤 20개, 설탕 ⅔컵, 소금 약간, 물 1½컵, 꿀 3큰술, 계핏가루 약간

〈만드는 법〉

1 밤은 껍질까지 물에 담갔다가 끓는 물에 데쳐 둔다.

2 냄비에 밤과 밤이 잠길 정도의 물을 붓고 설탕을 넣어 센 불에 올려 끓인다.

3 끓어오르면 불을 줄이고 거품을 걷어 내고 위아래가 고르게 익도록 조린다.

4 설탕물이 자작하면 꿀을 넣어 잠시 더 조리다가 계핏가루를 넣어 고루 섞어 그릇에 담아 잣가루를 뿌린다.

8) 대추초

재료 및 분량

대추 20개, 설탕(또는 꿀) 4큰술, 물 ¼컵, 잣 2큰술, 계핏가루 약간

〈만드는 법〉

1 대추는 젖은 행주로 깨끗이 닦고 씨를 발라낸다.

2 대추씨를 뺀 자리에 잣을 서너 개씩 채워서 꿀을 조금씩 발라서 원래의 대추 모양

으로 만들고 꼭지부분에 잣이 반쯤 나오게 박는다.

3 냄비에 준비한 대추와 물, 꿀을 함께 담아 약한 불에 올려서 서서히 조린다.

4 다 되었을 때 계핏가루를 뿌려서 섞는다.

4 대추초를 하나씩 떼어서 잣 박은 쪽이 위로 가도록 그릇에 담는다.

- 대개 밤초와 함께 담는다.

9) 생강란

재료 및 분량

생강(껍질 깐 것) 200g, 설탕 ⅔컵, 물 ½컵 꿀 2큰술

〈만드는 법〉

1 생강은 큰 것으로 골라 깨끗이 씻은 후 껍질을 벗겨서 블랜더에 물과 한데 넣고 곱게 간다.

2 갈은 생강은 체에 쏟아서 건지는 냄비에 담아 두고 생강물 그릇에 부어 녹말 앙금을 가라앉힌다.

3 생강 건지는 물과 설탕을 넣어 불에 올려서 끓어오르면 약한 불로 서서히 조린다.

- 끓이는 도중에 떠오르는 건지와 거품은 걷어 낸다.

4 거의 졸아서 물기가 적어지면 꿀을 넣고 다시 더 조린다.

5 조린 냄비에 가라앉은 녹말을 넣어 섞어 엉기게 하여 차게 식힌다.

6 조린 생강은 손에 물을 묻혀서 조금씩 떼어 삼각뿔이 난 모양으로 빚는다.

7 잣가루를 고루 무쳐서 낸다.

10) 앵두편

재료 및 분량

앵두 600g, 물 3컵, 소금 약간, 설탕 1½컵, 꿀 2큰술

물녹말 녹두녹말 5큰술, 물 5큰술

〈만드는 법〉

1 앵두는 깨끗이 씻어서 건져서 냄비에 물과 소금을 넣어서 끓인다.

2 과육이 무르면 체에 걸러서 두꺼운 냄비에 담아 분량의 설탕을 넣고 약한 불에 올려서 서서히 조린다.

3 농도가 되직해지면 꿀을 넣어 조리다가 물녹말을 넣어 다시 더 끓인다.
- 끓이는 동안 생기는 거품은 걷어 낸다.

4 주걱으로 떠서 뚝뚝 떨어지는 농도가 되면 네모진 그릇에 부어 식혀서 굳힌다.

5 굳은 앵두편을 1cm 두께로 네모지게 썰어서 낸다.

11) 깨엿강정

재료 및 분량

흰깨 1컵, 검정깨 1컵, 설탕 ½컵, 물엿 ½컵, 참기름 적당량

〈만드는 법〉

1 흰깨와 검정깨를 씻어서 볶는다.

2 냄비에 설탕, 물, 물엿을 넣고 약한 불에서 젓지 말고 끓인다.
- 숟가락으로 떠서 찬물에 떨어뜨려 흩어지지 않을 때까지 조린다.

3 볶은 깨를 각각 따로 더운 설탕물에 넣고 재빨리 버무려서 도마에 참기름을 바르고 위에 쏟는다.

4 밀대에 참기름을 발라서 깨 반죽이 식기 전에 0.7cm 두께로 민다.

5 딱딱하게 굳기 전에 네모꼴로 썬다.

12) 잣박산

재료 및 분량

실백 1컵, 엿 2큰술, 시럽 4큰술

〈만드는 법〉

1 잣은 고깔을 떼고 깨끗이 닦아 둔다.

2 엿을 중탕해 녹이고 시럽을 넣어 섞은 후 실백을 넣고 뒤적인 다음 재빨리 참기름 바른 도마 위에 놓고 밀대로 1.5cm 두께로 민다.

3 굳기 전 노글노글할 때 알맞은 크기로 썰어 놓는다.

13) 곶감쌈

재료 및 분량

곶감 3개, 호두(깐 것) 3개

〈만드는 법〉

1 곶감은 꼭지를 따서 한쪽에 칼집을 넣어 벌려 씨를 빼고 넓게 펼쳐 놓는다.

2 호두는 속껍질까지 잘 벗겨서 준비한 곶감 위에 놓은 후 곶감을 꼭꼭 눌러 말아서 0.7cm 정도의 두께로 썬다.

14) 섭산삼

재료 및 분량

더덕 200g, 찹쌀가루 1컵, 소금 1작은술, 설탕 3큰술, 식용유 튀김용 적당량

〈만드는 법〉

1 더덕은 껍질을 벗기고 두꺼운 것은 반을 갈라 방망이로 자근자근 편 다음 찬물에 담가 쓴맛을 우려내어 물기를 제거한 후 소금을 약간 뿌려 둔다.

2 살짝 절인 더덕에 찹쌀가루를 고루 묻히고 손바닥으로 눌러서 160℃의 식용유에 노릇하게 튀긴다.

3 설탕을 뿌리거나 꿀에 담가 둔 후 상에 낸다.

15) 유자편

재료 및 분량

유자 5개, 물 7컵, 녹두 녹말 7컵, 물 1컵, 설탕 2컵, 소금 ¼작은술

〈만드는 법〉

1 유자는 깨끗이 씻어 껍질을 벗긴 뒤 씨를 빼고 푹 삶아서 고운체에 걸러 과즙을 준비해 놓는다.
2 녹두녹말은 물에 풀어서 고운체에 밭쳐 놓는다.
3 과즙에 설탕과 소금을 넣고 졸이다가 녹말을 풀은 물을 부어 잘 섞어가며 저으면서 은근히 끓인다.
4 계속 저어가며 졸이다가 젤리상태로 되직하게 되면 불을 낮춘 후 뜸을 들인다.
5 다 되면 네모진 그릇에 쏟아 부어 한 김이 나가면 냉장고에 넣어 굳힌다.
6 묵처럼 굳어지면 모나게 썰어 접시에 담아낸다.

- 녹두녹말은 구하기 어려우면 동부녹말을 사용해도 좋다. 감자녹말을 사용하면 색이 탁하고 끈기가 없다.

II 음청류

우리나라의 음청류 중에는 차가운 음청류로 식혜, 수정과, 배숙, 유자화채, 오미자화채, 원소병, 떡수단 등이 있고, 더운 차류로는 찻잎을 우려내는 녹차, 곡물이나 한약재를 오래 달여서 마시는 탕, 차류로 생강차, 인삼차, 계지차 등이 있다.

신라, 고려시대는 불교가 융성했던 관계로 차 마시던 풍습이 발달하였으나 조선시대의 유교숭상과 척불정책에 의하여 쇠퇴되고 사원 일부와 가례에서 차례를 지내는 풍습만이 남게 되었다. 이와 반면에 약이성 효과를 겸하는 각종 음료와 여러 가지 과실을 이용한 화채류가 발달하였다.

1. 화채

차게 마시는 화채 중에는 냉수에 꿀이나 엿기름을 타서 단맛과 향이 나도록 한 것, 한약재를 달여 그 물로 맛을 내는 것, 오미자 우린 물이나 과일즙을 기본으로 하여 만드는 것이 있다.

화채는 계절에 나는 재료들을 이용하므로 계절에 따라 다음과 같이 만들었다.

① 봄: 딸기화채, 수정과, 앵두화채, 오미자화채, 보리수단 등.

② 여름: 보리수단, 떡수단, 복숭아화채, 미숫가루, 제호탕 등.

③ 가을: 유자화채, 식혜, 배화채 등.

④ 겨울: 배숙, 수정과, 원소병 등.

1) 식혜

재료 및 분량

멥쌀 2컵, 엿기름가루 2컵, 물 15컵, 생강 20g, 설탕 2컵, 잣 1큰술

〈만드는 법〉

1 엿기름가루를 미지근한 물에 고루 풀어서 웃물이 맑아질 때까지 그대로 둔다.
2 멥쌀은 깨끗이 씻어 불려서 찜통에서 푹 찐다.
3 엿기름의 웃물을 가만히 따라 두고 남은 찌꺼기는 버린다.
4 찐 밥이 뜨거울 때 엿기름 물을 고루 섞어 보온밥통에 담아서 50-60℃의 따뜻한 온도에서 4시간 정도 둔다.
5 밥알이 삭아서 떠오르면 건져서 냉수에 헹구어 둔다.
6 남은 물은 냄비에 옮기고 설탕과 생강조각을 넣어 끓여서 식힌다.
7 웃물을 따로 받아 차게 식혔다가 상에 낼 때 건진 밥알을 띄우고 잣을 서너 개 띄운다.

- 엿기름을 구입할 때 너무 오래되고 빛깔이 검은 것은 피한다.
- 전기밥솥을 이용하여 간편하게 만들 수도 있다.

2) 수정과

재료 및 분량

생강물 생강 200g, 물 6컵

계피물 통계피 30g, 물 6컵, 흑설탕 1½컵, 곶감 10개, 잣 1큰술, 통후추 10큰술

〈만드는 법〉

1 생강은 깨끗이 씻은 후 껍질을 벗기고 얇게 저며 물을 붓고 은근한 불에서 서서히 끓인 후 체로 거른다.

2 통계피와 통후추도 물에 넣고 끓여서 고운체 걸러서 생강물과 합하여 설탕을 넣고 끓여서 식힌다.

3 곶감은 씨를 빼고 모양을 둥글게 만져서 2의 물 3컵에 재 둔다.

4 수정과는 그릇에 3의 곶감과 국물을 조금 담고 2를 부어 잣을 서너 알씩 얹어 낸다.

3) 배숙

재료 및 분량

생강 20g, 배 1개, 물 5컵, 통후추 1작은술, 설탕 1컵, 잣 약간

〈만드는 법〉

1 생강은 껍질을 벗겨서 얇게 저며 물을 부어 은근한 불에서 서서히 달인 후 체에 거른다.

2 작은 배는 6등분하여 껍질을 벗기고 각을 조금씩 다듬고 등 쪽에 통후추를 세 개씩 박는다.

3 달인 생강 물에 통후추 박은 배를 넣고 끓인다. 이때 불은 너무 세지 않게 조절하여야 한다. 불이 너무 세면 박힌 통후추가 다 빠져나온다.

4 배가 충분히 익으면 그대로 식혀서 차게 하여 그릇에 담고 잣을 띄워서 낸다.

- 통후추는 크기가 일정하고 빛깔이 검은 것으로 준비하여 깊이 박아야 빠지지 않는다.
- 국물의 단맛은 설탕, 꿀을 사용하여 내도 된다.

4) 앵두화채

재료 및 분량

앵두 1컵, 설탕 1큰술, 물 4컵, 잣 1큰술

시럽 설탕 1컵, 물 1컵

〈만드는 법〉

1 앵두는 깨끗하게 씻어서 한쪽을 갈라 씨를 빼고 3큰술 정도의 설탕에 재우고 나머지는 곱게 갈아 체에 밭쳐 둔다.
2 체에 밭친 앵두 물을 끓여 식힌 물과 설탕 또는 시럽을 넣어 간을 맞춘다.
3 설탕에 재웠던 앵두와 잣을 띄워 그릇에 담아낸다.
   - 앵두가 떠오르지 않으면 설탕을 더 넣는다.

5) 오미자 화채

재료 및 분량

오미자 ½컵, 물 2컵, 배 ½개, 잣 1작은술

설탕물 설탕 1컵, 물 3컵

〈만드는 법〉

1 오미자는 물에 씻어서 찬물 2컵에 담가 하룻밤 우려내어 고운체에 걸러낸다.
2 설탕과 물을 끓여 차게 식혀서 오미자 우린 물과 합한다.
3 배는 껍질을 벗기고 얇게 저며 꽃 모양으로 찍어서 설탕물에 담가 놓는다.
4 오미자 물을 그릇에 담아 배와 잣을 띄운다.
   - 진달래 화채(두견화 화채)는 진달래를 따다가 꽃술을 따고 녹말을 묻혀서 끓는 물에 데쳐서 띄운 것이다.
   - 보리수단은 보리를 녹말가루에 묻혀서 데쳐 오미자 물에 띄운 것이다.
   - 딸기가 많이 날 때는 딸기를 오미자 물에 띄우면 딸기화채가 된다.

6) 원소병

재료 및 분량

찹쌀가루 1½컵, 식용색소(홍·청·황) 약간씩, 더운물 6큰술, 대추 3개, 유자(다진 것) 2큰술, 꿀 2큰술, 계핏가루 약간, 녹말가루 2큰술, 잣 1작은술, 설탕 1컵, 물 4컵

〈만드는 법〉

1 찹쌀은 충분히 불려서 소금을 넣고 가루도 빻아서 체에 쳐서 엿으로 각각 나누어 그릇에 담는다.

2 뜨거운 물에 식용색소를 조금씩 타서 각각의 찹쌀가루에 넣고 말랑하게 반죽하고, 하나는 흰색 그대로 반죽한다.

3 대추는 씨를 빼고 곱게 다지고 유자도 곱게 다져 계핏가루와 꿀을 넣어 버무려 소를 만든다.

4 찹쌀반죽을 대추알만큼 떼어서 2㎝ 크기로 빚어서 가운데에 소를 넣어 경단을 만든다.

5 찹쌀경단에 녹말가루를 고루 묻혀서 끓는 물에 넣고 익어서 떠오르면 찬물에 헹구어 건진다.

6 설탕과 물을 끓여서 차게 식혔다가 상에 낼 때 화채그릇에 사색경단을 고루 담고 잣을 서너 알씩 띄운다.

7) 떡수단

재료 및 분량

흰떡 200g, 물 4컵, 설탕 ½컵, 꿀 ½컵, 잣 1작은술

〈만드는 법〉

1 흰떡이 굳기 전에 가늘게 밀어서 1㎝ 길이로 썬다.

2 물에 설탕을 넣고 끓여서 식혀 꿀을 넣어 고루 섞어서 차게 둔다.

3 화채 그릇에 떡을 담고 차게 꿀물을 부어서 잣을 띄워서 낸다.

8) 창면

재료 및 분량

녹두녹말 ½컵, 물 1컵, 잣 2작은술

오미자 국물 오미자 ½컵, 물 6컵

〈만드는 법〉

1 오미자는 티를 고르고 깨끗이 씻어 물기를 뺀 후 끓여서 식힌 찬물에 하룻밤 담가 놓는다.

2 물이 진달래 빛으로 곱게 우러나면 고운 겹체로 받쳐 오미자 국물을 우려낸다.

3 녹두녹말을 물에 풀어 얇은 헝겊이나 고운체에 내리고 얇은 접시의 전체 바닥에 얇게 깔리게 부은 후 냄비에 물이 끓으면 수면 위에 띄워 중탕한다.

3 녹말물의 표면에 물기가 없어지면 접시째 끓는 물속에 밀어 넣어 완전히 익힌 후, 꺼내어 찬물에 냉각시켜 젓가락으로 돌려 떼어 낸다.

4 여러 번 겹쳐 접어 곱게 채를 친 후 그릇에 담고 우려 놓은 오미자 국물을 붓고 잣을 띄워 상에 낸다.

- 오미자 청을 사용하면 쉽게 오미자 국물을 만들 수가 있으나 단맛이 강하다.

2. 차류

뜨겁게 마시는 것을 차라 하며 녹차는 차나무의 어린잎을 따서 말려 더운물에 우려 마신다. 찻잎의 수확기와 가공방법에 따라 녹차, 옥로, 작설차, 말차, 병차, 단차 등이 있다. 달여 마시는 차의 재료는 크게 곡차와 과실차와 약재로 나눌 수 있다.

① 곡차: 보리, 콩, 율무, 옥수수 등을 볶은 후 갈아서 물에 타서 차로 마신다.

② 과실차: 대추, 오미자, 밤 등은 말렸다가, 유자, 모과 등은 꿀에 재우거나 말렸다가 달여 마신다.

③ 약재차: 인삼, 구기자, 당귀, 두충, 칡, 계지, 생강, 결명자, 후추 등을 한 가지씩 달이기도 하고, 몇 가지 합해서도 달인다.

1) 계지차

재료 및 분량

계지 30g, 물 5컵, 잣 1작은술, 꿀 적당량

〈만드는 법〉

1 계지는 2~3㎝ 길이로 끓여서 찬물에 재빨리 씻어서 건진다.
2 계지와 물을 함께 넣어서 20분 정도 서서히 달인다.
3 충분히 우러나면 찻잔에 따르고 잣을 서너 개씩 띄운다.
4 설탕이나 꿀을 따로 낸다.

- 계지차는 상추 쌈을 먹고 졸릴 때 마시면 졸음을 방지할 수 있어 상추 쌈밥과 같이 내면 좋다.

2) 모과차

재료 및 분량

황률 8개, 대추 8개, 귤피(말린 것) 10g, 모과(말린 것) 20g, 은행 10알, 잣 1큰술,
꿀(또는 설탕) 적당량

〈만드는 법〉

1 다섯 가지의 말린 과일을 깨끗이 씻어 둔다.
2 주전자에 모과를 담고 물을 부어서 가열한다.
3 끓기 시작하면 불을 줄여서 처음의 반 정도가 되도록 서서히 달인다.
4 충분히 맛이 우러나면 체에 밭쳐 차 그릇에 담는다.
5 꿀이나 설탕을 따로 낸다.

- 모과차는 겨울에 먹으면 목감기에 좋다.

3) 인삼차

재료 및 분량

인삼(미삼) 100g, 대추 5개, 황률 6~7개, 꿀이(또는 설탕) 적당량, 잣 2작은술, 물 5~6컵

〈만드는 법〉

1 인삼은 미삼이나 인삼 말린 것으로 준비하여 씻어 2~3 토막을 낸다.
2 대추와 밤 말린 것도 깨끗이 손질한다.
3 약탕기나 유리냄비에 세 가지를 함께 담고 물을 붓고 약한 불에서 오래 달인다.
 • 처음 분량의 ⅓ 정도로 줄이도록 한다.
4 세 개의 찻잔에 인삼차를 담고 잣을 운다.
5 꿀이나 설탕을 따로 낸다.

4) 생강차

재료 및 분량

생강 100g, 물 6컵, 대추 2개, 잣1작은술, 꿀(또는 설탕) 적당량

〈만드는 법〉

1 생강의 껍질을 벗겨서 얇게 저며서 주전자에 물과 함께 담은 후 서서히 달인다.
2 대추는 씨를 발라내고 가늘게 채 썬다.
3 생강차가 맛이 나면 찻잔을 담고 대추채와 잣을 띄운다.
4 꿀이나 설탕을 따로 낸다.

5) 구기자차

재료 및 분량

구기자 40g, 물 6컵, 잣 1작은술, 꿀(또는 설탕) 적당량

〈만드는 법〉

1 말린 구기자를 끓는 물에 넣어서 약하게 서서히 끓인다.
2 구기자의 맛이 우러나면 찻잔에 담고 잣을 띄워 낸다.
3 꿀이나 설탕을 따로 낸다.

6) 유자차

재료 및 분량

유자껍질 ½개분, 물 4컵, 유자청 2큰술, 잣 1작은술, 꿀(또는 설탕) 적당량

〈만드는 법〉

1 주전자에 물을 충분히 끓인다.
2 유자껍질을 가는 채로 썰어 찻잔에 나누어 담고 유자청도 나누어 담는다.
3 찻잔에 끓인 물을 붓고 잣을 띄워 낸다.
4 꿀이나 설탕을 따로 낸다.

- 유자가 많이 날 때 유자를 통째로 썰어 설탕이나 꿀로 재워 유자청을 만들어 두면, 차와 각종 소스를 만들 때 유용하게 사용할 수 있다.

참고문헌

강인희(1990). 한국식생활사. 서울: 삼영사.

김상순(1985). 한국전통식품의 과학적 고찰. 서울: 숙명대학교출판부.

노정미·유영상(1993). 조리학. 서울: 와이제이물산.

문화공보부 문화재관리국(1984). 한국민속종합조사 보고서 - 향토음식편. 서울: 형설출판사.

박란숙(1988). 한국조리실습. 서울: 효일문화사.

서봉순·윤은숙·이진순·하순용(1993). 한국조리. 서울: 지구문화사.

염초애 외(1999). 한국음식. 서울: 효일문화사.

윤서석 외(1997). 한국음식대관 - 제1권 한국음식의 개관. 서울: 한국문화재보호재단.

윤서석(1993). 한국요리. 서울: 수학사.

윤서석(1993). 한국음식. 서울: 수학사.

윤숙자·손정우 외(1998). 한국 전통음식 - 떡·전과·음청류. 서울: 지구문화사.

윤숙자(1997). 한국의 저장 발효음식. 서울: 신광출판사.

윤옥희(1999). 최신판 한국요리. 서울: 지구문화사.

윤은숙 외(1999). 한국의 음식. 서울: 효일문화사.

이성우(1986). 고려 이전의 한국식생활사 연구. 서울: 향문사.

이성우(1993). 식생활과 문화. 서울: 수학사.

이성우(1981). 한국식경대전. 서울: 향문사.

이성우(1993). 한국식생활의 역사. 서울: 수학사.

이성우(1984). 한국식품사회사. 서울: 교문사.

이성우(1985). 한국요리문화사. 서울: 교문사.

이영은·홍승헌(2003). 한방 식품재료학. 서울: 교문사.

정재홍 외(1999). 한국조리. 서울: 형설출판사.

조미자 외(1998). 한국전통식품과 조리. 서울: 효일문화사.

한복려(1998). 쉽게 맛있게 아름답게 만드는 떡. 서울: 궁중음식연구원.

한복진(1989). 전통음식. 서울: 대원사.

한국문화재보호협회(1990). 고향음식의 맛과 멋. 서울 : 한국문화재보호협회.

황혜성·김경진·전희정 외. 삼성가정요리 990. 서울: 삼성출판사.

황혜성 외(1997). 한국음식대관 - 제6권 궁중의 식생활·사찰의 식생활. 서울: 한국문화재보호재단.

황혜성(1976). 한국요리백과사전. 서울: 삼중당.

황혜성(1982). 한국의 요리 1, 2, 3, 4. 서울: 삼성당.

황혜성·한복려·한복진(1991). 한국의 전통음식. 서울: 교문사.

저자소개

노정미

경력

(현) 강릉원주대학교 생명과학대학 식품영양학과 교수
동아시아 식생활학회 상임이사
동아시아 식생활학회 편집위원
원주시 대표음식 개발 자문위원

주요 저서

『서양조리』, 『과학적인 식생활관리』, 『조리과학』 외 다수

대표 논문

"우리나라 향토음식의 지방 특성 관광상품화하기 위한 문헌고찰"
"대학 기숙사의 급식소를 이용하는 사생들의 식사기호도 조사"

한국음식

초판 1쇄 인쇄 2016년 12월 23일
초판 1쇄 발행 2017년 1월 2일

지 은 이 | 노정미
펴 낸 이 | 김기섭
편 집 인 | 이초롱
펴 낸 곳 | 창지사 www.changjisa.com
08589 서울시 금천구 가산디지털 1로 83 파트너스타워 1차 9층
전화 (02)719-2211~3
팩스 (02)701-9386
등 록 | 1977년 4월 28일 · 제1-421호

© 노정미, 2016

- 이 책 내용의 전부 또는 일부를 재사용하려면 반드시 저작권자와 창지사 양측의 동의를 받아야 합니다.
- 저자와 협의하여 인지는 생략합니다.

ISBN 978-89-426-0909-3 (93590)

값 21,000원

이 도서의 국립중앙도서관 출판예정도서목록(CIP)은 서지정보유통지원시스템 홈페이지(http://seoji.nl.go.kr)와 국가자료공동목록시스템(http://www.nl.go.kr/kolisnet)에서 이용하실 수 있습니다(CIP제어번호: CIP2016032433)